古典文獻研究輯刊

三九編

潘美月・杜潔祥 主編

第57冊

傳統蒙學文獻研究

韓建立 著

國家圖書館出版品預行編目資料

傳統蒙學文獻研究／韓建立 著 -- 初版 -- 新北市：花木蘭文
化事業有限公司，2024〔民 113〕
目 6+206 面；19×26 公分
（古典文獻研究輯刊 三九編；第 57 冊）
ISBN 978-626-344-977-0（精裝）
1.CST：啟蒙教育 2.CST：文獻分析 3.CST：古代 4.CST：中國
011.08   113009893

ISBN-978-626-344-977-0

9 786263 449770

古典文獻研究輯刊
三九編　第五七冊　　　　　　ISBN：978-626-344-977-0

傳統蒙學文獻研究

作　　者　韓建立
主　　編　潘美月、杜潔祥
總 編 輯　杜潔祥
副總編輯　楊嘉樂
編輯主任　許郁翎
編　　輯　潘玟靜、蔡正宣　美術編輯　陳逸婷
出　　版　花木蘭文化事業有限公司
發 行 人　高小娟
聯絡地址　235 新北市中和區中安街七二號十三樓
　　　　　電話：02-2923-1455／傳真：02-2923-1452
網　　址　http://www.huamulan.tw 信箱 service@huamulans.com
印　　刷　普羅文化出版廣告事業
初　　版　2024 年 9 月
定　　價　三九編 65 冊（精裝）新台幣 175,000 元

傳統蒙學文獻研究

韓建立 著

作者簡介

韓建立，吉林省吉林市人，吉林大學古籍所博士。目前執教於吉林大學文學院，教授。講授中國語文教育史、唐宋詩詞欣賞等課程。主要研究方向為中國古代文學與文獻、語文課程與教學。

提　　要

　　本書是關於傳統蒙學文獻研究的專著，研究的對象，既有識字課本，也有綜合性教本；既有傳授倫理道德的讀物，也有詩歌選本，還有韻對用書，體現了傳統蒙學教育綜合性的特點；其中包括古老的《急就篇》，也有流傳久遠的、著名的「三、百、千、千」，即《三字經》《百家姓》《千字文》《千家詩》。詳細闡述了每部蒙學文獻的作者、成書、內容、體例以及教學功用、教學原則與方法、價值與影響等，還對唐代以前編纂、現在已經散佚的六種識字課本《史籀篇》《蒼頡篇》《八體六技》《凡將篇》《訓纂篇》《勸學》，進行了鉤沉、考辨。

目

次

第一章　唐前散佚識字課本考

　　姚振宗的《隋書經籍志考證》在考證「經部」「小學類」從《三倉》到《字偶》時說：這些「皆古今字書及解詁、訓釋之屬。其中如蔡邕《勸學篇》、《女史篇》，朱育《幼學篇》，無名氏《月儀》，束皙《發蒙記》，顧愷之《啟蒙記》，不皆為字書。楊方《少學》九卷，其體制不可靠，亦似非字書。〔註1〕這些書，除了《急就篇》《千字文》等外，大部分已經散佚，現就可考的數種，略作研究。

第一節　《史籀篇》

　　據《漢書·藝文志》記載：「《史籀》十五篇。周宣王太史作大篆十五篇，建武時亡六篇矣。」「《史籀篇》者，周時史官教學童書也，與孔氏壁中古文異體。」〔註2〕這段記述交代了書名：《史籀》或《史籀篇》；成書的大約年代：周宣王時期，即公元前827年到公元前782年這一時間段；此書所用字體：大篆；到了漢光武帝劉秀建武年間（公元25年～56年），已經亡佚六篇，僅剩九篇；此書的性質：周宣王太史教習學童的教材。

　　《史籀篇》省稱《史籀》，又稱《籀書》《史篇》《史書》《大篆》《籀文》等。

　　此書的標準名稱，應據《漢書·藝文志》，稱為《史籀篇》，或省稱《史籀》。《史籀篇》有時被稱作《史篇》。如《說文解字》對「奭、匋、姚」三字

〔註1〕（清）姚振宗，隋書經籍志考證〔M〕，北京：清華大學出版社，2014：450。
〔註2〕（漢）班固撰；（唐）顏師古注，漢書·藝文志〔M〕，北京：中華書局，1962：1719、1721。

的說解中，均有引自《史籀篇》的內容：「奭，盛也，從大，從皕，皕亦聲。此燕召公名，讀若郝。《史篇》名醜。」「匋，瓦器也，從缶，包省聲。古者昆吾作匋。按《史篇》讀與缶同。」「姚，虞舜居姚墟，因以為姓。從女，兆聲。或為姚嬈也。《史篇》以為姚易也。」〔註3〕徐鍇注《說文解字》「史篇」曰：「太史籀所作大篆十五篇也。」《漢書·平帝紀》有「徵天下通《史篇》者」之說，《漢書·王莽傳》有「徵天下《史篇》文字」之說，《漢書·揚雄傳》有「《史篇》莫善於《倉頡》」之說，《揚子法言》也有「或欲學《倉頡》《史篇》」之說。王國維認為：「《說文》於『奭』『匋』『姚』三部三引《史篇》，蓋存其字謂之『籀文』，舉其書謂之《史篇》，其實一也。」〔註4〕可見，《史籀篇》又稱為《籀文》。「籀文」因《史籀篇》而得名。《史籀篇》有時被稱作《史書》。《漢書·元帝紀》：「贊曰：臣外祖兄弟為元帝侍中，語臣曰元帝多材藝，善《史書》。」顏師古注「史書」引應劭曰：「周宣王太史史籀所作大篆。」〔註5〕《後漢書·孝安帝紀》：安帝「年十歲，好學《史書》，和帝稱之，數見禁中。」李賢注：「《史書》者，周宣王太史籀所作之書也。凡五十五篇，可以教童幼。」〔註6〕顧實說：「倉頡以來，字書無徵，而《史籀》遂為字書之鼻祖。」〔註7〕王國維也認為：「《史籀》為字書之祖，故《倉頡》以下亦蒙其名。」〔註8〕唐代唐玄度《論十體書》曰：「秦焚《詩》《書》，惟《易》與《史篇》得全。王莽之亂，此篇亡失。建武中，獲九篇。章帝時，王育為之解說，所不通者十有二三。晉世，此篇廢。今略傳字體而已。」〔註9〕秦始皇下令焚書，沒有燒《周易》《史籀篇》，因為《周易》是卜筮之書，《史籀篇》是字書，不妨礙統一思想，所以不在所燒之列。隋唐志皆不著錄《史籀篇》，可見其全亡甚早。

〔註3〕（漢）許慎，說文解字〔M〕，北京：中華書局，1963：74、109、258。

〔註4〕（清）王國維，觀堂集林〔M〕，石家莊：河北教育出版社，2001：152。

〔註5〕（漢）班固撰；（唐）顏師古注，漢書·元帝紀〔M〕，北京：中華書局，1962：299。

〔註6〕（南朝宋）范曄撰；（唐）李賢等注，後漢書·孝安帝紀〔M〕，北京：中華書局，1965：203。

〔註7〕顧實，漢書藝文志講疏〔M〕，北京：清華大學出版社，2001：71。

〔註8〕同註4。

〔註9〕（唐）唐玄度，論十體書〔M〕//（宋）王應麟，漢藝文志考證，北京：清華大學出版社，2014：109。

一、作者

　　就目前所見史料，最早提到《史籀篇》作者的是班固。他在《漢書‧藝文志》「史籀十五篇」下自注：「周宣王太史作大篆十五篇」。只說是周宣王時的太史所作，沒有記載作者的姓名。這一說法，當是依據劉向、劉歆父子的意見。到了許慎，關於該書的作者，則說得很明確了：「宣王太史籀著大篆十五篇，與古文或異。」〔註10〕據此，一般的觀點都認為，《史籀》就是該書的作者，這是以人名為篇名。先秦時代，以作者人名為篇名（書名）的，並不少見，如《莊子》《墨子》等，但在字書中以人名作篇名的，除此以外並未見到，不過兩千多年以來，學者們都沿襲此說，沒有異議。到了清代，段玉裁則提出異議，認為許慎《說文解字‧敘》「諷籀書九千字」句中的「籀」當訓「讀」，「諷籀連文謂諷誦」，「籀」非為人名。王國維也懷疑史籀為人名的說法，他在《〈史籀篇證〉序》中說：

　　　　史籀為人名之疑問也。自《班志》、《許序》以史籀為周宣王太
　　史，其說蓋出劉向父子，而班、許從之，二千年來無異論。余顧竊
　　有疑者。《說文》云：「籀，讀也。」（《方言》：「抽，讀也。」）又云：
　　「讀，籀書也。」（《毛詩‧邶風傳》云：「讀，抽也」。）古籀、讀二
　　字同音同義。又古者讀書皆史事，《周禮‧春官‧大史職》：「大祭祀
　　戒及宿之日，與群執事讀禮書而協大喪遣之日讀誄。」《小史職》：
　　「大祭祀讀禮法，史以書敘昭穆之俎簋，卿大夫之喪，賜謚讀誄。」
　　《內史職》：「凡命諸侯及公卿大夫則冊命之（謂讀冊書）。凡四方之
　　事書，內史讀之。」《聘禮》：「夕幣，史讀書展幣。」《士喪禮》：「主
　　人之史讀賵，公史讀遣。」是古之書皆史讀之。《逸周書‧世俘解》：
　　「乃俾史佚繇書於天號。」《嘗麥解》：「作策許諾，乃北向繇書於兩
　　楹之間。」（作策即《書‧洛誥》之作冊，乃內史之異名也。）「繇」
　　即「籀」字，《春秋左氏傳》之「卜繇」，《說文解字》引作「卜籀」，
　　知《左氏》古文「繇」本「籀」，《逸周書》之「繇書」亦當即「籀
　　書」矣。籀書為史之專職，昔人作字書者，其首句蓋云「大史籀書」，
　　以目下文，後人因取首句「史籀」二字名其篇。……大史籀書，猶
　　言大史讀書。《太史公自序》言「紬石室金匱之書」，猶用此語。劉、

班諸氏不審，乃以史籀為著此書之人，其官為大史，其生當宣王之世，是亦不足怪。李斯作《蒼頡》，其時去漢甚近，學士大夫類能言之，然俗儒猶以為古帝之所作，以《蒼頡》篇為蒼頡所作，毋惑乎以《史籀》篇為史籀所作矣。不知「大史籀書」乃周世之成語，以首句名篇又古書之通例，而猥云：「有大史名籀者作此書」，此可疑者一也。〔註11〕

王國維的說法有一定根據，但並不是定論，王國維自己也說，對《史籀》作者的質疑是「可疑者之一」，語氣上是不肯定的。班固、許慎等，距離《史籀》的成書，時間較近，而且他們又是嚴謹的學者，對其記述，雖不能迷信，但也應該採取尊重的態度，在沒有充分的史料的前提下，不應輕易懷疑他們的說法，況且，第一，段玉裁根據許慎《說文解字》「籀」為「讀」的訓解，認為「諷籀」即為「諷讀」，但現存先秦兩漢典籍中，並無其他「諷籀」連用的語例。王國維「大（太）史籀書，猶言大（太）史讀書」的說法，與段玉裁的根據相同。所以，此可以聊備一說，卻不是定論。其實，「籀書」就是指《史籀篇》裏面的文字。第二，古代許多典籍中，也是以「史籀」為人名的，這雖不能以多取勝，但也說明了學界的一個普遍看法。例如：

宣王太史籀著大篆十五篇，與古文或異。至孔子書六經，左丘明述春秋傳，皆以古文，厥意可得而說。（許慎《說文解字敘》）

秦始皇帝初兼天下，丞相李斯乃奏同之，罷其不與秦文合者。斯作《倉頡篇》，中車府令趙高作《爰歷篇》，太史令胡毋敬作《博學篇》，皆取史籀大篆，或頗省改，所謂小篆者也。（許慎《說文解字敘》）

廷尉說律，至以字斷法，「苛人受錢」，苛之字止句也。若此者甚眾，皆不合孔氏古文，謬於史籀。（許慎《說文解字敘》）

言大篆出於周宣之時，史籀創著，平王東遷，文字乖錯，秦之李斯及胡毋敬又改籀書謂之小篆，故有大篆小篆焉然。（酈道元《水經注》）

及宣王太史史籀著《大篆》十五篇，與古文或同或異，時人即謂之籀書。（《北史·列傳第二二》）

〔註11〕同註4，第152～153頁。

（李）斯作《倉頡篇》，中車府令趙高作《爰歷篇》，太史令胡母敬作《博學篇》，皆取史籀，或頗有省改，所謂小篆者也。（《北史·列傳第二二》）

及宣王太史史籀著大篆十五篇，與古文或同或異，時人即謂之《籀書》。（《魏書·江式傳》）

昔周宣王時，史籀始著大篆十五篇，或與古同，或與古異，世謂之籀書者也。（《晉書·列傳第六》）

籀，直救切，周大史，造大篆。（《玉篇》）

《急就篇》者，其源出於小學家。昔在周宣粤有史籀演暢古文篆，著大篆。（顏師古《急就篇注敘》）

洎周宣王史史籀，循科斗之書，採倉頡古文，綜其遺美，別署新意，號曰籀文，或謂大篆。（虞世南《書旨述》）

二曰大篆，周宣王時史籀所作。（《隋書·經籍志》）

至周宣王時，太史史籀更著大篆十五篇，與古文或異，然不外六書之指。（《封氏聞見記·卷二》）

大篆者，周宣王太史史籀所作也。（張懷瓘《書斷》）

程邈隸書，史籀大篆。（《蒙求》）

篆則周史籀，秦李斯，漢有蔡邕，當代稱之。（竇蒙《述書賦注》）

及和帝時，申命賈逵修理舊文，於是許慎採史籀、李斯、楊雄之書，博訪通人，考之於逵，作說文解字，至安帝十五年始奏上之。（《宋史·列傳第二○○》）

史籀作大篆以潤色之，李斯變小篆以簡易之，其美至矣。（《宋史·列傳第二○○》）

史籀，周宣王太史名，造大篆。（《廣韻》）

維謙乃執後以繩前，是何異以行草之偏旁而釋倉頡、史籀之篆文哉？（《四庫全書總目提要》卷四四·經部四四·小學類存目二《詩經叶音辨訛》）

考《漢書·藝文志》以弟子職附《孝經》，而小學家之所列始於史籀，終於杜林，皆訓詁文字之書。（《四庫全書總目提要》卷九二·子部二·儒家類二《小學集注》）

繁瑣地引述上面這些材料，無非是想說明，在段玉裁和王國維懷疑《史籀》的作者之前二千多年的時間裏，有無數智慧的頭腦都相信《史籀》的作者就是那個名叫史籀的人；或者說，「史籀」即名「籀」的史官。

根據《漢書·藝文志》記載，史籀是周宣王時的太史。《周禮·春官·大史》記載：「大史：掌建邦之六典」。〔註12〕大史即太史。太史的職務是按王命起草文書、策命諸侯、記錄史事、整理文字，兼管國家典籍、天文曆法等。史為官職，商周時期多是家族世代遞守，所以有以此為氏者。據《新唐書·宰相世系表》：「史氏出自周太史佚之後，子孫以官為氏」。〔註13〕史籀是太史佚的後代，明代豐坊《書訣》云：「史逸，字孟佚，伯邑考之子，文王之嫡長孫也。逸生頵，頵生黎，黎生籀。籀又損益潤色，別號籀文。」史逸即史佚。史佚以文王的嫡長孫而任王室太史，歷事武王、成王，頗有功績，與周公、召公、姜太公並稱四聖。史佚的功績之一是釐正文字，如豐坊《書訣》所云：「周公命史佚同天下之文」。史佚本姬姓，其子孫頵、黎、籀等按宗法世襲制相繼任太史，遂以官為氏而為史氏。史籀在《漢書·古今人表》中作「史留」。《漢書補注》史留下引「周壽昌曰：即史籀也。《藝文志》周宣王太史。籀為留，古字通用耳」。王先謙同意周說，唐蘭的《中國文字學》也認為《古今人表》中的史留就是史籀。「留」與「籀」字形相近，但「籀為留」有何根據，這個說法是否有根據？新的考古發現解開了疑結。上海歷史博物館收集到一件晚周時期的鼎，鼎銘文中有「史留受王令書」等語。唐蘭認為：「史留」即「史籀」，為周宣王太史。〔註14〕李學勤也認為「太史籀實有其人，上海博物館所藏的一件鼎銘文有史留，當即史籀」。〔註15〕

二、命名

在考證《史籀篇》作者的同時，王國維也考證了它的命名方式。王國維認為：

> 《詩》、《書》及周秦諸子，大抵以首句二字名篇，此古代書名之通例，字書亦然。《蒼頡》篇首句雖不可考，然《流沙墜簡》卷二

〔註12〕錢玄等注譯，周禮〔M〕，長沙：嶽麓書社，2001：238。
〔註13〕（宋）歐陽修，宋祁，新唐書·宰相世系表〔M〕，北京：中華書局，1975：3155。
〔註14〕劉啟益，伯寬父盨銘與屬王在位年數〔J〕，文物，1979（11）。
〔註15〕李學勤，東周與秦代文明〔M〕，北京：文物出版社，2007：281。

> 第十八簡上有漢人學書字，中有「蒼頡作」三字，疑是蒼頡篇首句
> 中語，故學書者書之。其全句當云「蒼頡作書」，句法正仿「大史籀
> 書」。《爰歷》、《博學》、《凡將》諸篇，當亦以首二字名篇，今《急
> 就》篇尚存，可證也。〔註16〕

由《詩》《書》及周秦諸子、《蒼頡》《爰歷》《博學》《凡將》等以首句二字名篇，進而推出《史籀》亦是以首二句名篇，前後兩者是或然性因果關係，即由因到果所得出的結論，往往不止一種，這種因果關係不具備必然性，即由某種原因不能必然地推出某種特定的結果，而可能是另外一種結果。即由《詩》《書》及周秦諸子、《蒼頡》《爰歷》《博學》《凡將》等以首句二字名篇，不能必然地推出《史籀》亦是以首二句名篇。如果使用具有或然性的因果關係進行推論，而且只就某一種可能立論而不顧及其他可能，就很可能陷入虛假因果論的泥淖。表面看來，王國維的結論頗為可信，但其邏輯推理存在誤區，所以其結論也頗為可疑。當然，在沒有任何新的史料發現之前，王國維的結論也可備一說。

三、成書時代

從漢代至清代，學者對於《史籀篇》的成書時代並無異議。晚清以來，隨著新思潮的興起和出土文獻的大量發現，有的學者便提出新說，同時，也有學者仍堅持舊說，迄今沒有定論。

最早對《史籀篇》的成書時代提出質疑的是王國維。他在《〈史籀篇證〉序》中說：「《史篇》文字，就其見於許書者觀之，固有與殷周間古文同者，然其做法大抵左右均一，稍涉繁複，象形、象事之意少而規旋矩折之意多。推其體勢，實上承石鼓文，下啟秦刻石，與篆文極近。」又說，戰國時秦文字，如大良造鞅銅量、大良造鞅戟、新郪虎符、詛楚文等，多同篆文，認為：「篆文固多出於籀文，則李斯以前秦之文字，謂之用篆文可也，謂之用籀文亦可也。則《史籀篇》文字、秦之文字，即周秦間西土之文字也。至許書所出古文，即孔子壁中書，其體與籀文、篆文頗不相近，六國遺器亦然。壁中古文者，周秦間東土之文字也。然則《史籀》一書，殆出宗周文勝之後。春秋、戰國之間，秦人作之以教學童，而不行於東方諸國，故齊、魯間文字作法體勢與之殊異。諸儒著書口說，亦未有及之者。惟秦人作字書，乃獨取其文字，用其體例，是

〔註16〕同註4，第152～153頁。

《史篇》獨行於秦之一證。若謂其字頗或同於殷周古文，當為古書，則篆文之同於殷周古文者亦多矣。且秦處宗周故地，其文字自當多仍周舊，未可因此遽定為宗周之書。」〔註17〕概言之，王國維認為，《史籀篇》乃春秋戰國間秦人所作之書，籀文僅流行於秦地而不行於東方諸國。

唐蘭在《中國文字學》中說：「《古今人表》把史留放在春秋戰國之際，正是《史籀篇》的準確時代，我疑心《藝文志》注裏面的周宣王應該是周元王，元跟宣音近而誤，後來凡說宣王，都受這個誤字的影響，只改正這一個字，那麼，史留就是史籀，一切問題都可迎刃而解了。」〔註18〕這個說法頗為新穎，但「宣」乃「元」之誤，並無確證，只是猜測而已。同時，唐蘭還指出：「我們雖看不見《史籀篇》，在《說文》裏還保存了幾百個字，是儘量繁複的一種文字，和西周厲、宣期文字不一樣，可是和春秋時到戰國初期的銅器文字卻很接近，秦公簋石鼓文也都是屬於這一系的。」〔註19〕

孫海波在《說文籀文古文考》中說：「余嘗考《漢書人表》有史留，其時代當於六國之際，因疑《史籀》即史留所作，乃六國時人所纂之字書，後人因以名其書，其文字乃糅雜商周六國諸體為之。」孫海波運用統計法，將《說文》籀文之同於甲骨、金石、陶璽文字者，一一排比出來，結果在三十八個字中「合於商周文者十之六，合於六國者十之四」，由此得出結論：「此可證明《史籀篇》為六國文字興起以後之字書無疑。」〔註20〕但何以因「合於六國者十之四」便可證《史籀篇》為六國文字興起以後之字書，並沒有具體說明。

潘玉坤在《〈史籀篇〉年代考》中，通過字形的考查，證明籀文與戰國文字關係更密切，但修正了王國維之說，推測「《史籀篇》是由春秋戰國之際東周王室的史官編成的。作為『欽定』貴族子弟教科書，它在一定程度上具有規範當時文字的作用。」〔註21〕鑒於籀文裏有一部分與秦文字相合，也有一部分與東土文字相合，而東周王室居於二者之間，作者提出《史籀篇》是東周王室史官編纂的字書，是一種調和的說法。

堅持傳統舊說的學者，如高亨在《史籀篇作者考》中認為，古人作書每提及作者官職姓名，班、許通儒，當不至於盲從臆測。主張史籀為周宣幽時

〔註17〕同註4，第153～154頁。

〔註18〕唐蘭，中國文字學〔M〕，上海：上海古籍出版社，2005：124。

〔註19〕同註18。

〔註20〕孫海波，說文籀文古文考〔J〕，文哲月刊，1936～37，1（8）：58～78。

〔註21〕潘玉坤，《史籀篇》年代考〔J〕，杭州師範學院學報，2002（1）：82～85。

人。他說：「蓋班許並以籀為周宣王太史，其人名、官名、時代，章明鑿確如此。班本良史，許亦通儒，必非盲從臆撰。竊疑其言即本於《史籀篇》也。古人作書，間或纂其名與其官於其書內，此種風習，西周宣幽之世實嘗有之。……則籀作《史籀篇》，殆曾將其名與官纂入文內，如『寺人孟子，作為此詩』之例。故後人名其書曰『史籀篇』，班、許因曰『太史籀所作』也。」〔註22〕這種猜測雖無確證，但也指出王國維懷疑漢人誤解之說不可靠。《文字學形義概論》一書中，高亨又認為，《史籀篇》作者雖為西周太史，但書成不久西周即被滅，故地為秦國所有，因此籀文字體不行於西周，反行於春秋戰國之秦國。

潘重規認為，王國維的說法不能成立。「即姑如王氏之言，以『太史籀書』為《史籀篇》之首句，亦難斷指為漢人誤認作者之確證。蓋王氏所謂漢人，即校讎著錄之劉班諸氏，王氏謂《倉頡篇》首當為『倉頡作書』，而劉班諸氏既為誤認為倉頡所作，則亦不至誤認太史籀書為太史籀所作之書，更不致毫無根據，貿然指史籀為周宣王之太史。」又據《漢書・藝文志》體例，如不知作者名氏時代，當闕或出疑似之詞，不至於只憑首句便作孟浪之談。〔註23〕

裘錫圭在《文字學概要》中，認為王（國維）、唐（蘭）二家之說缺乏充足的根據。理由是：

> 籀文的字形並非全部具有繁複的特點。有些籀文比後來的小篆更為簡單。至於那些比較繁複的字，其構造往往跟商代和西周文字相合。籀文裏有些很像是在較晚的時候有意加繁的字，其實也有相當古老的淵源。有些籀文的字形在較早的古文字資料裏尚未發現。但是我們目前掌握的古文字資料很有限，不能因為在現有的較早資料裏看不到這些字，就斷定它們在當時還不存在。所以我們認為把籀文的時代推遲是缺乏充分根據的。與其相信近人史籀不是人名、史籀就是史留等揣測之說，還不如相信去古未遠的漢代人的舊說。《史籀篇》的字形在由西周到東漢的傳寫過程中，不可避免地會受到較晚的寫法的一些影響。《說文》所收的籀文的字形，在《說文》傳寫刊刻的過程裏也會產生一些訛誤。在春秋戰國時代各國文字裏，

〔註22〕高亨，史籀篇作者考〔J〕，文哲月刊，1935～36，1（4）：87～91。

〔註23〕潘重規，史籀篇非周宣王太史所作辯〔M〕//潘重規，中國文字學，臺北：東大圖書公司，1997：205～231。

秦國文字對西周晚期文字所作的改革最小，這一點是古文字學者所公認的。秦國文字跟從西周晚期流傳下來的《史籀篇》相合之處比較多，本來是很自然的事。王國維因此認為《史籀篇》是秦人所作字書，理由是不充足的。唐蘭在這一點上比王國維謹慎，他並沒有說籀文是秦國文字。春秋戰國時代秦以外國家的文字裏有些寫法較特殊的字形，跟籀文正好相合，這種現象也說明《史籀篇》不會是秦人所作的專用於秦地的字書。總之，我們認為《史籀篇》應如漢人所說，是周宣王太史籀所作的一部字書，籀文就是周宣王時代的文字，只不過在後來的傳抄過程中已經產生了一些訛誤。〔註24〕

綜上所述，主張《史籀篇》的成書時代在戰國的學者，理由主要是一些籀文的形體與篆文及春秋戰國銅器文字相近，由此推斷《史籀篇》的作者就是戰國的史留。而主張遵從舊說的學者，如裘錫圭等人，認為漢人去古未遠，比較可信；而且從籀文的形體上看與西周文字聯繫密切；出於審慎的態度，如無確鑿的證據，不要輕易推翻舊說。兩種主張分歧的根本點，是由於籀文本身的過渡性比較強，籀文一方面繼承了西周文字的特點，一方面又接近戰國文字和小篆。至於《史籀篇》的作者和體例等問題，都是在此基礎上的推測。僅僅根據《說文》所載的二百多個籀文，似乎還不能準確地推斷籀文的產生時間和《史籀篇》的成書年代。問題的解決，期待著考古資料的進一步發掘。

四、字數

關於《史籀篇》的字數，唐代張懷瓘在《書斷》中說：「以史官制之，用以教授，謂之史書，凡九千字。」〔註25〕後代學者，亦多用其說。丁福保在《說文解字詁林》中說：《史籀》十五篇，「凡九千字。秦焚書，惟《易》與《史篇》得全。案許慎《說文》十五卷，九千餘字，適與此合，故先民以為慎即取此而說其文義」。〔註26〕許慎取《史籀篇》而說其文義的說法，顯然不能成立。實際上，清代學者段玉裁已注意到其中的錯誤，他在《說文解字敘注》中說：「籀文字數不可知，尉律『諷籀書九千字，乃得為史』。此『籀』字訓『讀書』，與

〔註24〕裘錫圭，文字學概要（修訂本）〔M〕，北京：商務印書館，2013：54～57。

〔註25〕（唐）張懷瓘，書斷〔M〕//（清）沈欽韓，漢書藝文志疏證，北京：清華大學出版社，2011：65。

〔註26〕丁福保，說文解字詁林〔M〕，北京：中華書局，1988：15328。

宣王太史籀非可牽合。或因之謂籀文有九千字，誤矣。」〔註27〕王國維進一步指出：「此蓋誤讀《說文》敘也。《說文》敘引『漢尉律諷籀書九千字』，『諷籀』即『諷讀』，《漢書・藝文志》所引無『籀』字可證。且《蒼頡》三篇僅三千五百字，加以揚雄《訓纂》，亦僅五千三百四十字，不應《史籀篇》反有九千字。」〔註28〕這一推論是有說服力的。

五、輯本

　　《史籀篇》的輯本有：清代馬國翰的《史籀篇》輯本 1 卷，從《說文解字》和《玉篇》中共輯得籀文 232 字，有出處，無解釋。此書收入《玉函山房輯佚書・小學類》。葉德輝的《說文籀文考證》，輯籀文 214 字，對每字略作解釋。王國維的《史籀篇疏證》，輯《說文解字》所引籀文 225 字，對字形的變化考證精詳，字形摹寫較準確。

第二節　《蒼頡篇》

　　《漢書・藝文志》著錄：「《蒼頡》一篇。」自注云：「上七章，秦丞相李斯作；《爰歷》六章，車府令趙高作；《博學》七章，太史令胡母敬作。」〔註29〕戰國時期，七國分立，文字異體。秦始皇帝嬴政滅六國，統一天下，採納李斯的建議，罷其不與秦文合者，實行「書同文」的政策。《蒼頡篇》《爰歷篇》《博學篇》就是這一時期作為全國統一的識字課本加以頒布的。

一、成書年代

　　《漢書・藝文志》在「《蒼頡》一篇」下自注云：「上七章，秦丞相李斯作；《爰歷》六章，車府令趙高作；《博學》七章，太史令胡母敬作。」「六藝略」「小學類」小序云：「《蒼頡》七章者，秦丞相李斯所作也；《爰歷》六章者，車府令趙高所作也；《博學》七章者，太史令胡母敬所作也：文字多取《史籀篇》，而篆體復頗異，所謂秦篆者也。……漢興，閭里書師合《蒼頡》、《爰歷》、《博學》三篇，斷六十字以為一章，凡五十五章，並為《蒼頡篇》。」顏師古

〔註27〕（漢）許慎撰；（清）段玉裁注，說文解字敘注〔M〕，鄭州：中州古籍出版社，2006：757。

〔註28〕同註4，第 155 頁。

〔註29〕同註2，第 1719 頁。

注云：「並，合也，總合以為《蒼頡篇》也。」〔註30〕《說文解字敘》也有類似的說法：「秦始皇帝初兼天下，丞相李斯乃奏同之，罷其不與秦文合者。斯作《倉頡篇》，中車府令趙高作《爰歷篇》，太史令胡母敬作《博學篇》，皆取史籀大篆，或頗省改，所謂小篆者也。」〔註31〕據《史記·秦始皇本紀》記載，「書同文字」在秦始皇二十六年。所謂「書同文字」，即統一文字。秦始皇採用李斯的建議，統一全國文字，以小篆為正體，淘汰通行於其他地區的異體字。綜合上述記載，可以斷定，秦本《蒼頡篇》產生於秦朝初年，是秦國丞相李斯所作。由《蒼頡》《爰歷》《博學》三篇合併而成的《蒼頡篇》產生於西漢初年，是閭里書師所作。

二、篇名的由來

關於《蒼頡篇》的得名，孫星衍認為：「名之《倉頡》者，亦如《急就》以首句題篇。」王國維也持此種觀點：「《詩》、《書》及周秦諸子，大抵以首句二字名篇，此古代書名之通例，字書亦然。《蒼頡篇》首句雖不可考，然《流沙墜簡》卷二第十八簡上有漢人學書字，中有『蒼頡作』三字，疑是《蒼頡篇》首句中語，故學書者書之，其全句當云『蒼頡作書』，句法正仿『大史籀書』。《爰歷》、《博學》、《凡將》諸篇，當亦以首二字名篇，今《急就篇》尚存，可證也。」〔註32〕居延、敦煌出土的殘簡綴合的情況來看，其首章前幾句是「蒼頡作書，以教後嗣。幼子承詔，謹慎敬戒。勉力諷誦，晝夜勿置。敬務成史，計會辯治。超等軼群，出尤別異。初雖勞苦，卒必有意。」這也證實了王國維的推斷。

「蒼頡」又作「倉頡」。《說文解字》云：「黃帝之史倉頡」。段玉裁注曰：「『倉』或作『蒼』。按《廣韻》云：『倉，姓，倉頡之後。』則作『蒼』非也。」〔註33〕這一判斷未免武斷。《漢書》中就有「蒼頡」「倉頡」兩種寫法並存的情況，《漢書·藝文志》作「蒼頡」，其他也有作「倉頡」的，如《漢書·武五子傳》載：「是以倉頡作書，『止』『戈』為『武』。」〔註34〕《漢書·揚雄傳》載：

〔註30〕同註2，第1721、1722頁。
〔註31〕同註3，第315頁。
〔註32〕同註4，第153頁。
〔註33〕同註27，第753頁。
〔註34〕（漢）班固撰；（唐）顏師古注，漢書·武五子傳〔M〕，北京：中華書局，1962：2771。

「史篇莫善於《倉頡》，作《訓纂》。」〔註35〕《呂氏春秋・君守》中也有「蒼頡作書，后稷作稼」的寫法。

三、作者

《漢書・藝文志》載：「《蒼頡》七章者，秦丞相李斯所作也；《爰歷》六章者，車府令趙高所作也；《博學》七章者，太史令胡母敬所作也：文字多取《史籀篇》，而篆體復頗異，所謂秦篆者也。……漢興，閭里書師合《蒼頡》、《爰歷》、《博學》三篇，斷六十字以為一章，凡五十五章，並為《蒼頡篇》。」〔註36〕《說文解字敘》說：「秦始皇帝初兼天下，丞相李斯乃奏同之，罷其不與秦文合者。斯作《倉頡篇》，中車府令趙高作《爰歷篇》，太史令胡母敬作《博學篇》，皆取史籀大篆，或頗省改，所謂小篆者也。」〔註37〕《顏氏家訓・書證》說：「《蒼頡篇》李斯所造」。〔註38〕姚振宗《隋書經籍志考證》云：「梁庾元威《論書》曰：『李斯破大篆為小篆，造《倉頡》七章，趙高造《爰歷》六章，胡母敬造《博學》七章。』」〔註39〕清孫星衍《倉頡篇輯本》序言：「《倉頡》七章者，秦李斯所作」。

從文獻記載看，秦本的《蒼頡篇》是秦國丞相李斯所作，後來的《蒼頡篇》是漢初「閭里書師」合併《蒼頡》《爰歷》《博學》諸篇而成。這樣，《蒼頡篇》的作者就有李斯、趙高、胡母敬，還有漢代無名氏的「閭里書師」。因為「閭里書師」不是將《蒼頡》《爰歷》《博學》三書簡單合併，而是有他們大量的加工和再創造。漢代的《蒼頡篇》，已有原來的《蒼頡》七章、《爰歷》六章、《博學》七章的總共二十章，擴充為五十五章，六十字為一章。每章十五句，每句四字，總共收錄三千三百字，其規模較秦代的《蒼頡篇》已擴大了將近二倍。

四、行文方式

《蒼頡篇》是以四字一句寫成的，現存的零篇斷簡就說明了這一點。《說

〔註35〕（漢）班固撰；（唐）顏師古注，漢書・揚雄傳〔M〕，北京：中華書局，1962：3583。

〔註36〕同註2，第1721頁。

〔註37〕同註3，第315頁。

〔註38〕（北齊）顏之推著；程小銘譯注，顏氏家訓全譯〔M〕，貴陽：貴州人民出版社，1993：296。

〔註39〕（清）姚振宗，隋書經籍志考證〔M〕，北京：清華大學出版社，2014：422。

文・敘》引《蒼頡篇》「幼子承詔」，《爾雅・釋親》郭璞注引其「考妣延年」。《顏氏家訓・書證》中說：「《蒼頡篇》李斯所造，而云『漢兼天下，海內並廁，稀黥韓覆，叛討殘滅；……皆由後人所屐，非本文也。」〔註40〕這幾句雖是後人所撰，但也沒有違背四字一句的原則。居延漢簡和阜陽漢簡《蒼頡篇》均以四字為句，居延漢簡還將其分章書寫，結構更加工整。目前，出土材料相對較為完整的是《蒼頡篇》第一章和第五章，從中大體可以總結出它的兩種行文方式：陳述式和羅列式。

第一種是陳述式。例如，第一章：「蒼頡作書，以教後嗣。幼子承詔，謹慎敬戒。勉力諷誦，晝夜勿置。敬務成史，計會辯治。超等軼群，出尤別異。初雖勞苦，卒必有意。懇願忠信，微密俀言。」這一章是典型的陳述式，全章中心是「勸學」，告誡學童，只要持之以恆，不怕勞苦，就能有所收穫。又如第五章：「箋表書插，顛願重該。已起臣僕，發傳約載。趣邊觀望，行步駕服。遁逃隱匿，往來□□。漢兼天下，海內並廁。□□□類，菹醢離異。戎翟給賓，但致貢諾。」其中「漢兼天下」幾句也是陳述式，內容是歌功頌德。但是，總的說來，陳述式的章節和句式似乎不是很多，只是在眾多羅列的基礎上，作為過渡的句子使用。

第二種是羅列式。羅列式的句式和章節在《蒼頡篇》裏占多數。常常是將近義詞、反義詞、形體相近的詞、連綿詞組織在一起，以便對詞形、詞義進行對比、辨析，但意義上往往沒有邏輯聯繫，只是用詞形、詞義類聚的方式湊足四個字，求得一韻而已。如「箋表書插，顛願重該」「而乃之於，縱捨搗挈」等，都是毫不相干的內容，反映了早期字書的原始狀態。

五、字數與字體

秦代李斯《蒼頡篇》的字數，包括趙高《爰歷篇》、胡母敬《博學篇》的字數，均已無從知曉。漢代初年閭里書師合併《蒼頡篇》《爰歷篇》《博學篇》三部書為《蒼頡篇》，斷六十字以為一章，凡五十五章。漢初的《蒼頡篇》有三千三百字。

關於李斯《蒼頡篇》的字體，文字學家許慎在《說文解字敘》中說：「秦始皇帝初兼天下，丞相李斯乃奏同之，罷其不與秦文合者。斯作《倉頡篇》，中車府令趙高作《爰歷篇》，太史令胡母敬作《博學篇》，皆取史籀大篆，或頗

〔註40〕同註38。

省改，所謂小篆者也。」〔註41〕班固《漢書·藝文志》云：「《蒼頡》七章者，秦丞相李斯所作也；《爰歷》六章者，車府令趙高所作也；《博學》七章者，太史令胡母敬所作也：文字多取《史籀篇》，而篆體復頗異，所謂秦篆者也。」〔註42〕許慎和班固說法其實相同。

《說文解字敘》與《漢書·藝文志》是傳世文獻對《蒼頡篇》字體的記載。在出土的《蒼頡篇》殘簡中，所用字體的情況則略微複雜。居延漢簡《蒼頡篇》第五章是用成熟的漢隸書寫，玉門花海《蒼頡篇》殘簡，書體則是古隸。林素清的《倉頡篇研究》認為：阜陽漢簡倉頡篇是介於篆、隸之間的字體。〔註43〕張存良認為：水泉子漢簡《倉頡篇》「文字時或古體，書寫頗多訛俗。」〔註44〕北大漢簡各篇竹書文字的書體特徵不盡相同，但大體說來是近於成熟的漢隸。《蒼頡篇》原本已經亡佚，但從秦國通行篆、隸兩種文字，及西漢仍以《蒼頡篇》為識字教材來看，《蒼頡篇》至少當有篆、隸兩種不同字體的抄本。

六、版本、流傳與輯佚

《漢書·藝文志》「六藝略」「小學類」小序云：「《蒼頡》七章者，秦丞相李斯所作也；《爰歷》六章者，車府令趙高所作也；《博學》七章者，太史令胡母敬所作也：文字多取《史籀篇》，而篆體復頗異，所謂秦篆者也。……漢興，閭里書師合《蒼頡》、《爰歷》、《博學》三篇，斷六十字以為一章，凡五十五章，並為《蒼頡篇》。」顏師古注云：「並，合也，總合以為《蒼頡篇》也。」〔註45〕姚振宗《隋書經籍志考證》云：「梁庾元威《論書》曰：『李斯破大篆為小篆，造《倉頡》七章，趙高造《爰歷》六章，胡母敬造《博學》七章，後人分五十五章，為《三倉》上卷。」〔註46〕在漢代初年，鄉間書師為了有利於教習兒童識字，將秦代的《蒼頡》《爰歷》《博學》，由原來的三本書合併為一本書，名字仍與李斯的書名相同，叫《蒼頡篇》。由《蒼頡》《爰歷》《博學》合併而成的《蒼頡篇》，被稱為「秦三蒼」。現在對《蒼頡》《爰歷》《博學》的

〔註41〕同註3，第315頁。
〔註42〕同註2，第1721頁。
〔註43〕林素清，倉頡篇研究〔J〕，漢學研究，1987（5）：53～72。
〔註44〕張存良，水泉子漢簡七言本《倉頡篇》蠡測〔J〕，出土文獻研究，2010（9）：60～75。
〔註45〕同註2，第1721頁。
〔註46〕同註39。

基本情況已知之甚少，而三書經過整理後，可知共有五十五章，每章六十字，總計三千三百字。這是對秦代識字課本的全面整理，目的就是為了適應當時的教學。這次整理，並不是簡單的合併，而是在整理過程中有許多加工，整體水平提高了，它四字為句，和諧押韻，更便於蒙童誦讀，因此在相當長的一個時間內，被學習者奉為依據。

這是漢朝初年的情況，一百多年後，到了漢宣帝時，因為《蒼頡篇》多用古字，當時的人一般都不認識，不明白其含義了，於是，漢宣帝便召集有關專家學者來朝廷教讀《蒼頡篇》。據《漢書·藝文志》記載：「《蒼頡》多古字，俗師失其讀。宣帝時徵齊人能正讀者，張敞從受之，傳至外孫之子杜林，為作訓故，並列焉。」〔註47〕許慎《說文解字敘》對這次學術活動也有記載：「孝宣時，召通《倉頡》讀者，張敞從受之，涼州刺史杜業、沛人爰禮、講學大夫秦近亦能言之。」〔註48〕正讀，即正音釋義。一部識字課本，需要皇帝下令徵召人才來釋讀，可見其文字已經古奧。據《漢書·杜業傳》記載，杜林正字過於其父，故世言小學者皆由杜公。由這樣的專家來給《蒼頡篇》作注解，說明朝廷對此書的重視，同時也可見此書在使用過程中也出現了一些問題，比如文字古奧，已經脫離了漢朝當時的語言環境等。據《漢書·藝文志》，揚雄和杜林都有《蒼頡訓纂》，杜林另有《蒼頡故》。姚振宗云：「訓纂者，似取《倉頡》之字，別為纂次成文而附以舊時之訓，文字同而章句不同」。「杜氏既為《訓纂》，又別為解，故《漢志》分別著錄，《七錄》合之，通謂之注。《唐志》亦合而為一，曰《訓詁》。」〔註49〕著名學者為《蒼頡篇》作注解，有利於它的使用與傳播。

漢和帝時，郎中賈魴作《滂熹篇》。用《訓纂篇》最後二字以為篇目，故曰《滂熹篇》，言滂沱大盛，凡百二十三章。以《蒼頡篇》為上篇，《訓纂篇》為中篇，《滂熹篇》為下篇，也稱「三倉」。這就是所謂「漢三倉」。孫星衍《倉頡篇輯本序》謂「三倉」為晉代張軌所合。姚振宗考證說：「《晉書·（張）軌傳》無其事，未詳所據。考陸機《詩疏》數引《三倉》說，遠在張軌之前。以是知《三倉》實始於賈魴。」〔註50〕姚振宗此說，實源於唐代的張懷瓘。姚振宗引張說云：「唐張懷瓘《書斷》曰：……和帝時，賈魴撰《滂熹篇》，以《倉

〔註47〕同註2，第1721頁。
〔註48〕同註3，第315頁。
〔註49〕同註39，第424頁。
〔註50〕同註39，第423頁。

頡》為上篇,《訓纂》為中篇,《滂熹》為下篇,所為《三倉》也。皆用隸字寫之,隸法由茲而廣。」〔註51〕

在流傳過程中,《蒼頡篇》並其注皆亡佚。關於其亡佚時間,王國維認為在隋唐時期:「《訓纂》先亡,在隋而《蒼頡故》亦亡,張、郭之書至唐末而亦亡。」〔註52〕清孫星衍認為《蒼頡篇》在宋代亡佚:「杜林故亡於隋,《倉頡》《三倉》及故亡於宋。」《隋書・經籍志》載:「《三蒼》三卷,郭璞注。秦相李斯作《蒼頡篇》,漢揚雄作《訓纂篇》,後漢郎中賈魴作《滂喜篇》,故曰《三蒼》。梁有《蒼頡》二卷,後漢司空杜林注,亡。《埤蒼》三卷,張揖撰。梁有《廣蒼》一卷,樊恭撰,亡。」〔註53〕《舊唐書・經籍志》載:「《三蒼》三卷,李斯等撰,郭璞解。《蒼頡訓詁》二卷,杜林撰。《三蒼訓詁》二卷,張揖撰。《埤蒼》三卷,張揖撰。《廣蒼》一卷,樊恭撰。」〔註54〕《新唐書・藝文志》載:「李斯等《三蒼》三卷,郭璞解。杜林《蒼頡訓詁》,二卷。張揖《廣雅》四卷。又《埤蒼》三卷。《三蒼訓詁》三卷。《雜字》一卷。《古文字訓》二卷。樊恭《廣蒼》一卷。」〔註55〕《蒼頡篇》一系的字書,直到《宋史・藝文志》才不見記載,推想《蒼頡篇》應在唐末宋初已經亡佚了。

《蒼頡篇》的輯佚著作有:孫星衍輯《蒼頡篇》三卷,梁章鉅撰《蒼頡篇校正》三卷、《蒼頡篇補遺》一卷,任大椿輯《蒼頡篇》二卷、《三蒼》二卷,馬國翰輯《蒼頡篇》一卷、《三蒼》一卷、《訓纂篇》一卷、《蒼頡訓詁》一卷,王國維輯《重輯蒼頡篇》二卷。另外,還有敦煌漢簡、居延漢簡、阜陽漢簡、玉門花海漢簡、尼雅漢文木簡、水泉子漢簡、北大漢簡等出土文獻中的《蒼頡篇》殘卷。

第三節　《八體六技》

此書在《漢書・藝文志》中只著錄「《八體六技》」四字,未及撰人和時代,顯得較為特別。關於「八體」,顏師古注曰:「韋昭曰:『八體,一曰大篆、二

〔註51〕 同註39,第421～422頁。
〔註52〕 (清)王國維,重輯蒼頡篇〔M〕//(清)王國維,王國維遺書(七),上海:上海古籍書店,1983。
〔註53〕 (唐)魏徵,令狐德棻,隋書・經籍志〔M〕,北京:中華書局,1973:942。
〔註54〕 (後晉)劉昫,等,舊唐書・經籍志〔M〕,北京:中華書局,1975:1984。
〔註55〕 (宋)歐陽修,宋祁,新唐書・藝文志〔M〕,北京:中華書局,1975:1447。

曰小篆、三曰刻符、四曰蟲書、五曰摹印、六曰署書、七曰殳書、八曰隸書。』」〔註56〕顏師古未注「六技」，說明他對此也不甚了了，留下研究的空白。

一、何謂「八體」

在出土文獻和傳世文獻中，均能看到關於「八體」記載。

《張家山漢墓竹簡·二年律令·史律》：「〔試〕史學童以十五篇，能風（諷）書五千字以上，乃得為史。有（又）以八體試之，郡移其八體課大史，大史誦課，取最一人以為其縣令史」。〔註57〕「十五篇」是指「《史籀》十五篇」，是用大篆寫成的，而「以八體試之」的「八體」，指的是八種字體，兩者含義不同。雖然沒有交代八體的具體名稱和產生年代，但是，從這個記載中可知「八體」在呂后二年（公元前186年）的使用情況和它在學童考核中的作用。

《漢書·藝文志》除了著錄《八體六技》的書名外，不見和「八體」有關的字眼。不過，《漢書·藝文志》「六藝略」「小學」類小序裏提到「六體」，有關文字也與上引《張家山漢墓竹簡·二年律令·史律》極為相似：「漢興……太史試學童，能諷書九千字以上，乃得為史。又以六體試之，課最者以為尚書御史、史書令史。」在這裡，「八」作「六」。「八」與「六」孰是孰非？王先謙《漢書補注》指出：「此『六』乃『八』之誤。」此乃沿襲李賡芸之說。李賡芸認為：《漢書·藝文志》所言「又以六體試之」的「六」字，乃是「八」字之誤。他說：「《說文敘》云：『學童十七以上，始試諷《籀書》九千字，乃得為史；又以八體試之。』此『六』乃『八』之誤。據《說文敘》言王莽、甄豐改定古文有六體，蕭何時止有八體，無六體也。」〔註58〕王先謙云：「『六』當為『八』，李說是也。上文明言八體，是班氏非不知有八體者。且此數語與《說文序》吻合，不應事實歧異。淺人見下六體字而妄改耳。」〔註59〕王先謙所謂「上文明言八體」，即指《漢書·藝文志》著錄的《八體六技》。李學勤也對此作了考證，也認為「六」乃「八」之誤，並點明誤的緣由是下文緊接著有「六體」字樣以致出現筆誤。〔註60〕李賡芸、王先謙、李學勤等的觀點有一定

〔註56〕同註2，第1720頁。

〔註57〕張家山二四七號漢墓竹簡整理小組，張家山漢墓竹簡〔二四七號墓〕（釋文修訂本）〔M〕，北京：文物出版社，2006：80～81。

〔註58〕（清）王先謙，漢書補注〔M〕，北京：中華書局，1983：876。

〔註59〕同註58。

〔註60〕李學勤，試說張家山漢簡《史律》〔M〕，文物，2002（4）。

道理，但缺乏版本依據，所以還是應當謹慎採用。若依這種看法，《漢書・藝文志》在此處的敘述出現了紕漏，或是作者班固的疏忽，或是《漢書》在流傳過程中傳抄、刻印時出現的訛誤。

還是許慎《說文解字敘》對「八體」的解說較為全面：「秦始皇帝初兼天下，丞相李斯乃奏同之。罷其不與秦文合者。斯作《倉頡篇》，中車府令趙高作《爰歷篇》、太史令胡母敬作《博學篇》。皆取史籒大篆，或頗省改，所謂小篆者也。……自爾秦書有八體，一曰大篆，二曰小篆，三曰刻符，四曰蟲書，五曰摹印，六曰署書，七曰殳書，八曰隸書。漢興有草書。尉律，學僮十七以上，始試。諷籒書九千字，乃得為史。又以八體試之，郡移大史並課。最者以為尚書史。書或不正，輒舉劾之。今雖有尉律不課。」〔註61〕許慎總結了八體的具體名稱，指出了其產生的年代，以及它的應用。

可能是成書時間相去不遠的緣故，《漢書・藝文志》和《說文解字敘》對王莽時的「六體（六書）」的記述幾乎完全一致。《漢書・藝文志》「六體」為：「古文、奇字、篆書、隸書、繆篆、蟲書。」《說文解字敘》所言「六書」為：「古文、奇字、篆書、左書、繆篆、鳥蟲書。」兩者的記載，次序相同，名稱也大同小異，只是一稱「六體」，一稱「六書」；一稱隸書，一稱左書；一稱蟲書，一稱鳥蟲書。可見，班固的「六體」與許慎的「六書」並無實質上的差別，且六體與八體之間必然存在某種聯繫。

二、關於「六技」的質疑

關於「八體」的記述較為一致，就是指秦朝使用的各種字體，而對於「六技」的看法則分歧較大。

宋代王應麟認為：「所謂『六技』者，疑即亡新六書。」〔註62〕許慎《說文解字敘》曰：「及亡新居攝，使大司空甄豐等，校文書之部，頗改定古文。時有六書：古文、奇字、篆書、左書、繆書、鳥蟲書。」〔註63〕

清代謝啟昆《小學考》云：「八體六技當是漢興所試之八體，合以亡新改定之六書。『技』字似誤，蓋以古文、奇字易大篆、刻符、署書、殳書。其篆書即小篆，左書即隸書，繆篆即摹印，鳥蟲書即蟲書。漢興，所試用秦八體，

〔註61〕同註3，第315頁。

〔註62〕（宋）王應麟，漢藝文志考證〔M〕，北京：清華大學出版社，2014：110。

〔註63〕同註3，第315頁。

不止六體，許氏《說文·敘》甚明，故江式《論書表》、孔穎達《書正義》俱從之。班氏《藝文志》既用《七略》載八體六技之目，而敘論以八體為六體，深所未論，《隨志》亦沿其失。」〔註64〕

清代錢大昕《三史拾遺》曰：「李賡芸云：『六技當是八篇之訛。小學四十五篇，並此八篇正合四十五篇之數。』又曰：『六體亦八體之誤。據《說文·敘》言王莽時甄豐改定古文時有六體，蕭何時止有八體，無六體。』」〔註65〕

清代姚振宗不同意上述王應麟、謝啟昆、李賡芸的觀點。他認為：「許氏稱六書者，蓋偶然異文，未可偏執以證班書。此六技為六書之說不足據。《漢志》每類所條篇卷總數，自唐以來舛訛不一。且書籍相傳亦有無卷數者，安見八體之書必有篇數乎？此六技為八篇之說亦不足據。班氏敘此一節，大抵皆據《別錄》、《七略》，先言六體課試，次言六體篇目，文相承接，一氣貫注，斷不致誤。此六體為八體之說更不足據。」姚振宗還認為，「六技」在劉歆《七略》中已有，非王莽時才出現：「諸家以《說文·敘》謂新莽時始有六體。竊謂莽之前已有六體，故劉光祿父子得以著於《錄》、《略》，若在新莽之時，則《錄》、《略》不及著錄，是尤顯而易見者。」〔註66〕在《漢書藝文志拾補》中，姚振宗又將這一觀點加以發揮：「《漢志》有八體六技，不著撰人篇數，或以為《六技》即亡新所定六體書。今考本志注云：『入楊雄、杜林二家三篇』，則《七略》之外班氏所新入者，唯此二家，《六技》為《七略》中所有，可知非亡新居攝時所定。」又說：「《藝文志》曰：『漢興蕭何草律，亦著其法曰：『太史試學童，又以六體試之。』許氏《說文》序云：『以八體試之』，當是漢初試以八體。其後重定尉律，乃以六體。許言其始，班要其終，各存其是，不必牽合。或謂六體書亡新時所立，竊謂莽之前已有六體書，故《七略》有《六技》之目，班氏有『六體試之』之言。甄豐等所校定者，特因六體中舊文而有所改易耳。許氏言時有六書者，不必定在居攝之時也。」〔註67〕

比較而言，李賡芸的說法較為接近實際，即「《八體六技》」當作「《八體》八篇」。理由如下：

〔註64〕（清）謝啟昆，小學考〔M〕//（清）姚振宗，漢書藝文志條理，北京：清華大學出版社，2012：136～137。

〔註65〕（清）錢大昕，三史拾遺〔M〕//（清）姚振宗，漢書藝文志條理，北京：清華大學出版社，2012：137。

〔註66〕（清）姚振宗，漢書藝文志條理〔M〕，北京：清華大學出版社，2012：137。

〔註67〕（清）姚振宗，漢書藝文志拾補〔M〕，北京：清華大學出版社，2012：253。

　　首先，從篇數上看，《漢書·藝文志》「六藝略」「小學」類著錄四十五篇，即《史籀》十五篇、《蒼頡》一篇、《凡將》一篇、《急就》一篇、《元尚》一篇、《訓纂》一篇、《別字》十三篇、《蒼頡傳》一篇、揚雄《蒼頡訓纂》一篇、杜林《蒼頡訓纂》一篇、杜林《蒼頡故》一篇。這十一部著作加起來一共三十七篇，只有認為「六技」是「八篇」之訛，即「《八體六技》」為「《八體》八篇」，才能合成四十五篇之數，這樣也就解決了篇數不合的問題。

　　其次，從體例上看，《漢書·藝文志》「六藝略」「小學」類著錄的十二部著作，均是先注出書名，再注明篇數，只有《八體六技》例外，這是難以解釋得通的。只有認為《八體六技》為《八體》八篇，才符合全書的通例，也符合總的篇數。

　　再次，從次序上看，先是周宣王時的《史籀》，繼之秦之《八體》，然後是秦朝的《蒼頡》，漢代的《凡將》《急就》《元尚》《訓纂》《別字》《蒼頡傳》《蒼頡訓纂》《蒼頡故》之屬，先後次序才不錯亂。若是將《八體六技》之「六技」看成是王莽時的六書，則時間序列就錯亂了。

三、關於《八體六技》名稱的初步看法

　　根據以上分析，《八體六技》的名稱，應作「《八體》八篇」。此說雖然沒有版本依據，但於情理比較吻合，姑且採用這樣的觀點。

四、成書年代與亡佚時間

　　《漢書·藝文志》在體例上有一個十分明顯的特點，就是同種的書，以類相從，每種之中，又分子目，各依時代先後為次，即以成書先後排序。例如「小學」類中，首列周宣王時的《史籀》，第三是秦朝李斯的《蒼頡》，之後是司馬相如（約公元前179年～前118年）的《凡將》、漢元帝（公元前48年～前33年）時的《急就》、漢成帝（公元前32年～前7年）時的《元尚》、揚雄（公元前53年～18年）的《訓纂》《別字》《蒼頡傳》《蒼頡訓纂》、杜林（？～47年）的《蒼頡訓纂》《蒼頡故》。《八體六技》（應作「《八體》八篇」）介於《史籀》與《蒼頡》之間，位居第二，說明「《八體》八篇」的成書時間在《史籀》之後《蒼頡》之前。

　　《史籀》是我國現存最早的字書，它的成書時間，學術界有不同的看法。但在沒有有力的證據的前提下，一般還是遵從班固和許慎的意見，認為《史

籀》成書於周宣王時期。《蒼頡》的成書情況較為明朗。即《蒼頡》最早成書於秦朝初年,「閭里書師」合編本出現在西漢初年。詳見本章「第二節《蒼頡篇》」。

顯然,《八體六技》(應作「《八體》八篇」)成書應在西周晚期到秦朝之前這個時間段內。《八體六技》(應作「《八體》八篇」)在《漢書》以後未見著錄,說明它亡佚較早;班固對它的作者與時代沒有做出說明,估計班固可能只是沿襲劉向父子的說法,而他自己根本沒有見過這本書。所以,再進一步推斷,此書在班固編撰《漢書》的東漢時已經亡佚。

第四節 《凡將篇》

據《漢書·藝文志》載:「《凡將》一篇。司馬相如作。」其小序云:「武帝時司馬相如作《凡將篇》,無復字。元帝時黃門令史游作《急就篇》,成帝時將作大將李長作《元尚篇》,皆《蒼頡》中正字也。《凡將》則頗有出矣。」〔註68〕「《凡將》則頗有出矣」,是說《凡將篇》中的字有出於五十五章三千三百字之外者。《隋書·經籍志》載:「(梁)有司馬相如《凡將篇》。」〔註69〕《舊唐書·經籍志》載:「《凡將篇》一卷,司馬相如撰。」〔註70〕《新唐書·藝文志》:「司馬相如《凡將篇》一卷。」〔註71〕宋程大昌《演繁露》云:「漢小學家司馬相如作《凡將篇》,其後史游又作《急就篇》,《凡將》今不可見。」〔註72〕此書至宋大抵已亡佚。

一、命名與性質

與其他的識字課本類似,《凡將篇》的得名,可能也是因為首句有「凡將」二字,所以名曰《凡將篇》,如同《急就篇》以首句「急就奇觚與眾異」前二字「急就」為書名一樣。「凡將」的意思,可以釋為「常用」。

關於此書的性質,宋代程大昌《演繁露》云:「《藝文類聚》載《凡將》一語曰『鍾磬竽笙築坎侯』,與《急就》記樂之言,所謂『竽瑟箜篌琴築箏』者,

〔註68〕同註2。
〔註69〕同註53。
〔註70〕同註54,第1985頁。
〔註71〕同註55,第1447頁。
〔註72〕(宋)程大昌,演繁露〔M〕//(清)姚振宗,隋書·經籍志考證,北京:清華大學出版社,2014:433。

其語度、規制全同，率皆立語總事，以便小學。」〔註73〕

二、編寫形式

從《說文解字・口部》所引「淮南宋蔡舞嗙喻」，《文選・蜀都賦》注所引「黃潤纖美宜制禪」，《藝文類聚・樂部》所引「鍾磬竽笙築坎侯」來看，全書有七言的句子，但不是通篇為七言。陸羽《茶經》所引的《凡將篇》就與上兩例不同：「烏啄桔梗芫華款冬貝母木蘗蔞芩草芍藥桂漏蘆蜚廉雚菌荈詫白斂白芷菖蒲芒硝莞椒茱萸。」〔註74〕此段文字均為藥名，說明物類相近者，多聯屬成文。從此段文字多為雙音詞考察，個別單音詞可能存在缺字，行文之間還恐有缺文。試將這段文字做這樣的標點（缺字用「〇」代替）：「烏啄桔梗芫華，〇〇款冬貝母，木蘗蔞芩〇草，芍藥〇桂漏蘆，蜚廉雚菌荈詫，白斂白芷菖蒲，芒硝莞椒茱萸。」我們之所以將這段文字，點斷為六子句，是因為除了第三句以外，其他六句的結尾都是韻腳，押的是上古的魚韻：華（fu）、母（mu）、蘆（lu）、詫（du）、蒲（pu）、萸（yu）。這些字，在今天只是部分同韻，但在古音中完全是同韻的。這說明，《凡將篇》也和其他識字課本一樣，都是用韻語寫成的；而且還可以看出，《凡將篇》中有一些句子是六言的。

三、輯本

《凡將篇》亡佚已久，清代任大椿的《小學鉤沉》、馬國翰的《玉函山房輯佚書》、黃奭的《黃氏逸書考》、顧震福的《小學鉤沉續編》、龍璋的《小學搜佚》，均有輯錄。馬國翰輯本序曰：「《凡將篇》，《文選注》、《藝文類聚》、陸羽《茶經》、段公路《北戶錄》皆引之，許氏《說文》亦引其說，並據輯錄。」
〔註75〕

第五節　《訓纂篇》

《漢書・藝文志》著錄：「《訓纂》一篇。揚雄作。」〔註76〕書名、作者及成書的大致年代交代清楚。《漢書・揚雄傳》稱：「（揚雄）以為經莫大於《易》，

〔註73〕同註72。
〔註74〕（唐）陸羽，茶經〔M〕，北京：華夏出版社，2006：40。
〔註75〕同註39，第434頁。
〔註76〕同註2，第1720頁。

故作《太玄》；傳莫大於《論語》，作《法言》；史篇莫善於《倉頡》，作《訓纂》。」〔註77〕揚雄喜好模仿，於此可見一斑。《太玄》的體裁與《易經》相同，《法言》的體裁與《論語》相同，則《訓纂》的體裁與《急就篇》亦相同。姚振宗《漢書藝文志條理》云：「《訓纂》成於元始、居攝之間，為《七略》所不及載。此條蓋班氏所入，而必列之於此，不與後三條《倉頡訓纂》相類從者，則以其前《凡將》、《急就》、《元尚》三篇皆取於《倉頡》篇中之字，而此則順續《倉頡》，故連綴與後，明一類之學，猶禮家入《軍禮司馬法》於《周官經》、《傳》之後也。」〔註78〕

一、編纂經過

《漢書·藝文志》載：「元始中，徵天下通小學者以百數，各令記字於庭中。揚雄取其有用者以作《訓纂篇》，順續《蒼頡》，又易《蒼頡》中重複之字，凡八十九章。」〔註79〕記載了《訓纂篇》的編纂經過以及與《倉頡篇》的關係。據《漢書·平帝紀》，此事在元始五年：「徵天下通知逸經、古記、天文、曆算、鍾律、小學、《史篇》、方術、《本草》及以《五經》、《論語》、《孝經》、《爾雅》教授者，在所為駕一封軺傳，遣詣京師。至者數千人。」〔註80〕可見，這是一次由朝廷組織的大型學術活動。《說文解字敘》的記載與《漢書·藝文志》有所不同：「孝宣時，召通《倉頡》讀者，張敞從受之，涼州刺史杜業、沛人爰禮、講學大夫秦近亦能言之。孝平時，徵（爰）禮等百餘人，令說文字未央廷中，以（爰）禮為小學元士。黃門侍郎揚雄採以作《訓纂篇》，凡《倉頡》已下十四篇，凡五千三百四十字，群書所載，略存之矣。」〔註81〕

段玉裁綜合《漢書·藝文志》和《說文解字敘》，認為：「此謂雄所作《訓纂》，凡三十四章，二千四十字，合五十五章，三千三百字，凡八十九章，五千三百四十字也。班但言章數，許但言字數，而數適相合。不數《急就》《元尚》者，皆《倉頡》中字，既取《倉頡》，可不之數也。不數《凡將》者，《凡將》字雖或出《倉頡》外，而必賅於《訓纂》中，故亦不之數也。《訓纂》續

〔註77〕同註35。

〔註78〕同註66，第143～144頁。

〔註79〕同註2，第1721頁。

〔註80〕（漢）班固撰；（唐）顏師古注，漢書·平帝紀〔M〕，北京：中華書局，1962：359。

〔註81〕同註3，第315頁。

《倉頡》，而無複《倉頡》之字，且易《倉頡》中自複者，故五千三百四十字一無重複也。」〔註82〕可見，《訓纂篇》的成書有一個匯總、整理、編輯的過程，它是揚雄從當時一百餘位文字學家記錄的文字中挑選出有用的字，並將其編纂成書的。

二、結構與體例

從以上諸家的記載與解說中，可以大致窺知《訓纂篇》的結構與體例。第一，《訓纂篇》每章六十字，共有三十四章，總計二千零四十字。第二，既然是《蒼頡篇》的續作，其押韻方式也應與之相同，即四字一句，兩句一韻。第三，《訓纂篇》中的字與《蒼頡篇》中的字不重複，就連《蒼頡篇》中原有的重複字也改換掉了。這樣收字量大了，正如《說文解字敘》所言「群書所載，略存之矣」。第四，關於《訓纂篇》的用字，《文心雕龍‧練字》云：「及宣平二帝，徵集小學，張敞以正讀傳業，揚雄以奇字纂訓，並貫練《雅》《頡》，總閱音義。」〔註83〕姚振宗《漢書藝文志拾補》云：「正讀者，正《倉頡篇》中古字之讀；纂訓者，纂《倉頡篇》中奇字之訓；奇字者，六體之一。」〔註84〕訓纂，纂次成文，又為之訓釋。《漢書‧揚雄傳》云：「劉棻嘗從（揚）雄學作奇字」。顏師古注：「古文之異者。」〔註85〕奇字即異字。劉棻所學奇字即指此《訓纂篇》。《隋書‧經籍志》云：「漢時以六體教學童，有古文、奇字、篆書、隸書、繆篆、蟲鳥」。〔註86〕奇字，即為當時通行的一種字體。

三、輯佚

《訓纂篇》已亡佚，馬國翰《玉函山房輯佚書》、黃奭《黃氏逸書考》有輯本。

第六節　《勸學》

《隋書‧經籍志》載：「《勸學》一卷，蔡邕撰。」〔註87〕《舊唐書‧經籍

〔註82〕同註27，第760頁。
〔註83〕周振甫，文心雕龍今譯〔M〕，北京：中華書局，1986：348。
〔註84〕同註67，第255頁。
〔註85〕同註35，第3584頁。
〔註86〕同註53，第946頁。
〔註87〕同註53。

志》載：「《勸學篇》一卷，蔡邕撰。」〔註88〕《新唐書‧藝文志》載：「蔡邕《勸學篇》一卷。」〔註89〕《後漢書‧蔡邕列傳》載：「（蔡邕）所著詩、賦……《獨斷》、《勸學》……傳於世。」〔註90〕

一、篇名與內容

關於《勸學》的篇名，《隋書‧經籍志》和《後漢書‧蔡邕列傳》均稱為《勸學》，《舊唐書‧經籍志》和《新唐書‧藝文志》稱為《勸學篇》，而《世說新語》劉義慶注稱為《勸學章》（見下）。

關於《勸學》的取義和內容，《世說新語‧紕漏篇》「蟹有八足，加以二螯」劉義慶注：「《大戴禮‧勸學篇》曰：『蟹二螯八足，非蛇蟺之穴，無所寄託者，用心躁也。』故蔡邕為《勸學章》，取義焉。」〔註91〕馬國翰《勸學篇》輯本序說：「《勸學篇》皆勖學之言，編為韻語，取便諷誦。『人無貴賤，道在則尊』，實篇中之名言也。」〔註92〕《勸學》是取義於荀子《勸學篇》敷衍而成，以「勸學」為宗旨和主要內容。

二、體例

《勸學》只在《文選注》《易‧晉卦》正義、《藝文類聚》《太平御覽》《世說新語‧紕漏篇》《北史‧劉芳傳》《書斷》《法書要錄》《墨池編》諸書中引錄數句，《勸學》已是殘篇，要想全面考察其體例，已經沒有可能。現只就其殘篇，略作歸納。其一，《勸學》四字為句，且押韻。如《藝文類聚》卷六所引：「蚓無爪牙，軟弱不便，穿穴洞地，食塵飲泉。」便、泉押韻，屬上古「元」韻。《太平御覽》卷四百九十所引：「瞻彼頑薄，執性不固。心遊目蕩，意與手互。」固、互押韻，屬上古「魚」韻。《太平御覽》卷七百六十七所引：「木以繩直，金以淬剛，必須砥礪，就其鋒鋩。」剛、鋩押韻，屬上古「陽」韻。《太平御覽》卷八百三所引：「明珠不瑩，不發其光；寶珠不琢，不成圭璋。」光、璋押韻，屬上古「陽」韻。其二，《勸學》原文附有作者蔡邕的自注。如《易‧

〔註88〕 同註 54，第 1986 頁。

〔註89〕 同註 55，第 1447 頁。

〔註90〕 （南朝宋）范曄撰；（唐）李賢等注，後漢書‧蔡邕列傳〔M〕，北京：中華書局，1965：2007。

〔註91〕 張萬起，劉尚慈，世說新語譯注〔M〕，北京：中華書局，1998：928。

〔註92〕 （清）馬國翰，勸學篇序〔M〕//（清）姚振宗，隋書經籍志考證，北京：清華大學出版社，2014：432。

晉卦》正義引「鼫鼠五能，不成一技」下，又引蔡邕自注：「鼫鼠五技者，能飛不能上屋，能緣不能窮木，能泅不能渡瀆，能走不能絕人，能藏不能覆身是也。」解說文義，詳細透徹，不避其煩。《一切經音義》二引蔡邕《勸學》自注：「儲，副君也。」《一切經音義》六引蔡邕自注：「傭，賣力也。」均訓說字義，簡明扼要。蔡邕的自注，便於蒙童更好地理解文句，加深理解。

三、輯本

　　《勸學》的輯本有：任大椿輯本，見《小學鉤沉》；馬國翰輯本，見《玉函山房輯佚書》；黃奭輯本，見《黃氏佚書考》；顧震福輯本，見《小學鉤沉續編》；王仁俊輯本，見《玉函山房輯佚書續編》；龍璋輯本，見《小學搜佚》；嚴可均輯本，見《全後漢文》。

第二章 《急就篇》與識字教學

　　《急就篇》，又名《急就章》，為史游所作，成書於西漢，為我國現存最早的識字課本。秦漢及其以前的識字課本多已亡佚，而《急就篇》卻流傳至今，可以使我們從中窺見當時蒙學教育之一斑。

第一節　關於作者、書名來源及其含義

　　《急就篇》的作者，史書上有明確記載，其書名來源卻有著不同的解說，因而含義也就各異。

一、作者

　　《急就篇》的作者是史游，這在《漢書·藝文志》中有記載：「《急就》一篇。元帝時黃門令史游作。」〔註1〕關於史游，《後漢書·宦者列傳》還有一處記載：「至元帝之世，史游為黃門令，勤心納忠，有所補益。」〔註2〕除此之外，正史再無其他有關史游的任何記載。王國維說：空海在其《急就篇》抄本中，提到《急就篇》作者，有「漢黃門令河東史游」的說法。〔註3〕

　　《漢書》《後漢書》均言史游為黃門令。黃門，官署名。漢代設黃門官，給事於黃門之內。《漢書·元帝紀》黃龍二年：「詔罷黃門乘輿狗馬」注云：「黃

〔註1〕（漢）班固撰；（唐）顏師古注，漢書·藝文志〔M〕，北京：中華書局，1962：1702。

〔註2〕（南朝宋）范曄撰；（唐）李賢等注，後漢書·宦者傳〔M〕，北京：中華書局，1965：2506。

〔註3〕（清）王國維，校松江本急就篇〔M〕//（清）王國維，王國維遺書（六），上海：上海古籍書店，1983。

門，近署也，故親幸之物屬焉。」〔註4〕黃門是漢代九卿之一少府的屬官。少府，《漢書·百官公卿表上》云：「少府，秦官。掌山海地澤之稅，以給共養，有六丞。」〔註5〕少府的設置，是漢承秦制。凡皇帝衣食起居，醫藥供奉，園林遊興，器物製作，皆歸少府所領。《後漢書·百官三》亦云：「少府，卿一人，中二千石。本注曰：掌中服御諸物，衣服寶貨珍膳之屬。丞一人，比千石。」〔註6〕

黃門令，為漢代所設。《後漢書·百官三》云：「黃門令一人，六百石。本注曰：宦者。主省中諸宦者。丞、從丞各一人。本注曰：宦者。從丞主出入從。」〔註7〕又有小黃門：「掌侍左右，受尚書事，上在內宮，關通中外，及中宮已下眾事。諸公主及王太妃等有疾苦，則使問之。」〔註8〕

《後漢書》說「至元帝之世，史游為黃門令」，這也從反面告訴我們「宣帝之世，史游不是黃門令」。強調《急就篇》的作者是黃門令史游，說明本書作於史游任黃門令之時，而且是元帝之世。漢元帝於前48年至前33年在位，那麼《急就篇》一定作於此時。張志公《傳統語文教育教材論——暨蒙學書目和書影》認為此書的成書時間約在公元前40年，庶幾近之。

那麼，史游為什麼要編寫這樣一部書呢？這要從他的工作性質來考察。先說黃門，如前所述，黃門是禁門黃闥內的官署。《漢書·霍光傳》「上乃使黃門畫者畫周公負成王朝諸侯以賜（霍）光」句顏師古注曰：「黃門之署，職任親近，以供天子，百物在焉，故亦有畫工。」〔註9〕黃門是承秦而來的官制，掌管山海地澤之稅以供奉天子及其家族，皆以宦官充任，為天子私府。到了漢代，黃門的工作與秦代相比並無改變。事務單調，周而復始：記錄宮中服御諸物衣飾寶貨珍膳日用，登記山海地澤貢給之物，兼做奔走內廷傳遞侍候等雜役。史游從小黃門一直做到黃門的主管官員黃門令，在黃門中侍奉日久，對抄寫登載

〔註4〕（漢）班固撰；（唐）顏師古注，漢書·元帝紀〔M〕，北京：中華書局，1962：282。

〔註5〕（漢）班固撰；（唐）顏師古注，漢書·百官公卿表上〔M〕，北京：中華書局，1962：731。

〔註6〕（南朝宋）范曄撰；（唐）李賢等注，後漢書·百官三〔M〕，北京：中華書局，1965：3592。

〔註7〕同註6，第3594頁。

〔註8〕同註6，第3594頁。

〔註9〕（漢）班固撰；（唐）顏師古注，漢書·霍光傳〔M〕，北京：中華書局，1962：2932。

的不便，深有感受。於是，在擔任黃門令後，便著手編寫《急就篇》這樣一部識字課本，其目的就是教小黃門認得常用的姓名、物品和事理的名稱，待到具體運用文字抄寫時，便可得心應手。按照孫星衍校集漢官的說法，黃門令手下有十九名黃門。為十九名學生特意編寫一本課本，使用的範圍並不廣，推想起來，因為《急就篇》全書有二千餘字，涉及的方面較多，知識比較全面，所以還很可能以此作為啟蒙之書，用來教授那些「八歲入小學」的王侯子弟。

二、書名來源及其含義

「急就」二字連稱，最早見於《史記·李斯列傳》：「（李斯）說秦王曰：『……夫以秦之強，大王之賢，由竈上騷除，足以滅諸侯，成帝業，為天下一統，此萬世之一時也。今怠而不急就，諸侯復強，相聚約從，雖有黃帝之賢，不能併也。』」〔註 10〕這是李斯游說秦王的一段話，意思是：「憑著秦國的強大，大王的賢明，就像從竈上掃除灰塵一樣，足以消滅諸侯，成就帝業，成為天下一統，這是萬載難逢的一個機會啊。現在懈怠而不趕快完成，諸侯又強大了，相聚在一起約定合縱的盟約，即使有黃帝那樣的賢明，也不能吞併天下了。」急：急速、趕快。就：完成。《急就篇》書名「急就」，只取其字面文字，詞義與其並不相同。

關於書名「急就」兩個字的意思，歷來有不同的解釋。

唐人顏師古以為：「言學僮急當就此奇好之觚。」〔註 11〕

宋人晁公武解釋說：「雜記姓名諸物五官等字，以教蒙童。『急就』者，謂字之難知者，緩急可就而求焉。」〔註 12〕「緩急」之「緩」實無義。

宋人王應麟《急就篇補注》：「急，疾也；就，成也。」〔註 13〕

元人戴表元《急就篇注釋補遺自序》：「此書本取急速成就其辭，以便於童習。」〔註 14〕

〔註 10〕 （漢）司馬遷，史記·李斯列傳〔M〕，北京：中華書局，1982：2540。

〔註 11〕 （漢）史游撰；（唐）顏師古注，急就篇〔M〕//景印文淵閣四庫全書（第 223 冊），臺北：商務印書館，1983：4。

〔註 12〕 （宋）晁公武，郡齋讀書志（卷四）〔M〕//景印文淵閣四庫全書（第 133 冊），臺北：商務印書館，1983：8。

〔註 13〕 （漢）史游撰；（唐）顏師古注；（宋）王應麟，補注，急就篇〔M〕//景印文淵閣四庫全書（第 453 冊），臺北：商務印書館，1983：9。

〔註 14〕 （元）戴表元，急就篇注釋補遺自序〔M〕//剡源戴先生文集（《四部叢刊》初編本）。

清人孫星衍《急就章考異序》說：「《急就章》，漢史游所作，蓋草書之權輿，謂之章草，其文比篆隸為流速，故名急。」他的意思是說，《急就章》的字體書寫比較急速，所以稱為「急」。〔註15〕

清人耿文光說：「『急就』者，取其急於成就之意。」〔註16〕

現代研究者認為：《急就篇》以「急就」命名，大概是取其書開頭的兩字，其實並沒有什麼深刻的含義。《急就篇》開篇說：「急就奇觚與眾異，羅列諸物名姓字」，其以「急就」命名，就像《論語》的「學而」「憲問」等篇名一樣，都是以開頭的兩個字作為篇名，並沒有深刻的含義在內。

《急就篇》稱《急就章》。《漢書·藝文志》云：「《急就》一篇。」又云：「史游作《急就篇》。」《舊唐書·經籍志》《新唐書·藝文志》《宋史·藝文志》等則稱「《急就章》一卷」。《玉海》卷四十四「急就篇」條注說：「《隋、唐志》始謂之《急就章》。」〔註17〕其實，《舊唐書·經籍志》已稱為《急就章》。《四庫全書總目》考證說：「是書《漢志》但作《急就》一篇，而《小學類》末之《敘錄》則稱史游作《急就篇》，故晉夏侯湛《抵疑》稱『鄉曲之徒，一介之士，曾諷《急就》，通甲子』，《北齊書》稱李鉉『九歲入學，書《急就篇》』。或有『篇』字，或無『篇』字，初無一定。《隋志》作《急就章》一卷，《魏書·崔浩傳》亦稱人多託寫《急就章》。是改『篇』為『章』在魏以後。」〔註18〕啟功據《魏書·崔浩傳》「浩既工書，人多託寫《急就章》，從少至老，初不憚勞」，及「世寶其跡，多裁割綴連，以為模楷」之語，認為「指全篇者稱篇，指裁割者稱章」。〔註19〕此書最初稱為《急就篇》，或者只稱為《急就》，改「篇」為「章」在魏以後，這些當是事實。有關《急就》一書，究竟稱「篇」還是「章」，其實並無定論。大體而言，文字學界多以《急就篇》稱之，書法學界則習慣將之稱為《急就章》。

第二節　關於結構和內容

《急就篇》的結構嚴謹，全書渾然一體，所體現的自然及社會知識非常豐

〔註15〕（清）孫星衍，急就章考異序〔M〕//急就章考異（清光緒廣雅叢書本）。
〔註16〕（清）耿文光，萬卷精華樓藏書記〔M〕，北京：北京圖書館出版社，1997：729。
〔註17〕王應麟，玉海〔M〕，江蘇古籍出版社、上海書店，1987：828。
〔註18〕（清）永瑢等，四庫全書總目·急就篇〔M〕，北京：中華書局，1965：344。
〔註19〕啟功，《急就篇》傳本考〔M〕//啟功論稿·論文卷，北京：中華書局，1997：1。

富。蒙童通過學習，可以獲得當時歷史條件下比較全面的生產及生活所必須的基礎知識和基本技能。

一、結構

從句子結構上看，《急就篇》有七言句、四言句、三言句。這幾種句式不是雜亂排列的，而是有規律的。

從篇章結構上看，它先以七言自道其例：「急就奇觚與眾異，羅列諸物名姓字。分別部居不雜廁，用日約少誠快意。勉力務之必有喜。」簡要敘說急就的性質與眾書不同；內容是羅列萬物的名稱和人物的姓氏名號；編輯體例是前後次序，按類編排，種類區分，不相混雜；它的內容完備，學童花很少的時間，就能開啟心智，體會學習的快樂；努力學習，就會獲得學業和技藝，取得可喜的收穫。

之後，以一句四言「請道其章」作為過渡，意思是說，敘述事理到此結束，下面敘說各章內容。接著以三言陳說姓名。

介紹姓名之後，再轉到用七言陳說諸物百官等。

文末以四言歌頌漢德，以七言作結。

全篇以七言為主，三言次之，而以四言為最少。

《急就篇》的體例，是「前後之次，以類相從，種別區分，不相間錯也。」〔註20〕它詳細完備，簡約明瞭，學童若能好學勤習，必然有可喜的收穫。

何謂「以類相從」？就是按照類屬來先後介紹各種事物。第一，從篇章結構上說，把同類內容放在一起，集中介紹，比如，把姓氏放在一起介紹，把各種服飾名稱放在一起介紹，等等。第二，每一句或兩句，介紹同類事物，比如，「羘羖羯羠挑羝羭」，只用一句來介紹各種羊。羘：母羊。羖：黑色的公羊。羯：閹割過的羊。羠：母野羊。挑：未滿一歲的羔羊。羝：公羊。羭：黑色的母羊。「腸胃腹肝肺心主，脾腎五藏膍臍乳」，兩句合起來敘述人體的各種內臟器官。第三，把同一部首的同類字編排在一起，比如，「襜褕袷複褶袴褌」，均為服飾，而且都是衣補旁。襜褕：寬大而長的衣服，為男女通用的非正式朝服。袷：夾衣。複：中間襯有絲棉的衣服。褶：夾衣，亦指穿在最外面的衣服。袴：同「褲」。褌：有襠的褲子。「癰疽瘀痲瘻痔痕」，都是病名，而且均為病字旁。

〔註20〕同註11。

癱疽：毒瘡。瘛瘲：泛指小兒驚風、痙攣之病。痿痹：肢體不能動，或指四肢麻木，喪失感覺。痕：四肢僵硬，無法彎曲。

《急就篇》全書有 2144 字，分為 34 章。所以要做這樣的劃分，顏師古解釋說：「每標章首以字數為斷者，蓋取其程課學僮簡牘為便也，是以前之卒章或與後句相躡。」這也就是說，分章是由於教學的需要，如同我們今天的第幾課一樣。

二、內容

《急就篇》的主體部分包括三方面的內容：一是姓氏名字，二是服器百物，三是文學法理。

第一部分全用三言，以「宋延年，鄭子方。衛益壽，史步昌」開始，而以「姓名訖，請言物」轉入下一部分。

關於這部分內容，顏師古注曰：「篇首廣陳諸姓及名字者，以示學徒，令其識習，擬施用也。自此以下，器用物務，次序皆同。而說者乃云，是當時弟子名姓。又云，是古賢聖之人，本出《易》《緯》，史游重述此說，皆非也。姓者，並是古來所有，非妄造之名字，或是舊人已經稱用，或是新構義理，然非實相配屬，真有其人。所以章中自云『姓名訖，請言物』，又云『諸物訖，五官出』。以此求之，其意可曉。至如雜寶奇繒，殊俗異物，及疾病刑獄，官曹職務，豈非當時庠校之內，悉自有乎？皆泛說耳！《易》《緯》中頗有姓名與此同者，蓋後人妄取以附著之，非本聖人所說也。先儒通論，舊云《緯書》之作偽起哀、平。應劭撰《風俗通》亦多設人姓而為章句偶讀，斯效《急就》之為也。」〔註21〕

如對「鄧萬歲」含義的解說：「鄧，古國名，本曼姓也，其後稱鄧氏也。楚有鄧廖，鄭有鄧析，並其族也。萬歲，猶千秋也。」〔註22〕先解釋鄧姓的來歷，接著介紹鄧姓中的顯赫人物，最後說明「鄧萬歲」中「萬歲」的含義。

有的姓來源較為複雜，如顏姓的來源：「顏氏本出顓頊之後。顓頊生老童，老童生吳回，為高辛火正，是謂祝融。祝融生陸終。陸終生六子，其五曰安，是為曹姓。周武王封其苗裔於邾，為魯附庸，在魯國鄒縣，其後邾武公名夷父，字曰顏，故《春秋公羊傳》謂之「顏公」，其後遂稱顏氏，齊魯之間皆為盛族。

〔註21〕同註11。
〔註22〕同註11，第 6 頁。

孔子弟子達者七十二人，顏氏有八人焉，四科之首回也，標為德行。韓子稱，儒分為八，而顏氏處其一焉。」〔註23〕顓頊：遠古傳說中的帝王，號高陽氏。老童：傳說中的神名。吳回：即祝融，高陽氏顓頊之後，為高辛氏帝嚳的火正（掌火之官）。顏注勾勒出顏姓來源的大致輪廓。

第二部分則用七言，從「錦繡縵紵離雲爵」到「哭泣祭醊墳墓冢」，依次介紹絲織品、農作物、食品、植物、服飾、鐵器、竹器、玉器、水生物、家居用品、樂器、烹飪、身體、兵器、車輛、居室、飛禽走獸、藥物等。

絲織品，例如，「綈絡縑練素帛蟬」。這句介紹了各種不同厚薄、不同質地的絲織品。綈：平滑厚實有光澤的絲織品。絡：生絲，粗絮。一說指平紋綢，厚實堅牢，表面不光滑。縑：細絹；併絲而織，精緻細密。練：白色細絹。素：純淨潔白的絹。帛：絲綢的總稱。蟬：薄如蟬翼的絲織品。

農作物，例如，「稻黍秫稷粟麻秔」。這句列舉了多種農作物。其中稻、黍、稷等是主要農作物。古代有「五穀」之說。關於五穀，說法不一。《周禮·天官·疾醫》：「以五味、五穀、五藥養其病。」鄭玄注：「五穀，麻、黍、稷、麥、豆也。」〔註24〕《孟子·滕文公上》：「樹藝五穀，五穀熟而民人育。」趙岐注：「五穀謂稻、黍、稷、麥、菽也。」〔註25〕《楚辭·大招》：「五穀六仞。」王逸注：「五穀，稻、稷、麥、豆、麻也。」〔註26〕現在通常把五穀作為糧食的總稱。稻有水稻和旱稻之分；種子去殼後為大米，是主食之一。黍：子實去皮後為黃米，有黏性。秫：黏高粱。稷：古代以稷為百穀之長，相傳是周人的祖先后稷發現並培育，所以后稷被歷代帝王奉祀為穀神。粟：北方通稱「穀子」，去皮後稱「小米」。麻：草本植物，種類很多，有大麻、苧麻、亞麻等；被認為是五穀之一。秔：稻中的一種，黏性比糯米小。

食品，例如，「餅餌麥飯甘豆羹」。這句介紹的是各種主食，分成餅類、飯類和羹類。餅：扁圓形的麵製品；和麵蒸熟就成為餅。餌：糕餅、米餅；淘過的米蒸熟了，就成為餌；餌的意思是說黏合，即互相黏合成飯團。麥飯：用磨碎的麥煮成的飯。甘豆羹：用豆煮成的食品。

〔註23〕 同註11，第9～10頁。

〔註24〕 （魏）王弼，（晉）韓康伯注；（唐）孔穎達等，正義，周易正義〔M〕//（清）阮元校刻，十三經注疏，北京：中華書局，1980：345。

〔註25〕 （東漢）趙岐注；（宋）孫奭疏，孟子注疏〔M〕//（清）阮元，校刻，十三經注疏，北京：中華書局，1980：565。

〔註26〕 （宋）洪興祖，楚辭補注（重印修訂本）〔M〕，北京：中華書局，1983：219。

服飾，例如，「襜褕袷複褶袴褌」。襜褕：寬大的短便衣，又指非正式朝服。袷：有裏子的衣服。複：中間襯有絲棉的衣服。褶：穿在最外面的衣服，形狀像袍，衣身短，衣袖寬大。袴：褲子；古時專指套褲。褌：有襠的褲子。

青銅器，例如，「銅鐘鼎鋞銷鈀銚」。鍾：酒器。鼎：古代用來烹煮、盛放食物的用具，三足兩耳；也作為禮器。鋞：古代的酒器，長頸盅。銷：平底盆形有環的溫器。鈀：一種盛水或酒的用具。銚：水銚子，煮開水、熬東西用的器具。

水生物，例如，「鯉鮒蟹鱔鮐鮑鰕」。鯉：鯉魚。鮒：鯽魚。蟹：螃蟹，八隻腳，一對象鉗一樣的爪子，橫行。鱔：黃鱔。鮐：鯖魚；又名「青花魚」。鮑：鹹魚，有腥味。鰕：同「蝦」。

身體，例如，「頰頤頸項肩臂肘，拳腕節爪拇指手」。頰：臉的兩側，臉頰。頤：下巴。項：頸的後部、頭的下部。節：手指關節。爪：指甲。拇：大指。指：眾指的總稱。

第三部分，從「諸物盡訖五官出」到篇末，多為七言，亦有四言。「宦學諷詩孝經論。春秋尚書律令文，治禮掌故砥厲身。智慧通達多見聞，名顯絕殊異等倫。抽擢推舉白黑分，跡行上究為貴人」，這幾句是所謂「文學」部分，作為官制部分的開篇。這幾句指出，有志於做官的人，要研讀好《詩經》《孝敬》《論語》《春秋》《尚書》等經典，熟悉各種法律條文，還要有智慧，明事理。

從「丞相御史郎中君」到「遠取財物主平均。」介紹五官及其職守。所謂五官，指的是《周禮》中的司徒、司馬、司空、司士和司寇，這裡借用來泛指百官。例如，「丞相御史郎中君，進近公卿傅僕勳，前後常侍諸將軍。」丞相：戰國時始設，為百官之長。秦以後，輔佐皇帝綜理國政。西漢初，置相國，後稱丞相。西漢末，稱大司徒；東漢末，復稱丞相。丞，通「承」，輔助。御史：春秋戰國時期，列國皆有御史，掌文書及記事。秦設御史大夫，職副丞相，並有糾察、彈劾之權。漢以後，御史職銜累有變化，職責則專司糾察、彈劾，文書、記事乃歸太史掌管。郎中：即郎中令。始於戰國，漢代沿置。掌管車騎、門戶及皇帝的其他侍從官。公卿：三公九卿的簡稱，亦泛指高官。三公九卿，歷代所指不一。傅：即太傅。周代始置，輔佐天子治理天下。秦廢，漢復置，次於太師。亦指輔導太子的官，西漢時稱太子太傅。僕：即太僕。周代始置，秦漢沿置，為天子執御，掌輿馬畜牧之事。勳：即光祿勳。掌管宮殿門戶及侍

衛之官。秦稱郎中令。漢武帝時改稱光祿勳。常侍：皇帝的侍從近臣。秦漢有中常侍。將軍：始於戰國，漢代沿置，分為大將軍、驃騎將軍、車騎將軍、衛將軍等。

從「皋陶造獄法律存」到「依溷污染貪者辱」，皆言法律刑獄及誡惕勉人之語。例如，「犯禍事危置對曹」，犯禍：因犯法而致禍。事危：事態嚴重危險。置對：對問，答辯。曹：此指後曹，即漢代負責法令、刑獄的賊曹、決曹。這句是說犯罪之人被官府審查詢問，在負責法令、刑獄的官員面前對答。又如，「依溷污染貪者辱」，依：接近，依靠。溷：廁所，污物。污：同「污」。這句是說不義之財就如同糞穢一樣，會污染腐蝕人的心靈，貪污的人必將受到懲罰，自取其辱。這是在告誡官員要廉潔奉公。

從「漢地廣大」到「長樂無極老復丁」，主要是四言句式，歌頌漢德，頌揚朝廷、天子，文字淺近可讀：「漢地廣大，無不容盛。萬方來朝，臣妾使令。邊疆無事，中國安寧。百姓承德，陰陽和平。風雨時節，莫不滋榮。災蝗不起，五穀熟成。賢聖並進，博士先生。長樂無極老復丁。」

最後二章，前賢皆認為是後漢人所續，非史游原有之作。

第三節　作為蒙學識字教材的特點

《急就篇》是現存最早的蒙學課本，使用時間長達 600 多年。如顧炎武在《日知錄》中所說：「漢魏以下，童子皆讀史游《急就篇》……自唐以下，其學漸微」。這充分說明，它是適應時代需要的，有其作為蒙學課本的獨特之處。

一、常用字彙，集中學習

正如《漢書・藝文志》所言，《急就篇》中的字，都是《蒼頡篇》中的「正字」。「正」乃「常」之義。所謂「正字」，就是常用字。漢代的《蒼頡篇》有3300 字，史游從中選了近 2000 個比較常用的字，編為《急就篇》。史游編寫《急就篇》，既汲取了其他蒙學課本的優長，也儘量避免它們的不足。《漢書・藝文志》說：「《蒼頡篇》多古字，俗師失其讀。」說明《蒼頡篇》中的一些生僻字在漢代已經不大使用了，造成塾師教學上的困難。《急就篇》接受了這個教訓，選取了大量的姓名器物等方面的常用字彙，正如章太炎在《論篇章》中所說：「《急就篇》之文，泛施日用。」這是《急就篇》的長處，也是它能夠取代《蒼頡篇》，並流傳後世的一個很重要的原因。

《急就篇》所收雖多是常用字，但生字的密度是很大的，去掉重複的字，也有近 2000 字，識認這些字，不是用分散的時間來學習，而是集中一段時間識字。崔寔《四民月令》云：「農事未起，命成童以上入大學，學五經；師法求備，勿讀書傳。研冰釋，命幼童入小學，學篇章。」「八月，暑小退，命幼童入小學，如正月焉。」「十一月，研冰凍，命幼童讀《孝敬》《論語》、篇章，入小學。」〔註27〕幼童：謂十歲以上至十四歲。篇章：謂《六甲》《九九》《急就》《三倉》之屬。其中《急就》《三倉》等字書，應當學會書寫。從這些記載看，學童集中識字的時間是在每年的正月、八月和十一月三個時段。學童在不太長的時間裏，通過讀寫兩個方面的訓練，學完《急就篇》，就可以掌握近 2000 個生字，為今後的學習打下了基礎。

二、內容豐富，知識面寬

正如顏師古《急就篇注》所說：《急就篇》是「包括品類，錯綜古今」。它內容豐富，知識面寬。全書都是實詞，把當時許多知識的有用字彙都收集進來，知識的密度和容量是比較大的。其中，有 132 個姓氏，工具及日用品物的名稱 100 個，武器、車具、馬具的名稱 70 個，衣履和飾物的名稱 125 個，建築物及室內陳設的名稱 52 個，人體生理及疾病醫藥的名稱 140 個，農作物的名稱 36 個，蟲魚鳥獸及六畜的名稱 77 個，等等；另外，還有官名、法律知識、地理知識等。

例如，關於喪葬、祭祀等習俗，是一般史籍中較為缺乏的，《急就篇》中有「卜問譴祟父母恐。祠祀社稷叢臘奉，謁禓塞禱鬼神寵。棺槨槥櫝遣送躋，喪弔悲哀面目腫。哭泣祭醊墳墓冢」等句。在飲食衛生方面，書中有「侍酒行觴宿昔醒」，按顏師古注為「經宿飲酒故致醒也」，即通宵飲酒會致病。「廚宰切割給使令。薪炭萑葦炊孰生，膹膾炙艾各有形，酸鹹酢淡辨濁清。」言飲食眾品，製作有形，滋味有別，清濁有異，要講究飲食法度。關於醫藥衛生保健，《急就篇》有 62 個人體生理部位器官，41 種病名。同時，還教育兒童有病一定要「迎醫匠」，不能諱疾忌醫，迷信巫卜。在兩千多年前的蒙學教材中，能對學生進行科學的醫學教育，極為可貴。藥物名稱共 36 種，大多屬於植物藥，可見當時是以草本藥物治療為主。從藥物功效來看，有清熱解表、化痰止咳、湧吐、驅蟲、溫陽散寒、芳香化濕和補養藥等。《急就篇》保存了西漢以前的

〔註27〕石聲漢，四民月令校注〔M〕，北京：中華書局，2013：9、60、71。

動植物、藥物、病名和人體生理解剖的原始資料,對秦漢時期醫藥的研究很有參考價值。

在 2000 多字的課本中,容納這許多門類的知識,可謂是一本小型百科全書,也可見作者對於知識技能教育的重視。

三、整齊押韻,和諧易誦

《急就篇》句式簡短整齊,講究押韻對仗。運用三字、四字、七字句,句式整齊而又不呆板。三字句、四字句隔句押韻,七字句每句押韻。整齊押韻的形式,使全書和諧易誦。具體押韻情況如下(不包括後二章):

「急就奇觚與眾異」至「勉力務之必有喜」,韻字為:異、字、廁、意、喜,其中,喜押上聲「止」韻。出韻;其餘押去聲「志」韻。需要說明的是,喜,在松江本、漢代殘簡中作「憙」;憙,為去聲「志」韻,不出韻。

「請道其章」至「橋竇陽」,韻字為:章、方、昌、卿、兵、房、強、明、良、郎、常、橫、傷、當、央、慶、兄、湯、光、陽、章、張、王、皇、倉、唐、楊、桑、談、讓、莊、將、長、妨、梁、羌、忘、臧、黃、衡、箱、芳、羊、剛、鴦、卿、昌、房、陽。其中,章、方、昌、房、強、良、常、傷、央、陽、張、王、桑、莊、將、長、梁、羌、忘、箱、羊、鴦,押平聲「陽」韻;卿、兵、明、兄、湯、衡,押平聲「庚」韻;郎、橫、當、光、皇、倉、唐、楊、妨、臧、黃、芳、剛,押平聲「唐」韻;談,押平聲「談」韻;「陽」韻、「庚」韻、「唐」韻、「談」韻,通押。慶,押去聲「映」韻,出韻;讓,押去聲「漾」韻。

「原輔輻」至「遺失餘」,韻字為:奴、屠、都、胡、渠、餘、徐、蘇、胡、奢、期、于、於、如、疏、吾、朝、餘。其中,奴、都、胡、蘇、吾,押平聲「模」韻;屠、渠、餘、徐、於、如、疏,押平聲「魚」韻;奢,押平聲「麻」韻;期,押平聲「之」韻;于,押平聲「虞」韻;朝,押平聲「蕭」韻;「模」韻、「魚」韻、「麻」韻、「之」韻、「虞」韻、「蕭」韻,通押。

「姓名訖,請言物」,韻字為:訖、物。其中,訖,押入聲「迄」韻;物,押入聲「物」韻;「迄」韻、「物」韻,通押。

「錦繡縵紵離雲爵」至「鬱金半見緗白約」,韻字為:爵、樂、鶴、濯、約。其中,爵、約,押「藥」韻;樂、鶴,押「鐸」韻;濯,押「覺」韻;「藥」韻、「鐸」韻、「覺」韻,通押。

「標縓綠紈皁紫碾」至「取受付予相因緣」，韻字為：碾、緣、鮮、蟬、綿、錢、連、便、全、纏、遷、銓、緣，押平聲「僊」韻。

「稻黍秫稷粟麻杭」至「園菜果蓏助米糧」，韻字為：杭、羹、薑、醬、香、藏、霜、餳、糧。其中，杭、羹，押平聲「庚」韻；薑、香、霜、餳、糧，押平聲「陽」韻；藏，押平聲「唐」韻；「庚」韻、「陽」韻、「唐」韻，通押。醬，押去聲「漾」韻，出韻。

「甘麩殊美奏諸君」至「稟食縣官帶金銀」，韻字為：君、帬、褌、縛、緣、紃、巾、人、倫、貧、民、親、臣、鄰、銀。其中，君、帬，押平聲「文」韻；褌、縛，押平聲「魂」韻；紃、倫，押平聲「諄」韻；巾、人、貧、民、親、臣、鄰、銀，押平聲「真」韻；緣，押平聲「僊」韻；「文」韻、「魂」韻、「諄」韻、「真」韻、「僊」韻，通押。

「鐵鈇鑽錐釜鍑鏊」至「釭鐧鍵鉗冶錮鐈」，韻字為：鏊、鐈、鉏、銚、鐈。其中，鏊，押平聲「尤」韻；鐈、鐈，押平聲「宵」韻；鉏，押平聲「魚」韻；銚，押平聲「蕭」韻；「尤」韻、「宵」韻、「魚」韻、「蕭」韻，通押。

「竹器籢笠簟蓬篨」至「筵篿箕帚筐篋籔」，韻字為：篨、籔、籔。其中，篨，押平聲「魚」韻；籔、籔，押平聲「侯」韻；「魚」韻、「侯」韻，通押。

「楯杆槃案梧閜盌」至「槫榼椑榹匕箸纂」，韻字為：盌、魁、纂。其中，盌、纂，押上聲「緩」韻；魁，押上聲「旱」韻；「緩」韻、「旱」韻，通押。

「甄缶盆盎甕甖壺」至「橐繘繩索絞紡纑」，韻字為：壺、盧、纑，押平聲「模」韻。

「簡札檢署梊牘家」至「鯉鮒蟹鱔鮎鮑鰕」，韻字為：家、斜、蟆、鰕，押平聲「麻」韻。

「妻婦聘嫁齎媵僮」至「射魅辟邪除群凶」，韻字為：僮、槓、幢、總、工、箟、同、雙、龍、甕、容、凶。其中，僮、工、箟、同，押平聲「東」韻；槓、幢、雙，押平聲「江」韻；龍、甕、容、凶，押平聲「鍾」韻；「東」韻、「江」韻、「鍾」韻，通押。總，押上聲「董」韻，出韻。

「竽瑟空侯琴筑箏」至「棊局博戲相易輕」，韻字為：箏、鳴、聲、庭、醒、令、生、形、清、腥、程、輕。其中，箏，押平聲「耕」韻；鳴、生，押平聲「庚」韻；聲、醒、令、清、程、輕，押平聲「清」韻；庭、形、腥，押平聲「青」韻；「耕」韻、「庚」韻、「清」韻、「青」韻，通押。

「冠幘簪簧結髮紐」至「拳腕節爪拇指手」，韻字為：紐、耳、齒、肘、手。其中，紐、肘、手，押上聲「有」韻；耳、齒，押上聲「止」韻；「有」韻、「止」韻，通押。

「肿腴胸脅喉咽髑」至「腨踝跟踵相近聚」，韻字為：髑、主、乳、呂、柱、聚。其中，主、乳、呂、柱、聚，押上聲「麌」韻；髑，押平聲「虞」韻，出韻。

「矛鋋鑲盾刃刀鉤」至「鐵錘檛杖桄柲椓」，韻字為：鉤、鍭、鉾、椓。其中，鉤、鍭、椓，押平聲「侯」韻；鉾，押平聲「尤」韻；「侯」韻、「尤」韻，通押。

「輻輹轅軸輿輪轅」至「頃町界畝畦埒封」，韻字為：轅、輮、衡、棠、繮、鍚、煌、蒼、堂、京、梁、牆、方、箱、壤、揚、封。其中，繮、鍚、梁、牆、方、箱、壤、揚，押平聲「陽」韻；轅、輮、棠、煌、蒼、堂、封，押平聲「唐」韻；衡、京，押平聲「庚」韻；「陽」韻、「唐」韻、「庚」韻，通押。

「疆畔畷伯耒犁鋤」至「糟糠汁滓桑荎芻」，韻字為：鋤、租、杷、檋、扶、驢、超、羭、豬、雛、駒、趨、芻。其中，鋤、檋、驢、豬，押平聲「魚」韻；租，押平聲「模」韻；杷，押平聲「麻」韻；扶、羭、雛、駒、趨、芻，押平聲「虞」韻；超，押平聲「宵」韻；「魚」韻、「模」韻、「麻」韻、「虞」韻、「宵」韻，通押。

「鳳爵鴻鵠雁鶩雉」至「麋麈麖麂皮給履」，韻字為：雉、尾、死、視、兕、麂、履，押上聲「旨」韻。

「寒氣泄注腹臚脹」至「篤癃痕癥迎醫匠」，韻字為：脹、盲、痕、響、病、讓、眼、匠。其中，脹、痕、讓、眼、匠，押去聲「漾」韻；病，押去聲「映」韻；「漾」韻、「映」韻，通押。響，押上聲「養」韻，出韻；盲，押平聲「庚」韻，出韻。

「灸刺和藥逐去邪」至「雷矢藋菌薆兔盧」，韻字為：邪、胡、蘆、華、吾、樓、牙、瓜、枯、盧。其中，邪、華、牙、瓜，押平聲「麻」韻；胡、蘆、吾、枯、盧，押平聲「模」韻；樓，押平聲「侯」韻；「麻」韻、「模」韻、「侯」韻，通押。

「卜問譴祟父母恐」至「哭泣祭醊墳墓冢」，韻字為：恐、奉、寵、踴、腫、冢，押上聲「腫」韻。

「諸物盡訖五官出」至「斬伐材木斫株根」，韻字為：論、文、身、聞、倫、分、人、君、勳、軍、臣、神、民、親、馴、新、因、淵、均、存、人、先、文、鄰、診、臀、牽、真、憐、堅、年、論、髡、然、山、先、根。其中，文、聞、分、君、勳、軍、文，押平聲「文」韻；身、人、臣、神、民、親、新、因、人、鄰、真，押平聲「真」韻；論、倫、馴、均，押平聲「諄」韻；淵、先、牽、憐、堅、年，押平聲「先」韻；存、臀、髡，押平聲「魂」韻；根，押平聲「痕」韻；然，押平聲「僊」韻；山，押平聲「山」韻；「文」韻、「真」韻、「諄」韻、「先」韻、「魂」韻、「痕」韻、「僊」韻、「山」韻，通押。診，押上聲「軫」韻，出韻。

「犯禍事危置對曹」至「受賕枉法忿怒仇」，韻字為：曹、聊、流、膠、牢、號、求、留、仇。其中，聊，押平聲「蕭」韻；曹、牢、號，押平聲「豪」韻；流、求、留、仇，押平聲「尤」韻；膠，押平聲「肴」韻；「蕭」韻、「豪」韻、「尤」韻、「肴」韻，通押。

「攙諛爭語相觝觸」至「依溷污染貪者辱」，韻字為：觸、獨、讀、曲、燭、祿、蜀、錄、辱。其中，觸、曲、燭、蜀、錄、辱，押入聲「燭」韻；獨、讀、祿，押入聲「屋」韻；「燭」韻、「屋」韻，通押。

「漢地廣大」至「長樂無極老復丁」，韻字為：盛、令、寧、平、榮、成、生、丁。其中，盛、令、成，其中，押平聲「清」韻；寧，押平聲「青」韻；平、榮、生、丁，押平聲「庚」韻；「清」韻、「青」韻、「庚」韻，通押。

第四節　顏師古注本

在顏師古之前，已有幾位學者為《急就篇》作注。最早為《急就篇》作注的是東漢的曹壽；其次是魏晉南北朝時期的崔浩、劉芳、顏之推、豆盧氏注本。但這些注本今已亡佚。顏師古注本是現存完整的注本。顏師古注本無論是在流傳時間之長，還是在收錄之廣上，都為其他注本所不及。自唐代以後的目錄學著作，如新舊《唐書》《宋史》《直齋書錄解題》《文獻通考》等均有記載。

一、顏師古的生平與學術

顏師古（公元 581 年～645 年），字籀，一說名籀，字師古。原籍琅邪臨沂（今山東臨沂），其祖顏之推徙居關中，遂為雍州萬年（今陝西西安）人。顏師古在文字、校勘、史學方面，均有很深造詣，這一方面來自他的勤學，另

一方面與其家學淵源密不可分。顏氏一族自東晉以來就是名門望族，代代謙虛治學，以名德、學業、著述、文翰留名青史，成就了顏氏家族「世傳儒業」的美名。

顏師古從小就被傳授家學，博覽群書，特別精於訓詁，善於作文章。隋仁壽年（公元 601～604 年）間，受尚書左丞李綱的推薦，授任安養尉。尚書左僕射楊素看到顏師古年少體弱，就對他說：「安養是難治之縣，你怎能管理？」顏師古答道：「殺雞焉用宰牛刀。」楊素對他的回答很驚奇。到任以後，果然以吏治幹練聞名。當時薛道衡任襄州總管，與李淵是舊交，很賞識顏師古的才能，薛道衡自己撰寫的文章，曾叫顏師古指出長處和不足。不久，顏師古因事免官返回長安。十年間沒有調官，家境貧寒，以教書為業。

等到李淵起義，顏師古到長春宮謁見李淵，被授予朝散大夫。隨後平定京城，拜授燉煌公府文學，轉任起居舍人，再次遷任為中書舍人，專門執掌機密。當時軍隊國家事務繁忙，凡寫制誥，都由顏師古執筆。顏師古精通政治，詔書奏章嚴密貼切，當時無人能比。唐太宗即位，顏師古升任中書侍郎，封琅邪縣男。因為母守喪解除管職。服喪期滿，重任中書侍郎。一年後，因事免官。

唐太宗認為經籍距離聖人已經久遠，文字上有很多錯誤，就叫顏師古在秘書省考定《五經》，顏師古大多加以校正，完成後奏上。太宗又派各儒生重新加以審議，當時儒生們傳授學習相沿已久，都有非議，顏師古就引證晉、宋以來古今傳本，隨問隨答，有根有據，詳實明確，回答得出乎他們的意外，諸儒無不歎服。於是兼任通直郎、散騎常侍，把他所定的本子頒行天下，叫學者學習。

貞觀七年（公元 633 年），顏師古拜任秘書少監，專門掌管校正，所有奇書難字，眾人疑惑不解的，顏師古都能將疑問加以剖析，設法弄清它們的本源。在校勘經籍的過程中，他隨手記錄了一些字體，作為校讎的範式，在當時流傳頗廣，被稱為《顏氏字樣》，後世的《干祿字書》多取於此。顏師古出任郴州刺史，還未赴任，唐太宗珍惜他的才華，又重新任命他做秘書少監。顏師古仍舊搜求古人字跡和古器物，樂此不疲。不久，顏師古奉詔編訂《五禮》。貞觀十一年（公元 637 年）編成，進為子爵。太子李承乾在東宮，叫顏師古注班固的《漢書》，解釋詳細明確，深為學者推重。李承乾上表進獻，太宗叫編入秘閣，賜予顏師古物二百段、良馬一匹。

貞觀十五年（公元 641 年），太宗下詔，要到泰山舉行封禪，有關部門與

公卿及諸儒博士詳細制定禮儀制度。顏師古上奏說：「臣所撰寫的《封禪儀注書》是在貞觀十一年春天，當時各儒士詳加考訂，認為適中。」於是下詔讓公卿決定行不行，大多聽從顏師古的說法，但封禪最終沒有進行。顏師古不久遷任秘書監、弘文館學士。貞觀十九年（公元 645 年），顏師古跟隨太宗東巡，途中生病逝世，享年六十五歲。諡號為「戴」。永徽三年（公元 652 年），顏師古的兒子顏揚庭任符璽郎，又上表進獻顏師古所撰《匡謬正俗》八卷，高宗下詔交付秘書閣，並賜顏揚庭帛五十匹。

顏師古是唐代著名學者，學識淵博，精通經學、小學、史學諸多方面。曾協助孔穎達撰成《五經正義》，又預修《五禮》。所著《漢書注》，彙集了隋以前二十三家的注釋，糾謬補闕，向稱精博，沿用至今。《急就章注》《匡謬正俗》，皆傳世。《新唐書‧藝文志》著錄有集六十卷，已散佚。《全唐文》輯錄其文十九篇，《全唐詩》輯錄其詩一首。民國時期，汪黎慶輯佚《字樣》一卷。

二、《四庫》本末二章的真偽

《舊唐書‧經籍志》載：「《急就章注》一卷，顏師古撰。」〔註28〕《宋史‧藝文志》載：「顏師古《急就篇注》一卷。」〔註29〕《郡齋讀書後志》云：「《急就章》一卷，右漢史游撰，唐顏師古注。遊，元帝時為黃門令。書凡三十二章，雜記姓名、諸物、五官等字，以教童蒙。『急就』者，謂字之難知者，緩急可就而求焉。自昔善小學者多書此，故有皇象、鍾繇、衛夫人、王羲之所書傳於世。」〔註30〕《直齋書錄解題》云：「《急就章》一卷，漢黃門令史游撰，唐秘書監顏師古注。其文多古語、古字、古韻，有足觀者。」〔註31〕

《舊唐書‧顏師古傳》曰：「其所注《漢書》及《急就章》，大行於世。」〔註32〕《新唐書‧儒學傳‧顏師古傳》亦曰：「其所注《漢書》、《急就章》大顯於世。」〔註33〕

〔註28〕（後晉）劉昫等，舊唐書‧經籍志〔M〕，北京：中華書局，1975：1985。

〔註29〕（元）脫脫等，宋史‧藝文志〔M〕，北京：中華書局，1975：5074。

〔註30〕（宋）晁公武，郡齋讀書後志〔M〕//景印文淵閣四庫全書（第 123 冊），臺北：商務印書館，1983：9。

〔註31〕（宋）陳振孫，直齋書錄解題〔M〕，//景印文淵閣四庫全書（第 145 冊），臺北：商務印書館，1983：67。

〔註32〕（後晉）劉昫等，舊唐書‧顏師古傳〔M〕，北京：中華書局，1975：2595。

〔註33〕（宋）歐陽修，宋祁，新唐書‧儒學傳‧顏師古傳〔M〕，北京：中華書局，1975：5642。

　　《四庫全書》本顏注《急就篇》為三十四章，但據宋代王應麟考證，第三十三章、第三十四章為東漢人後補的。王應麟《漢藝文志考證》曰：「國朝太宗皇帝嘗書此篇（指《急就篇》），又於顏本外多《齊國》《山陽》兩章，凡為章三十有四。此兩章蓋起於東漢。按《急就篇》末說長安中『涇渭街術』，故此篇亦言洛陽人物之盛以相當。而鄗縣以世祖即位之地，升其名為高邑，與先漢所改真定常山並列，以為後漢人所續不疑。」〔註34〕

　　王應麟所云「故此篇亦言洛陽人物之盛以相當」，是指《急就篇》第三十三章的「河南洛陽人蕃息」一句。顏師古注云：「河南，成周之王城也。洛陽，成周之下都也。秦三川郡。漢高帝更名河南郡。建武元年，入洛陽定都，改河南尹。《郡國志》：洛陽，周時號成周。河南，周公所城洛邑。春秋時謂之王城。天子之都，其民蕃阜滋息。」〔註35〕王應麟所云「鄗縣以世祖即位之地，升其名為高邑，與先漢所改真定常山並列」，是指《急就篇》第三十三章的「真定常山至高邑」一句。顏師古注云：「真定國，武帝置，唐鎮州。今真定府常山郡，高帝置；本恒山，避文帝諱，改。今邢、趙州，後漢並真定入常山國。高邑，本常山之鄗縣。光武即位於鄗南千秋亭五成陌，因改高邑，今趙州高邑縣。」〔註36〕可見這末二章均與東漢有關，所以王應麟認為此二章起於東漢，當為定論。

三、關於《急就篇注敘》

　　顏師古在《急就篇注敘》中探討了《急就篇》的淵源：「《急就篇》者，其源出於小學家。昔在周宣，粵有《史籀》，演暢古文，初著大篆。秦兼天下，罷黜異書，丞相李斯又撰《蒼頡》，中車府令趙高繼造《爰歷》，太史令胡毋敬作《博學篇》，皆所以啟導青衿、垂法錦帶也。逮至炎漢，司馬相如作《凡將篇》，俾傚書寫，多所載述，務適時要。史游景慕，擬而廣之。元成之間，列於秘府。雖復文非清靡，義闕經綸，至於包括品類，錯綜古今，詳其意趣，實有可觀者焉。」〔註37〕

　　作為識字課本，《急就篇》被廣泛採用，長期流傳。「漢魏以後，童子皆讀

〔註34〕（宋）王應麟，漢藝文志考證〔M〕，北京：清華大學出版社，2014：111。
〔註35〕同註11，第60頁。
〔註36〕同註11，第60頁。
〔註37〕同註11，第3頁，文中所引《急就篇注敘》均出此。

史游《急就篇》。」〔註38〕為了教學需要，先後有劉芳、崔浩、豆盧氏、曹壽、顏之推等為之作注。《隋書‧經籍志》載：「《急就章》一卷，漢黃門令史游撰。《急就章》二卷，崔浩撰。《急就章》三卷，豆盧氏撰。」〔註39〕這些是直到唐初還在流行的《急就篇》的傳本。

但是，因為還處在抄本時代，流傳數百年後，轉抄的過程中難免出現差錯，使用者也會根據自己的理解做一些改動，因此《急就篇》漸漸失去了原貌。顏師古在《急就篇注敘》中說：「然而時代遷革，亟經喪亂，傳寫湮訛，避諱改易，漸就蕪舛，莫能釐正。少者闕而不備，多者妄有增益，人用己私，流宕忘返。至如蓬門野賤、窮鄉幼學，遞相承稟，猶競習之。既無良師，祗增僻謬。若夫縉紳秀彥，膏粱子弟，謂之鄙俚，恥於窺涉，遂使博聞之說廢而弗明，備物之方於茲寑滯。」面對這種狀況，應該及時「撥亂反正」，找出錯訛，糾正謬誤，搞出精校精注本，使之繼續流傳。

顏師古之所以能夠承擔《急就篇》的校注工作，自有其家學淵源。祖父顏之推，父親顏思魯，對經學和文字學均有比較精深的研究，先後為《急就篇》做過注。顏師古秉承前輩遺志，決心繼續《急就篇》的校注。他在《急就篇注敘》中說：「師古家傳《蒼》《雅》，廣綜流略，尤精訓故，待問質疑，事非稽考，不妄談說，必則古昔，信而有徵。先君（師古父思魯）常欲注釋《急就》，以貽後學，雅志未申，昊天不弔。奉遵遺範，永懷罔極。舊得皇象、鍾繇、衛夫人、王羲之等所書篇本，備加詳覈，足以審定，凡三十二章。究其真實，又見崔浩及劉芳所注，（後魏太宗元年敕崔浩解劉芳續注音義證三卷）人心不同，未云善也。遂因暇日為之解訓，皆據經籍遺文、先達舊旨，非率愚管斐然妄作。字有難識，隨而音之；別理兼通，亦即並載。可以祛發未寤，矯正前失，振幽翳之學，擴制述之意，庶將來君子裁其衷焉。」在他的自敘中，我們知道顏師古在校勘注釋《急就篇》時，搜集了前代多家寫本、注本，綜合比對勘查，審定文字，整理出確信為史游所撰的原本，一共三十二章。根據經籍原文，先賢舊旨，訓解釋意，字有難識的，就加以注音。前人別有解釋，若道理也能說得通，亦兼收並載。顏師古的《急就篇》綜合了舊注本的優點，是當時集大成制作，稱為新的標準本，在社會上廣泛流行。《舊唐書‧經籍志》《新唐書‧藝文

〔註38〕（清）顧炎武著；（清）黃汝成，集釋，日知錄集釋〔M〕，上海：上海古籍出版社，1985：536。
〔註39〕（唐）魏徵，令狐德棻，隋書‧經籍志〔M〕，北京：中華書局，1973：985。

志》均記載：「《急就章》一卷，史游撰，曹壽解。《急就章注》一卷，顏之推撰。又一卷，顏師古撰。」雖然當時有幾種注本流傳，但顏注本後來居上，其他注本遠不能與顏師古注本相比。

四、顏注的體例

關於顏注《急就篇》的體例，正如上文所引「舊得皇象、鍾繇、衛夫人、王羲之等所書篇本，……庶將來君子裁其衷焉。」一段，可見其注釋體例：

1.「據經籍遺文、先達舊旨」，即根據經籍的舊文解釋文字，以符合原書的旨意。這是總綱。關於名物，前人的很多作品都有注解，如《爾雅》《說文解字》《釋名》等。顏師古秉承客觀的態度，對前人著作中正確的解釋積極借鑒，而對其錯誤，也不一味盲從。如解釋第十章第四句「蕪荑鹽豉醯酢醬」中的「蕪荑」：「蕪荑，無姑之實也。無姑，一名樗榆，生於山中，其莢圓厚，剝取樹皮合漬而乾之，成其辛味也。《爾雅》曰：『無姑，其實夷』，故謂之蕪荑也。」〔註40〕顏師古引《爾雅》為自己的注解佐證。又如第十章第三句中的「蓼」：「蓼有數種，葉長銳而薄，生於水中者曰水蓼；葉圓而厚，生於澤中者曰澤蓼，一名虞蓼，亦謂之薔。而許叔重雲，『蓼，亦名薔虞』，非也。」〔註41〕顏師古指出許慎對「蓼」字釋義之誤。《爾雅‧釋草》曰：「薔，虞蓼。」晉郭璞注曰：「虞蓼，澤蓼也，生水中者。」邢昺疏曰：「薔，一名虞蓼，即蓼之生水澤者也。」〔註42〕顏師古雖未指明依據而只說明其錯誤，已十分難能可貴。

2.「字有難識，隨而音之」，即對於難字，注出讀音。注音，既有對原文的注音，又有對注文的注音；有用直音法注音的，也有用反切法注音的。如對第二十二章「狸兔飛鼺狼糜麂」中「鼺」的注音：「鼺，音吾」；對「麂」的注音：「麂，音幾」。是對原文的注音，用的是直音法。又如，對第一章「分別部居不雜廁」中「廁」的注音：「廁，初吏反」。是對原文的注音，用的是反切法。再如，對第一章「分別部居不雜廁」注文「前後之次，以類相從。種別區分，不相間錯也」中「種」的注音：「種，之隴反」；對「間」的注音：「間，居莧反。」是對注文的注音，用的是反切法。

〔註40〕同註11，第25頁。

〔註41〕同註11，第25頁。

〔註42〕（晉）郭璞，注；（宋）邢昺，疏，爾雅注疏〔M〕//（清）阮元，校刻，十三經注疏，北京：中華書局，1980：768。

　　3.「別理兼通，亦即並載」，即如舊說有多家，其說亦通，則並載之。如對第二十三章「瘧瘕瘀痛瘻溫病」中「瘻」的注釋：「瘻者，無名之病，常漠漠然也。一曰齊人謂瘵病曰瘻。」〔註43〕又如對第二十五章「祠祀社稷叢臘奉」中「叢」的注釋：「叢，謂草木岑蔚之所，因立神祠也。《戰國策》曰：『恒思有神叢，恒思之悍少年與叢博。』《史記》曰：『吳廣之次所旁叢祠中，夜構火。』此謂此叢也。一曰，叢者，合聚諸神而祭之也。」〔註44〕均為幾說並存。

　　顏師古《急就篇注》的注釋內容豐富，涉及對事物得名之由的探討、文字釋義、校勘、注音、史事考訂、字形分析等。

　　第一，對得名之由的分析。《急就篇》除了姓名之外，主要以名物實詞為主。顏師古要注釋學童識字教材，需要對這些詞的來龍去脈進行解釋，因此其注釋中包含大量對事物得名之由的探討。

　　（1）第八章「春草雞翹鳧翁濯」的注釋：「春草，象其初生纖麗之狀也。雞翹，雞尾之曲垂也。鳧者，水中之鳥，今所謂水鴨者也。翁，頸上毛也。既為春草、雞翹之狀，又像鳧在水中引濯其翁也。」〔註45〕這是根據事物的形狀，來解釋其命名。

　　（2）第八章「烝栗絹紺縑紅繎」的注釋：「烝栗，黃色，若烝孰之栗也。」「繎者，紅色之尤深，言若火之然也。」〔註46〕這是根據事物的顏色，來解釋其命名。

　　（3）第二十二章「鳳爵鴻鵠雁鶩雉」的注釋：「鵠，黃鵠也，一舉千里，其鳴聲鵠鵠云。」〔註47〕這是根據事物發出的聲音，來解釋其命名。

　　（4）第二十四章「半夏皂莢艾囊吾」的注釋：「半夏，五月苗始生，居夏之半，故為名也，一名地文，亦名守田。」〔註48〕這是根據事物產生的時間，來解釋其命名。

　　（5）第二十四章「芎藭厚樸桂栝樓」的注釋：「厚樸，一名厚皮，一名赤樸。凡木皮皆謂之樸。此樹皮厚，故以厚樸為名。其樹亦名榛，其子名遂析。」〔註49〕這是根據事物的性質特徵，來解釋其命名。

〔註43〕同註11，第49頁。
〔註44〕同註11，第51頁。
〔註45〕同註11，第23頁。
〔註46〕同註11，第23頁。
〔註47〕同註11，第47頁。
〔註48〕同註11，第50頁。
〔註49〕同註11，第50頁。

（6）第八章「綈絡縑練素帛蟬」的注釋：「素，謂絹之精白者，即所用寫書之素也。」〔註50〕這是根據事物的功用，來解釋其命名。

第二，對同物異名、同名多指的分析。同物異名是古籍中比較常見的現象，造成這種現象的原因主要有時間、空間、人為等因素。時間因素主要指古今用語的不同；空間因素主要是由方言俗語造成；人為因素比較複雜，或是妄加增改，或是流俗誤傳等；事物名稱不同，但實質是一樣的。與此相反，還有一些詞雖然名稱一樣，但所指事物卻不同。

例如，第十章「老菁蘘荷冬日藏」的注釋：「菁，蔓菁也。一曰冥菁，亦曰蕪菁，又曰芴菁。」「言秋種蔓菁，至冬則老而成就，又收蘘荷，並蓄藏之，以禦冬也。」〔註51〕冥菁、蕪菁、芴菁，是由聲轉而形成的異名，屬於同物異名。

又如，第二十四章「烏喙附子椒芫華」的解釋：「芫華，一名魚毒，漁者煮之以投水中，魚則死而浮出，故以為名。其根曰蜀桑，其華可以為藥。『芫』字或作『杬』。《爾雅》曰：『杬，魚毒。』郭景純解云：『大木生南方，皮厚汁赤，堪藏卵果。』此說誤耳。其生南方用藏卵果者，自別一杬木，乃左思《吳都賦》所云『綿杬杶櫨』者耳，非毒魚之『杬』也。」〔註52〕這裏既有同物異名，又有同名異物現象。「芫華」也叫「魚毒」，是根據其功效可以使魚中毒而死所產生的異名；而生於南方、用藏卵果的「杬」，雖然也稱為「杬」，但與「魚毒」之「杬」實質不同。「魚毒」是一種草本植物，即我們今天所說的芫荽，也叫香菜；而「杬」是一種喬木。

第三，對異文的分析。《急就篇》自漢代產生，流傳至唐代，這六百多年間必然會出現一些異文。顏師古注釋《急就篇》時，把自己所能見到的版本，如皇象本、鍾繇本、王羲之本等之間的異文標示出來。顏師古對待異文的態度一般是標識出來並作簡單解釋。

例如，第十六章「倡優俳笑觀倚庭」的注釋：「倚，立也。觀倚庭者，言人來觀倡優皆倚立於庭中也。『倚』字或作『伎』，謂觀俳倡之伎於庭中也。」〔註53〕

〔註50〕同註11，第24頁。
〔註51〕同註11，第26頁。
〔註52〕同註11，第50頁。
〔註53〕同註11，第37頁。

又如，第二十三章「癭疣瘽瘕瘻痺痕」的注釋：「痕，四體強急，難用屈申也。字或作『疢』，音義並同。」〔註54〕

第四，對官職、制度、風俗等的分析。

（1）第二十六章「丞相御史郎中君」的注釋：「此即貴人之位也。丞，承也。相，助也。言上承天子而佐助之也。御史，御史大夫也，職副丞相。郎中，郎中令也，掌宮殿門戶及從官，並秦所置，而漢因之。君，褒尊大官之名也。」〔註55〕這是解釋當時的官職及職務。

（2）第二十八章「亭長游徼共雜診」的注釋：「亭長，一亭之長，主逐捕盜賊。游徼，鄉之遊行徼循，皆督察奸非者也。雜，猶參也。診，驗視也。有被殺傷者，則令亭長與游徼相參而診驗之，知其輕重曲直也。秦漢之制，十里一亭，亭有高樓，所以候望，鄉嗇夫治之。游徼，即嗇夫之所統也。」〔註56〕這是解釋秦漢到唐代「亭長」這一職官制度的變化。

（3）第二十五章「喪弔悲哀面目腫」的注釋：「喪，謂遭喪、持喪也，於字『哭』『亡』為『喪』。弔，謂問終者也。於字『人』持『弓』為『弔』。上古葬者，衣之以薪，無有棺槨，常苦禽鳥為害，故弔問者持弓會之，以助彈射也。」〔註57〕這是解釋上古時期喪葬的風俗，因沒有棺槨而常遭鳥害，因此會有弔問者持弓助射。

第五，對字形的分析。顏師古注釋《急就篇》的主要目的，是為便於學童識字，因此，對於一些會意字，常通過分解字形指出詞義。例如，第二十八章「皋陶造獄法律存」的注釋：「獄之言埆也，取其堅牢也。字從二犬，所以守備也。」〔註58〕這是從造字法上解釋「獄」字。

五、顏注的價值

《急就篇》有多家注本，但均失傳，唯有顏注本流傳後世，這也足以反映其價值。雖然在官私目錄中，其他一些注本在某一時期還零星可以見到著錄，但像顏注本這樣被廣泛著錄，還沒有其他注本可以比得上。《舊唐書·經籍志》《新唐書·藝文志》、宋代陳振孫《直齋書錄解題》、宋代晁公武《郡齋讀書志》、

〔註54〕同註11，第48頁。
〔註55〕同註11，第53頁。
〔註56〕同註11，第55頁。
〔註57〕同註11，第52頁。
〔註58〕同註11，第54頁。

南宋鄭樵《通志‧二十略》、元代馬端臨《文獻通考‧經籍考》《宋史‧藝文志》、明代焦竑《國史‧經籍志》等，均有著錄。顏師古注本的現存版本也頗多，顏注單行本，有《四庫全書》本、《四部叢刊續編》本等。顏師古注、王應麟補注合編本，有《玉海》附刻本、《小學匯函》本、《天壤閣叢書》本、《叢書集成初編》本、《津逮秘書》本、《學津討原》本等。

社會的發展，語言的改變，喪亂的頻仍，「傳寫湮訛，避諱改易，漸就蕪舛，莫能釐正，少者闕而不備，多者妄有增益」，《急就篇》的原文及幾家注本流傳至唐代，已經訛誤百出，分歧很大，顏師古感慨「人用己私，流宕忘返。至如蓬門野賤，窮鄉幼學，遞相承稟，猶競習之。既無良師，只增僻謬」，加上父親顏思魯「常欲注釋《急就》以貽後學。雅志未申，昊天不弔」，顏師古秉承父志，他精通訓詁，長於校勘，最終完成了《急就篇》的注釋。顏師古的《急就篇注》一時被奉為權威，迅速被人們認可、學習。「自顏注行而魏晉以來舊本廢」〔註59〕宋代王應麟在顏師古《急就篇注》的基礎上，進一步作注解，撰成《急就篇補注》，這兩部著作幾乎是《急就篇》研究的頂峰之作。正如《四庫全書總目》所云：「舊有曹壽、崔浩、劉芳、顏之推注，今皆不傳，惟顏師古注一卷存。王應麟又補注之，釐為四卷。師古本比皇象碑多六十三字，而少「齊國」「山陽」兩章，止三十二章。應麟《藝文志考證》標「真定常山至高邑」句，以為此二章起於東漢，最為精確；其注亦考證典核，足補師古之闕。」「應麟所注，多從顏本，蓋以其考證精深，較他家為可據云。」〔註60〕

〔註59〕（清）王國維，校松江本急就篇序〔M〕//王國維遺書，上海：上海古籍書店，1983。

〔註60〕（清）永瑢等，四庫全書總目‧急就篇〔M〕，北京：中華書局，1965：344。

第三章　雜字類蒙學教材《開蒙要訓》

　　《開蒙要訓》雖然是古代比較重要的一部蒙學課本，但在中原地區早已亡佚，幸賴敦煌莫高窟藏經洞保存其多個寫本，才使 1300 多年後的今天仍然可以讀到它。

第一節　編者及其時代

　　對於《開蒙要訓》這樣一部比較重要的蒙學課本，其作者及其時代，均有待進一步稽考。由於史料闕如，有關問題只能存疑。

　　《開蒙要訓》在唐五代時期我國的西北地區廣為流傳，故在當地有一些遺存，如敦煌文獻中涉及《開蒙要訓》的卷號有 79 個，吐魯番阿斯塔那 67 號墓文書亦有唐寫本《開蒙要訓》殘片 2 片，《大谷文書集成》中有《開蒙要訓》殘片 10 片，但此書後世不傳。《隋書‧經籍志》《舊唐書‧經籍志》《新唐書‧藝文志》等史志書目，以及《崇文總目》《直齋書錄解題》《郡齋讀書志》《遂初堂書目》等主要公私目錄，均未著錄。

一、編者

　　《開蒙要訓》的寫本雖有多個，但多未題署編者與編撰年代。唯有 S.5464 卷，下署有「六朝馬仁壽撰」的字樣。另外，P.2721 卷《雜鈔》「經史何人修撰制注」下云：「《開蒙要訓》，馬仁壽撰之。」日本藤原佐世編《日本國見在書目錄》「小學家」下云：「《開蒙要訓》一卷，馬氏撰。」[註 1] 藤原佐世將此

〔註 1〕（日）藤原佐世，日本國見在書目錄〔M〕//（清）黎庶昌，校刻，古逸叢書，
　　　　揚州：廣陵古籍刻印社，1997：739。

書廁於魏晉六朝所編蒙書之間。羅常培《唐五代西北方音》據《開蒙要訓》的押韻情況，推斷該書當撰於「東晉與齊梁之間」，〔註2〕庶幾近是。

馬仁壽，史志不載，事蹟不詳。綜合敦煌寫本和羅常培的考證，編者馬仁壽的生活年代應在東晉末、南朝初年。

二、編者所處的時代

東晉末、南朝初，以及整個魏晉南北朝時期，是中國歷史上的「離亂」年代；連年戰亂，政局不穩，激烈的階級矛盾和民族矛盾，導致整個社會瞬息萬變。各個分裂政權為了擴大勢力，相繼創辦教育，培養人才，並且形成了比較成熟的人才教育思想。其時，儒學依然是制訂文教政策的理論依據。如梁武帝雖然篤信佛教，但在立學詔中還是說：「建國君民，立教為首，砥身礪行，由乎經術。」〔註3〕在教育體制上，儒學內容依然占主導地位。這種結果體現在教育思潮上，便是注重國家教育，注重兒童教育。所謂兒童教育，主要是指家庭中長輩對晚輩所進行的各種教育，尤其是道德修養、文化知識、生活技能方面的教育。這一時期之所以注重兒童的儒學教育，一方面是由儒學教育的理論傳統和時代特點所決定的；另一方面，與這個時期官學時興時廢、教育中心轉向私學直接相關。

這個時期，民族大融合，帶來了教育的大融合。北方各少數民族接受高度發展的漢族教育，實行漢化，以適應社會發展的要求、時代前進的需要，具有歷史必然性。各民族教育的大融合，使得彼此之間文化教育的鴻溝基本上填平了，在一定程度上消除了民族文化知識水平之間的界限，培養出具有很高文化教育素養的少數民族學者、文人。

這個時期，我國開始與西方、南方及東北各鄰邦進行國際文化教育交流。五經、《論語》《千字文》等重要典籍，就是在此時傳到國外的。

這個時期，官學時興時廢，私學發達昌盛，更直接促成了蒙學課本《開蒙要訓》的編寫。從現存的79件《開蒙要訓》寫本考察，它在唐五代敦煌地區廣泛流行，在州、縣學和私學中，均被列為必讀的啟蒙書。

〔註2〕羅常培，唐五代西北方音〔M〕，北京：科學出版社，1961：132。
〔註3〕（唐）姚思廉，梁書·武帝本紀〔M〕，北京：中華書局，1973：246。

第二節　從編寫體例看其教學內容

　　本節主要探討《開蒙要訓》的編寫體例和教學內容。這是兩個密切相關的問題。《開蒙要訓》在教育兒童識字的同時，也灌輸各方面知識，藉以啟迪兒童智慧。《開蒙要訓》的編撰層次較為通俗，內容偏重於現實生活的知識層面，更能顯出庶民教育的特色。

一、簡單類聚式的編寫體例

　　關於其編寫體例，可以從以下幾個方面來考察：

　　其一，從全書的用韻來看，採用四言短句、全篇韻語的形式。它只有1400字，篇幅短小，句子精練。350句，兩句一韻，計175韻。這樣的編排體例，合轍押韻，朗朗上口，易於成誦，便於兒童學習。

　　可以押平聲韻，如：「乾坤覆載，日月光明。四時來往，八節相迎。春花開豔，夏葉舒榮。叢林秋落，松竹冬青。霧露霜雪，雲雨陰晴。晦暮昏闇，曉暝霞生。雷電覙電，霹靂震驚。」加點的字為韻腳，兩句一韻，偶句用韻。其中「青」為「青」韻字，其餘為「庚」韻字；青韻、庚韻都是平聲韻，兩韻通押。

　　也有押仄聲韻的，如：「緝績繡縈，女人傭作。機梭筬筆，躡勝狂霍。苧催織幅，經引紡絡。」加點的字為韻腳，均屬於入聲「藥」韻。

　　其二，從全書語句編排來看，採用的是義類相聚的方式，即把詞義相關的詞語以簡單類聚的方式排列在一起。這種編排方式顯得有些呆板，但也有利於兒童集中學習表示同類內容的詞語。如：「霧露霜雪，雲雨陰晴。晦暮昏闇，曉暝霞生。雷電覙電，霹靂震驚。冰寒凍冷，暖熱溫清。」是天文類詞語的類聚。又如：「琵琶鼓角，琴瑟簫箏。箜篌篳篥，竹磬笛笙。」是樂器類詞語的類聚。再如：「樽壺盎缽，杯碗盞卮。盤槃樏疊，瓢杓箸匙。甖缸瓶楎，盆甕甒炊。」是餐具、炊具類詞語的類聚。

　　其三，從全書的編排體例看，採用的是以類相從的方法。所謂以類相從，就是按其類別將相關的內容編排在一起。從下文的分析可以看出，《開蒙要訓》全書涉及天地、歲時、山河、君臣、倫理、婚姻、紡績、人體、疾病、珍寶、器皿、飲食、農事、商賈、烹飪、房舍、儲備、園藝、昆蟲、魚蛇、鳥獸、禽畜、緝盜、獄審等各個方面，包含的內容十分廣泛。這些內容不是雜亂無章排列的，而是按照一定的順序，按類編排的，排完一類，再排下一類。頭緒清楚，

界限分明，有條不紊。從形式上看，依類繫詞，同時兼表意義，由「四字一句，兩句一韻」的 1400 個漢字組成全篇。

二、全書展現的教學內容

《開蒙要訓》的文本是進行教學的依據，同時也展現了它的教學內容。

（一）關於天地歲時、山嶽河川：「乾坤覆載，日月光明」至「舡艘艦艇，浮泛流停」。

「乾坤覆載，日月光明。四時來往，八節相迎。春花開豔，夏葉舒榮。藂林秋落，松竹冬青。霧露霜雪，雲雨陰晴。晦暮昏闇，曉暝霞生。雷電䁦電，霹靂震驚。冰寒凍冷，暖熱溫清。」八節：指立春、立夏、立秋、立冬、春分、夏至、秋分、冬至。舒榮：孳生蕃茂。晦暮：黃昏和晚上。天覆蓋著地，地承載著天，太陽和月亮放射著光與亮。一年中有四季的轉換，還有八個節氣輪流變化。春天，百花開放，豔麗無比；夏天，樹葉孳生蕃茂；秋天，叢生的林木綠葉凋落；冬天，松竹青青。霧、露、霜、雪，雲、雨、陰、晴，黃昏、夜晚，早晨暝盡霞生，雷電、䁦電，霹靂震驚，冰寒凍冷，暖熱溫涼，這些都是自然界常見的現象。

為什麼先從「天地」說起呢？這完全依據前人對天地的認識，也就是說與前人對天地的認識有關。先說「天」以及由「天」而產生的霧雲雷電等現象，源於前人對「天」的認識。《周易》云：「大哉乾元，萬物資始，乃統天。雲行雨施，品物流形。」〔註4〕《論語》曰：「天何言哉？四時行焉，百物生焉。」《爾雅》曰：「春為蒼天，夏為昊天，秋為旻天，冬為上天。」〔註5〕天是道德、哲理、空間、時間的象徵。如《申子》曰：「天道無私，是以恒正，天常正，是以清明。」〔註6〕《文子》曰：「高莫高於天，下莫下於澤；天高澤下，聖人法之。」〔註7〕在古書中，天的地位被表述得相當清楚，並以經典性描述深深印在人們的頭腦之中，所以編寫《開蒙要訓》自然要將「天」置於開頭了。那麼「地」呢？《禮統》曰：「天地者，元氣之所生，萬物之祖也。」〔註8〕按其排序，「地」置於「天」之後。何謂「地」？《月令章句》曰：「總丘陵原隰

〔註4〕（唐）歐陽詢撰；汪紹楹校，藝文類聚〔M〕，上海：上海古籍出版社，1999：1。
〔註5〕同註4。
〔註6〕同註4。
〔註7〕李德山，文子譯注〔M〕，哈爾濱：黑龍江人民出版社，2003：164。
〔註8〕同註4，第2頁。

阪險曰地。」〔註9〕花、林、松、竹等均屬於「地」之所生。那麼山嶽河川呢？
當然也是。所以「五嶽嵩華，霍泰恒名。江河淮濟，海納吞併。湍波漂浪，沉
溺渦泓。舩艘艦艇，浮泛流停。」排在這部分的最後。河南嵩山、陝西華山、
安徽霍山、山東泰山、山西恒山，被稱為五嶽。長江、黃河、淮水、濟水四水，
均東流入海，被大海吞併。這四水中，有的地方翻卷著湍急的波浪，有的地方
是可以沉溺物品的漩渦深潭。舩、艘、艦、艇是渡水的工具，憑藉它們才能自
由地浮泛流停。

　　（二）關於君臣之道、家庭倫理：「君王有道，恩惠弘廓」至「睡眠寢寐，
憤悶煩情」。

　　天地之後便是「人」，而君王是天之子，所以置於前：「君王有道，恩惠弘
廓。萬國歸投，兆民歡躍。」弘廓：廣大邊境。兆民：泛指百姓。君王講究道
義，恩惠一定遍及廣大的邊境地區。周邊各國就會從遠方歸順投奔，百姓就會
歡呼跳躍。君臣關係至關重要：「諂佞潛藏，姦邪憩惡。臣佐輔弼，匡翊勤恪。」
匡翊：匡正輔佐。勤恪：勤勉恭謹。有道的君主在位，諂媚佞人必然不能胡作
非為，姦邪小人也會停止作惡。臣子僚佐輔弼君王，匡正輔佐，勤勉恭謹。「賞
賚功勳，封賜祿爵。讌會嘉賓，奏設伎樂。酣觴飲酒，勸酌酬醒。諷誦吟詠，
吼喚縱橫。喧笑歌舞，鬧動音聲。琵琶鼓角，琴瑟簫箏。箜篌篳篥，竹磬笛笙。」
醒：酒醉昏沉。君王嘉獎有功之人，加封爵位，賜予俸祿。還要舉行宴飲聚會，
邀請功臣嘉賓，表演歌舞，演奏音樂，隆重祝賀。宴會中，要盡興而飲，勸酒
敬酒都要喝醉。席間，有諷誦吟詠，有隨意的吼喚，喧鬧歡笑，歌舞音聲，相
互交雜。各種樂器先後演奏，有琵琶、鼓、角、琴、瑟、簫、箏、箜篌、篳篥、
竹（築）、磬、笛、笙等。除了君臣之道外，關乎統治的，便是家族倫理了，
其中最重要的內容就是孝與悌。《孝經》曰：「夫孝，天之經也，地之義也，民
至之行也。」「夫孝，始於事親，中於事君，終於立身。」「孝悌之至，通於神
明。」〔註10〕因此，孝悌在社會生活中佔有重要位置：「孝敬父母，承順弟兄。
翁婆曾祖，嫂侄孫嬰。伯叔姊妹，姑姨舅甥。婚姻娉嫁，夫婦媒成。油燈蠟燭，
炬照輝盈。」承順：遵奉順從。娉：古代男方遣媒人向女方求婚，謂之娉，今
通作「聘」。在家裏，要孝敬父母。在家族關係上，要遵奉順從地對待弟兄、
翁婆、曾祖、嫂、侄、孫嬰，以及伯、叔、姊、妹、姑、姨、舅、甥。在婚姻

〔註 9〕同註4，第 2 頁。
〔註10〕同註4，第 368 頁。

聘嫁方面，不論是迎娶妻室，還是出嫁郎君，結為夫妻，都要依靠媒人促成。舉行婚禮時，點燃油燈、蠟燭，光焰照亮整個房間。「貧賤富貴，奴婢使令。勒勤壯健，運輦提擎。孤惸鰥寡，老弱衰偋。睡眠寢寐，憤悶煩情。」這幾句雖然與家族倫理不直接相關，但有一定聯繫，於是便連類而及地放在這裏。勒勤：統率征勤。運輦：輦運，運輸。提擎：執提（擎鼓）、擎旗。衰偋：體弱貧困。憤悶：憤慨，氣憤。人有貧賤富貴的區別，富貴之家聘用的奴婢，是供主人驅使的。統率壯健的士兵去征討，要有運輸軍需的車輛相隨，還要有擊鼓、擎旗者作前導。對於孤獨的鰥夫、寡婦、老弱、體衰貧困的人，要讓他們睡眠安好。心中憤悶，情緒就會煩躁。

（三）關於寢處物品、女紅飾物：「幃帳床榻，氈褥威儀」至「煙支麤黛，梳枇釵只」。茲舉幾例：

「紵練單絁，布絹紬縜。綾紗繒綵，羅縠錦繡。鮮紋雙距，紕縵緊綯。針縷綻綴，補袂穿漏。」麻類、白絲原料，可織絲帶、布絹、紬縜物品。綾紗原料，可織繒綵、羅縠、錦繡、紕縵和緊綯等絲織品，這些絲織品上，有的織著鮮豔花紋的鬥雞圖案。針線是用來縫補衣服上綻開和破漏之處的。

「帔巾帊襆，袍被裙究。緝績纑縈，女人傭作。」帔巾、手帊、襆頭、袍、被、裙子，都要十分講究。紡織和纏繞麻線，都是女人傭作的事情。

「苧纑織幅，經引紡絡。紫絳蘇芳，緋紅碧綠。緗縹紺綺，斑黃皂帛。篋簏箱櫃，衣裳壘纍。」苧麻纖維可紡織布帛，但是，必須要有經線穿引緯線方能紡絡而成。本身含有緋紅、碧綠等顏色的紫絳蘇芳，是人們使用的染草、染木原料。用這些原料，可將細綾染成淺黃、青白、青色和將帛染成雜色、黃色、黑色等多樣顏色。竹箱、篋簏和木箱、大櫃，是用來裝放堆疊衣服的。

（四）關於人體器官、各種疾病：「髮髻髭鬢，鬚髯髭戟」至「羞恥慚赧，愧惡鄉閭」。茲舉幾例：

「頭額頰頤，齒舌唇口。眉眼鼻耳，頸項臂肘。」頭、額、面頰、下巴、牙齒、舌頭、嘴唇、嘴巴、眉毛、眼睛、鼻子、耳朵、頸項、臂肘。

「瘡痍癰癤，腫燄肌膚。釀血臭污，鈹灸療除。」瘡痍、癰癤，都會使肌膚髮炎腫痛；有的瘡甚至流膿、流血、臭污，還要用鈹灸治療，方可根除、痊癒。

（五）關於珍寶器物、農具稼穡：「珍寶貨賂，翳璧硨磲」至「種積苫持，浸漬淹瀾」。茲舉幾例：

「珍寶貨賂，翳璧硨磲。頗黎瑪瑙，琥珀珊瑚。琉璃玳瑁，金銀玉珠。」財物珍寶中，有翳璧、硨磲、頗黎、瑪瑙、琥珀、珊瑚、琉璃、玳瑁，以及金、銀、玉、珠等。

「鉛錫鍮鑞，銅鐵之徒。錮鐐銷熔，爐冶鑄鑊。」鉛、錫、鍮、鑞，都是銅鐵之類。這些銅鐵金屬在爐內銷熔、冶煉，就可澆鑄成鏴、鑊等器物。

「耬犁耕耩，鋤刨壟畔。植稚稀疏，概密調短。亢旱燋枯，溝渠溉灌。」耬犁，既可耕溝又可播種。在地邊犁不著的地方，還要用鋤頭刨鬆、補種。但種植幼苗要稀疏，一旦種稠密了，則要把過密的幼苗調補到短缺的地方。如遇亢旱，禾苗焦枯時，就要開挖溝渠，引水灌溉，以確保莊稼的收成。

（六）關於借貸詞訟、車馬用具：「質舉券契，保證賒獲」至「瑕璺罅隙，垣塞黏卑」。茲舉幾例：

「質舉券契，保證賒獲。違時不償，抵捍拒格。」典當、借貸，都有券契，以保證賒舉獲得歸還。違時不能償還，就要按抵賴、蠻悍、拒付的法規對待。

「逃竄隱避，徵摯債索。訴詞辯牒，曹府恐嚇。」對於欠債逃竄、隱避之人，則要採取懲罰和控制手段索債；並辦牒狀，以辯訟欠債不還的狀詞，遞交官府，讓官府用法律的威嚴恐嚇欠債人歸還。

「車轅轂輞，輪輻軨輶。釭鐧轄軸，鞅鞁韝鞈。」「雕鐫刻鏤，鏟削鏇鏽。」車的各部分有車轅、車轂、車輞、車輪、車輻等名稱；車名有軨軒車和轀輬車之類；車上還有釭（車轂口穿軸用的金屬圈）、鐧（在車軸、車轂間所裹的鐵皮）、轄（裝在車軸兩頭，使車輪不脫的橫鍵）等附件。在牛馬頸上，還飾有名「鞅」的皮帶；而騎牛馬的人，除身上帶有名「鞁」的刀鞘外，兩臂還套有名「韝」的臂衣，腳上穿有名「鞈」的靴子。銅製盛具鏇鑊的製成，要經過匠人雕鐫、刻鏤、鏟削、鏇削的工序。

（七）炊具飲食、日常農事：「樽壺盃缽，杯碗盞巵」至「燒燃柴薪，擔攜負抱」。茲舉幾例：

「盤槃椁疊，瓢杓箸匙。罌缸瓶榼，盆甕瓶炊。漿嚛酪飯，羹臛粥糜。菹葅鮓脯，鮮膾魚鮁。」盤、槃、椁、碟、瓢、杓、箸、匙、罌、缸、瓶、榼、盆、甕、瓶等，是餐飲具和炊事用品。酒漿，是一種飲料。酪，是奶製品；飯，是米麵主食；羹臛，是肉湯；粥糜，是稀飯；菹葅，是醃製的薺菜；鮓脯，是魚乾；鮮膾，是新鮮的膾魚；魚鮁，是剖開鹽漬的魚片。

「粳糧糯秫，禾粟穬稻。䵂黍穀麥，豌豆烏蕎。碓磑碾磨，杵臼舂搗。麨麵篩麩，粗澀細好。」農產品中，有粳糧、糯米、秫秫、禾粟、穬麥、稻子、䵂子、穀子、小麥、豌豆、大豆、蕎麥等。這些農產品都是經過石碓、石磑、石碾研磨和杵臼舂搗的加工的，然後，篩出麩皮，做成炒麵。糧、麵粗糙，吃時不滑；精細，口味才好。

（八）庫倉宅舍、菜蔬種植：「構架椽柱，栿檁檽梁」至「堡壁籬柵，周匝遮防」。茲舉幾例：

「廁廠廂庌，板棧廳堂。庵廬屋舍，置牖安窗。」廁所、廠棚、廂房、廊坊、板棧等隔斷、廳堂；這是當時民房的一般結構組成。不論是庵、廬、屋、舍，都要安置窗戶。

「畦菀種蒔，栽插端行。槐榆椿楮，桐梓柘桑。槙楂椑柿，柑橘檳榔。苀桃李柰，棗杏梨棠。葱蒜韭薤，茱萸椒薑。芸苔薺蓼，葫荽芬芳。蔓菁葵芥，蘿蔔蘭香。」田園裏種植、栽插的林果與藥菜，既要端正，又要成行。林果有：槐樹、榆樹、椿樹、楮樹、桐樹、梓樹、柘樹、桑樹、槙楂樹、椑柿樹、柑橘樹、檳榔樹、木苀樹、桃樹、李樹、柰樹、棗樹、杏樹、梨樹、棠樹。藥菜有：大葱、大蒜、韭菜、薤菜、茱萸、花椒、生薑、芸苔、薺菜、辛菜、葫荽、蔓菁、葵菜、芥菜、蘿蔔、蘭香。

（九）蟲魚鳥獸、家禽家畜：「胎卵濕化，蚰蜒蟯蜋」至「鈚髇箭鏃，彈弩純鋼」。茲舉幾例：

「鮎鯉鱧鯽，鯨鯢鱒魴。蚖蛇蝮蠍，蟒腹身腔。」鮎魚、鯉魚、鱧魚、鯽魚、鯨魚、鯢魚、鱒魚、魴魚、蠑蚖、蛇、蝮蛇、蠍子，還有腹腔圓粗而又身長的大蟒。

「燕鵲鳩鴿，鴻鶴鳳凰。雞鴨鵝雁，鶉雉鴛鴦。鷹鵰鷲鶻，翅翮翱翔。」燕子、喜鵲、斑鳩、鴿子、鴻鵠、老鶴、鳳凰、雞、鴨、鵝、大雁、鵪鶉、野雞、鴛鴦、鷹、鵰、鷲、鶻，這些都是展翅、振翮翱翔於天空的。

「麝香麕鹿，猿猴麠獐。熊羆狐兔，虎豹豺狼。驢馬牛犢，肫狗豬羊。駱駝騾象，喂飼肥強。」麝、麕、鹿、猿、猴、麠、獐、熊、羆、狐、兔、虎、豹、豺、狼、驢、馬、牛、牛犢、小豬、狗、豬、羊、駱駝、騾子、大象，這些都是被喂飼得身肥體強的。

（十）關於盜劫博戲、囚繫審訊：「劫賊剝奪，怕怖驚忙」至結尾。茲舉幾例：

「偷盜私竊，跳驀非常。追蹤逐跡，忖度思量。謀計智略，掩捉搜贓。」偷盜私竊，跳躍逃脫得非常迅速。追逐盜劫的蹤跡，抓獲他們，必須考慮周密，運用策略計謀，乘其不備將其抓捕，繳獲贓物。

「摴蒲攤賭，酺賽輸觸。圍棋握槊，戲弄披倡。」摴蒲的博戲活動，以擲骰決勝負，或以飲酒比賽輸贏。還有的邊下圍棋，邊玩握槊的博戲的，在觀看披髮的倡優表演。

「牢獄囚禁，繫縛愆殃。檢驗察訪，勿妄誣謗。」官府把犯人囚禁在牢房，繫縛公堂，宣判其罪行。對其罪行檢校察訪，以做到不錯判，不誣陷、誹謗好人。

第三節　收字和用韻

《開蒙要訓》作為一本識字課本，從其收字情況可以看出它的編寫取向和文化內涵，從其用韻可以考察其語音狀況。

一、收字

對於一部蒙學課本來說，選則和收錄哪些文字來教學，是至關重要的。考察《開蒙要訓》的收字情形，主要從以下三方面入手：

第一，《開蒙要訓》收字具有獨特的地域和時代色彩。作為流行於西北敦煌地區的蒙學課本，《開蒙要訓》無疑打上了當時的地域和時代色彩。借助於《開蒙要訓》，蒙童不僅可以掌握一般通行的常用字，而且還能認識本地和鄰近地區的常見什物。在當時，敦煌作為古絲綢之路的重鎮和中西交通的都會，產生過大批碩儒學子，在其地出現的蒙學課本《開蒙要訓》中也保留下漢蕃文化的豐富資料，如「琵琶鼓角，琴瑟簫箏，箜篌篳篥，頗黎瑪瑙，琥珀珊瑚」等是西域之物；「鮎鯉鱧鯽，鯨鯢鱒魴，柑橘檳榔，茱萸」等是南方的出產，這些都留有東西文化交流、南北物資溝通的印記，顯示了敦煌作為商貿重鎮的地位，反映了《開蒙要訓》獨特的時代色彩。

第二，《開蒙要訓》收字以普通民眾日常生活用字為主，走的是平民路線。例如，我國自古是農業大國，耕種稼穡之事，是普通民眾生活的重要內容，因而《開蒙要訓》收錄許多這方面的用字，例如，有耕種、灌溉、收割、存儲方面的用字：「耬犁耕耩，鋤刨壟畔。植稚稀疏，概密調短。亢旱燋枯，溝渠溉灌。柯桐欞柄，殳刈撩亂。削斫斬剗，蹂按押按。杈杷挑撥，枕策聚

散。種積苫持，浸漬淹瀾。」「粳糧糯秔，禾粟穬稻。糜黍穀麥，豌豆烏薔。碓磑碾磨，杵臼舂搗。㲉麪篩麩，粗澀細好。颺簸糠糩，秕秳箕蔶。稆穰稭莢，曬曝乾燥。」「掃灑庭院，料理園場。畦菀種蒔，栽插端行。」還有百工修造方面的用字：「錮鑞銷熔，爐冶鑄鑊。」「錯鑢錐鑽」「雕鑴刻鏤，鑱削鎊鋤。鎪刮剃捋，朽腐隨宜。」「構架橡柱，栿欀檽梁。」「庵廬屋舍，置牖安窗。」這些與普通民眾生活密切相關的耕織、食飲、喂飼、鑄造以及販鬻等粗鄙之事，被收錄其中，體現出《開蒙要訓》以識認日常生活用字為主的教學目的。

第三，毋庸諱言，《開蒙要訓》收字較為生僻，是其不足。《開蒙要訓》中的一些字，甚至在通行的字典、辭書中都找不到。用當時流行的《千字文》等蒙學課本衡量，《開蒙要訓》的這一缺點則更為明顯。《開蒙要訓》編寫於六朝時期，至今已有1600多年，其間社會生活發生了巨大變化，教學活動也不可同日而語。即使用《現代漢語常用字表》加以考查，雖然可以確定《開蒙要訓》有 50% 左右的字為常用字，也仍不能掩蓋其收字較為生僻這樣一個事實。收字較為生僻，大概是造成它長期失傳的重要原因。

二、用韻

《開蒙要訓》四字一句，兩句一韻，全篇用韻，計175韻，包括平上去入四聲的轉韻，大體整齊，只有個別出韻現象。

「乾坤覆載」至「浮泛流停」，韻字為：明、迎、榮、青、晴、生、驚、清、名、并、泓、停，其中，青、停押平聲「青」韻，其餘押平聲「庚」韻，「青」「庚」兩韻通押。

「君王有道」至「奏設伎樂」，韻字為：廓、躍、惡、恪、爵、樂，押入聲「藥」韻。

「酖觴飲酒」至「憤悶煩情」，韻字為：醒、橫、聲、箏、笙、兄、嬰、甥、成、盈、令、擎、儜、情，押平聲「庚」韻。

「幃帳床榻」至「布絹紬絁」，韻字為：儀、垂、彌、施、綟、帗、絁，押平聲「支」韻。

「綾紗繒綵」至「袍被裙究」，韻字為：繡、緇、漏、就、袖、舊、究，押入聲「宥」韻。

「緝績纑縈」至「經引紡絡」，韻字為：作、霍、絡，押入聲「藥」韻。

　　「紫絳蘇芳」至「鬚髯髭戟」，韻字為：綠、帛、襲、屐、澤、隻、戟，其中，綠押入聲「沃」韻，其餘押入聲「陌」韻，「沃」「陌」兩韻通押。

　　「頭額頰頤」至「瘦瘠羸醜」，韻字為：口、肘、拇、手、後、部、醜，其中，部押上聲「麌」韻，其餘押上聲「有」韻，「麌」「有」兩韻通押。

　　「病患疾疹」至「銅鐵之徒」，韻字為：軀、疽、膚、除、噓、儒、愚、衢、閭、磲、瑚、珠、徒，其中，疽、除、噓、閭、磲，押平聲「魚」韻，其餘押平聲「虞」韻，「魚」「虞」兩韻通押。

　　「鍋鎬銷熔」至「浸漬淹瀾」，韻字為：鑵、爨、桉（通「按」）、鍛、鑽、畔、短、灌、亂、按、散、瀾，其中，短押上聲「旱」韻，出韻；其餘押去聲「翰」韻。

　　「質舉券契」至「幗幓顯赫」，韻字為：獲、格、搦、摑、賾、索、嚇、躑、驛、輻、鞟、赫，其中，輻押平聲「文」韻，出韻；鞟押入聲「鐸」韻；其餘押入聲「陌」韻；「鐸」「陌」兩韻通押。

　　「雕鐫刻鏤」至「鮮鱠魚鮍」，韻字為：鋤、宜、攲、卑、厄、匙、炊、糜、鮍，押平聲「支」韻。

　　「店肆興販」至「鹹釅醶醋」，韻字為：惜、益、炙、適、醋，其中，醋押去聲「遇」韻，出韻；其餘押入聲「陌」韻。

　　「餞餡粔籹」至「饞傭乖懶」，韻字為：料、饊、斷、滿、懶，押上聲「旱」韻。

　　「粳糧糯秫」至「擔攜負抱」，韻字為：稻、蕎、搗、好、蒿、燥、草、倒、抱，其中，蕎押平聲「蕭」韻，「蒿」押平聲「豪」韻，兩者均出韻；其餘押上聲「皓」韻。

　　「構架椽柱」至「易解難忘」，韻字為：梁、廊、堂、窗、康、倉、牆、場、行、桑、榔、棠、薑、芳、香、穰、槍、防、蜋、螂、鱨、魴、腔、凰、鴦、翔、獐、狼、羊、強、驤、繮、傍、鋼、忙、常、量、贓、張、觴、倡、殃、謗、桁、良、章、忘，其中，謗押去聲「漾」韻，出韻；窗、腔押平聲「江」韻；其餘押平聲「陽」韻；「江」「陽」兩韻通押。

第四章　周興嗣編次的《千字文》

《千字文》作為我國傳統蒙學教材之一，流傳最廣，使用最久，影響最大，在我國教育史上佔有重要地位。

第一節　關於作者、集字和編纂時間、經過

我國很早就出現了專門用於啟蒙的識字課本，如《倉頡篇》《爰歷篇》《凡將篇》《勸學篇》《急就篇》等，均產生了一定的影響，但是，到了南北朝時期，它們的影響已經大不如從前了，而這一時期出現的啟蒙課本，如《庭誥》之類，可讀性有限。這就急需新的啟蒙讀物問世。於是，《千字文》應運而生。

一、關於作者的不同記載

在《隋書·經籍志》中，著錄有六種《千字文》：「《千字文》一卷，梁給事郎周興嗣撰。《千字文》一卷，梁國子祭酒蕭子雲注。《千字文》一卷，胡肅注。《篆書千字文》一卷。《演千字文》五卷。《草書千字文》一卷。」[註1] 其中，有兩種是《千字文》的注本，一種是梁國子祭酒蕭子雲注的《千字文》，另一種是胡肅注的《千字文》。有兩種是不同書體的《千字文》，即《演千字文》和《草書千字文》。屬於原創性質的，只有梁給事郎周興嗣撰的《千字文》。這樣，根據《隋書·經籍志》的記載，周興嗣是《千字文》的作者，應該沒有問題。但是，自明清以來，關於《千字文》的作者與文本，卻成了一個聚訟紛紜的問題，莫衷一是。

〔註 1〕（唐）魏徵，令狐德棻，隋書·經籍志〔M〕，北京：中華書局，1973：942。

這裏把幾種主要的說法，羅列如下：

明代郎瑛《七修類稿》云：

> 《玉溪（壺）清話》云：梁武帝得鍾繇破碑，愛其書，命周興
> 嗣次韻成文。或又云：武帝欲學書，命殷鐵石選二王千文，召周興
> 嗣次韻。二說不同，然皆武帝時事也，似當以前說為是。舊聞詹仲
> 和云：在蘇常某家，見唐刻《千字文》一帙，儼然鍾繇筆法，但子
> 昂後跋以為東坡書，不知何也。余又以《淳化帖》上千文，亦類鍾
> 繇，其王著因海鹹河淡等字，以為章草，誤指漢章帝之書，則米南
> 宮、黃長睿辯之明矣。其楊公《談苑》云：敕員外郎某人撰，敕字
> 是梁字。余意戒敕雖興於漢，至唐顯慶中，始云不經鳳閣、鸞坡，
> 不得稱敕。此非稱敕，一也。況前無武帝說話，用敕字亦無謂；且
> 梁字既通，草書又似敕字，必然傳寫之訛，二也。據此，則楊公之
> 言，可信無疑。余又云：武帝既命周興嗣以成文矣，又何云次韻，
> 殊不知當時蕭子範有《千字文》一卷，武帝集成千文。故云：若重
> 字者，「女慕貞潔」與「紈扇圓潔」，同「潔」字。吳枋《野乘》云：
> 宜改造清貞。予意「清」字亦有夙興溫清矣，不若改為貞烈。人以
> 華亭張東海看出，非也。「布射遼丸」之「遼」，當作「僚」，蓋宜僚
> 非此「遼」也；「並皆佳妙」從上文對讀來，當作「並佳皆妙」，庶幾
> 文理方通，或者初時三字皆不錯亂，後或刊寫之訛，遂至如此。惜
> 今若文徵明亦未改正，至若閩中所刊童蒙之本，所差尤多，固非養
> 蒙之道，此等未足為辯也。〔註2〕

清代顧炎武《日知錄》云：

> 《千字文》原有二本。《梁書·周興嗣傳》曰：「高祖以三橋舊
> 宅為光宅寺，敕興嗣與陸倕製碑。及成，俱奏，高祖用興嗣所製者。
> 自是《銅表銘》、《柵塘碣》、《北伐檄》、《次韻王羲之書千字》，並使
> 興嗣為之。」《蕭子範傳》曰：「子範除大司馬南平王戶曹屬從事中
> 郎，使製《千字文》，其辭甚美，命記室蔡薳注釋之。」《舊唐書·經
> 籍志》：「《千字文》一卷，蕭子範撰；又一卷，周興嗣撰。」是興嗣
> 所次者一《千字文》，而子範所製者又一《千字文》也。（顧炎武原

〔註 2〕（明）郎瑛著；安越點校，七修類稿〔M〕，北京：文化藝術出版社，1998：
317～318。

注:《陳書・沈眾傳》:「是時梁武帝製《千字詩》,眾為之注解。」是又不獨興嗣、子範二人矣。)乃《隋書・經籍志》云:「《千字文》一卷,梁給事郎周興嗣撰。《千字文》一卷,梁國子祭酒蕭子雲注。」《梁書》本傳謂子範作之,而蔡薳為之注釋。今以為子雲注。子雲乃子範之弟,則異矣。《宋史・李至傳》言:「《千字文》乃梁武帝得鍾繇書破碑千餘字,命周興嗣次韻而成。」(顧炎武原注:《山堂考索》同。)本傳以為王羲之,而此又以為鍾繇,則又異矣。《隋書》、《舊唐書・志》,又有《演千字文》五卷,不著何人作。(顧炎武原注:《隋書・文苑傳》:「秦王俊令潘徽為《萬字文》。」)

　　《淳化帖》有漢章帝書百餘字,皆周興嗣《千字文》中語。《東觀餘論》曰:「此書非章帝,然亦前代人作,但錄書者集成《千字》中語耳。」歐陽公疑以為漢時學書者多為此語,而後村劉氏遂謂《千字文》非梁人作,誤矣。黃魯直《跋章草千字文》曰:「章草言可以通章奏耳,非章帝書也。」〔註3〕

清代翟灝《通俗編》云:

　　千字文　《南史・周興嗣傳》:帝次韻王羲之書千字,使興嗣為文,奏帝稱善。按:字為羲之所書,而《玉溪清話》云:梁武帝得鍾繇破碑,愛其書,命周興嗣次韻成文。《尚書故實》亦云:武帝命殷鐵石於鍾王書拓千字,召周興嗣韻之,一日綴成,則其中兼有鍾繇書矣。詹和仲言,見唐刻千文,儼然鍾繇筆法,不謬也。時梁武帝,亦嘗自製千文。《南史・沈旋傳》「鏇子眾,仕梁為太子舍人,武帝製千文詩,眾為注解」,是也。梁武前,先有為千字文者。《齊書・宗室傳》「南平王稱子範奇才,使製千字文,其辭甚美」,是也。梁武後,復有為千字文者。《舊唐書・袁朗傳》「朗製千字詩,當時以為盛作」,是也。又隋時秦王俊,令潘徽為萬字文,見《北史》徽傳。〔註4〕

清代梁章鉅《歸田瑣記》云:

　　《千字文》有三本,齊蕭子範之作不傳,梁周興嗣所次,據《梁書》、《南史》,皆以為王羲之書,乃《尚書故實》云:「武帝命殷鐵

〔註3〕（清）顧炎武著;黃汝成集釋;欒保群,呂宗力校點,日知錄集釋（下）〔M〕,上海:上海古籍出版社,1985:480。

〔註4〕（清）翟灝著;陳志明編校,通俗編（上冊）〔M〕,北京:東方出版社,2013:127。

石於鍾、王書中拓千字，召興嗣韻之，一日綴成。」《玉溪清話》亦云：「梁武得鍾繇破碑，愛其書，命興嗣次韻成文。」所說不同。《宋史·李至傳》亦言是鍾繇破碑，而盛百二《柚堂筆談》云：「右軍所書即鍾《千文》也。」金壇王氏《鬱岡齋帖題》曰：「魏太尉鍾繇《千字文》，右軍將軍王羲之奉敕書，起四句云：『二儀日月，雲露嚴霜，夫貞婦潔，君聖臣良。』」結二句與周氏同，是周興嗣所次亦有二本不同也。余偶為人書《千字文》，「律呂調陽」作「律召調陽」，觀者或以「召」字為誤，請削易之。余曰：「『召』字不誤，『呂』字乃誤也。」宋吳垌《五總志》云：「隋智永禪師居長安西明寺，自七十至八十歲寫真草《千文》八百本，人爭取之。但作『律召調陽』者，皆是。按閏餘與律召，正是偶對，不知何時誤作『呂』字。」余齋藏董香光手書冊亦作「呂」矣。〔註5〕

根據以上四家說法，當時命名為《千字文》的，有三種：

一種是所謂鍾繇的《千字文》。梁章鉅《歸田瑣記》記載：「金壇王氏《鬱岡齋帖題》曰：『魏太尉鍾繇《千字文》，右軍將軍王羲之奉敕書，起四句云：『二儀日月，雲露嚴霜，夫貞婦潔，君聖臣良。』結二句與周氏同，是周興嗣所次亦有二本不同也。』」關於「鍾繇《千字文》」的說法語焉不詳，因此，這本《千字文》的文字是由鍾繇撰寫的，還是鍾繇只是以書法的形式抄寫了《千字文》，我們不得而知。「右軍將軍王羲之奉敕書」一句，句意明確：這本《千字文》不是王羲之撰寫的文字，它只是「奉敕」抄寫了文本。有一點非常明確：這本《千字文》產生在周興嗣之前。周興嗣在創作《千字文》之前，肯定借鑒了這本《千字文》，因為「結二句與周氏同」。「是周興嗣所次亦有二本不同也」，則說錯了。既然這本《千字文》至少是王羲之「奉敕」書寫過，則它的產生遠在周興嗣之前，怎麼能說是「周興嗣所次」的呢？張志公的看法與我們略有不同：「日本存有一種李暹注本《千字文》。序裏說，原有鍾繇《千字文》，晉末播遷，載書遇雨，幾至糜爛，《千字文》亦在其中。於是命王羲之重為編綴繕寫。但是文理、音韻不順。至梁武帝，乃命周興嗣重為次韻。這本書沒有刊刻年號，李暹也不知何許人。〔註6〕不知材料出處，更不知記載是否準確。

〔註5〕（清）梁章鉅，歸田瑣記〔M〕，北京：中華書局，1981：114。
〔註6〕張志公，傳統語文教育教材論——暨蒙學書目和書影〔M〕，北京：中華書局，2013：14～15。

　　二種是蕭子範撰的《千字文》。《梁書》卷三十五《蕭子範傳》的記載：「（蕭子範）出為（出任）建安太守，還除（還京師授任）大司馬（官名，主要掌管軍政，統帥軍隊）南平王戶曹（戶曹，官署名，掌管土地人民等事，其長官稱尚書）屬，從事中郎（從事中郎，為將帥的幕僚）。王愛文學士（有文才的人），子範偏被恩遇（蒙受特殊恩遇），嘗曰：『此宗室（皇族）奇才也。』使製《千字文》，其辭甚美，王命記室（官名，掌章表書記文檄等）蔡薳注釋之。」〔註7〕蕭子範梁武帝的異母弟。《小學考》曰：「蕭子雲兄弟一作《千文》，一注《千文》，自是兩事。《隋志》遺子範《千文》一卷，故顧氏疑之，然非有錯誤也。」〔註8〕《隋書·經籍志》有「《千字文》一卷，梁國子祭酒蕭子雲注」的記載，但蕭子範所撰《千字文》未能流傳。

　　三種是周興嗣撰的《千字文》。這在《隋書·經籍志》中也有記載。《舊唐書·經籍志》記載：「《千字文》一卷，蕭子範撰；又一卷，周興嗣撰。」〔註9〕顧炎武《日知錄》謂「《千字文》原有二本」，大概根據在此，沒有計算所謂鍾繇的那本《千字文》。

　　對上述四家說法中存在的疑點問題，需要做出辨析。

　　一是梁武帝蕭衍撰的《千字詩》。據《陳書·沈眾傳》記載：「是時梁武帝製（製作）《千字詩》，（沈）眾為之注解。」〔註10〕《千字詩》即《千字文》，但它不是另外一個版本的《千字文》，而就是周興嗣所撰《千字文》。據《梁書·周興嗣傳》記載，《千字文》是梁武帝下令編撰的，（詳見下文）雖然按照慣例，這篇《千字文》名屬梁武帝，亦未嘗不可，因為它是承梁武帝之命而作，但真正的寫手卻是周興嗣。鑒於此，不能將《千字詩》看作另一版本的《千字文》，它們是同一文本。把《千字文》稱作《千字詩》，亦是一種習慣的說法，因為《千字文》是押韻的，很像一首普通的詩。正如清代翟灝《通俗編》所云：「梁武後，復有為千字文者。《舊唐書·袁朗傳》『朗製千字詩，當時以為盛作』，是也。」

　　二是所依據的是「鍾繇破碑千餘字」，還是「取王羲之手跡以成文」。此詳見下文。

〔註7〕（唐）姚思廉，梁書·蕭子範傳〔M〕，北京：中華書局，1973：510。

〔註8〕（清）謝啟昆，小學考〔M〕//（清）姚振宗，隋書經籍志考證，北京：清華大學出版社，2014：441。

〔註9〕（後晉）劉昫等，舊唐書·經籍志〔M〕，北京：中華書局，1975：1986。

〔註10〕（唐）姚思廉，陳書·沈眾傳〔M〕，北京：中華書局，1972：243。

二、關於集字的不同說法

關於周興嗣的《千字文》是集王羲之的字，還是集鍾繇的字，歷史上有不同的說法。

第一種說法是，《千字文》所集的是王羲之的字。如《梁書·周興嗣傳》認為，千字是取自王羲之的書法作品，唐代李綽的《尚書故實》的說法與此相同。（引文詳下）

第二種說法是，《千字文》所集的是鍾繇的字。如宋代王應麟的《玉海》說：「太祖謂近臣曰：『千文蓋梁得鍾繇破碑千餘字，周興嗣次韻而成，詞理無可取。』《宋史·李至傳》也說：「上（宋太宗）嘗臨幸秘閣，出草書《千字文》為賜，（李）至（請）勒石，上曰：『《千文》乃梁武得破碑鍾繇書，命周興嗣次韻而成，理無足取，若有資於教化，莫《孝經》，若也。』乃書以賜至。」〔註11〕比《宋史》稍早的北宋僧人釋文瑩所撰《玉壺清話》也有同樣的記載：「及賜書《千字文》，（李）至請勒石，上曰：『《千字文》本無稽，梁武得鍾繇破碑，愛其書，命周興嗣次韻而成之，文理無足取。』」〔註12〕明代郎瑛傾向於此說。他在《七修類稿》中說：「《玉溪（壺）清話》云：梁武帝得鍾繇破碑，愛其書，命周興嗣次韻成文。或又云：武帝欲學書，命殷鐵石選二王千文，召周興嗣次韻。二說不同，然皆武帝時事也，似當以前說為是。」但他的根據有誤。他說：「舊聞詹仲和云：在蘇常某家，見唐刻《千字文》一帙，儼然鍾繇筆法，但子昂後跋以為東坡書，不知何也。余又以《淳化帖》上千文，亦類鍾繇，其王著因海鹹河淡等字，以為章草，誤指漢章帝之書，則米南宮、黃長睿辯之明矣。」唐刻《千字文》，現在無法見到，所以不能驗證他的判斷。不過「子昂後跋以為東坡書」，是可以確信的，因為趙孟頫（字子昂）是元代大書法家，其所做的鑒定即為定論，這其實已經否定了郎瑛的看法。「《淳化帖》上千文，亦類鍾繇」的說法，也不準確；因為《淳化帖》的《千字文》有刻本傳世，說它「亦類鍾繇」，後世無人相信。

對於這兩種說法，明代的閻若璩辨析說：「《千字文》本有二篇，一周興嗣，一蕭子範。子範製久失傳。而所次韻之書，《梁書》以為羲之，《宋史》以為鍾繇。要《梁書》近而得其真。」此言極是。清代的趙翼在《陔餘叢考》中與閻若璩持有相同的看法：「釋文瑩《玉壺清話》及《宋史·李至傳》載：宋太宗

〔註11〕（元）脫脫等，宋史·李至傳〔M〕，北京：中華書局，1977：9176。
〔註12〕（宋）文瑩，玉壺清話〔M〕，北京：中華書局，1984：56。

曰：『《千字文》本梁武帝得鍾繇破碑，愛其書，命周興嗣次韻為之。』然《南史·文學傳》則謂『梁武帝有王羲之書，命興嗣次韻為之』，則所謂鍾繇書者，蓋宋人傳記之誤。」〔註13〕

三、周興嗣本的編纂時間與經過

今天所見《千字文》，就是周興嗣所撰的《次韻王羲之書千字》，這在《梁書》和《尚書故實》中有清楚的記載。

根據《梁書·周興嗣傳》記載，周興嗣，字思纂，陳郡項縣人，他是漢太子太傅周堪的後人。他的高祖父周凝，晉時任征西府參軍、宜都太守。周興嗣世代居住在姑孰。他十三歲的時候，前往京城求學，一共度過十餘年，廣泛閱讀通曉歷史書籍，善於寫文章。周興嗣曾經從姑孰出行，在旅店投宿，夜間有人對他說：「你的才學超越當代人，最初被貴臣賞識，最終又被英主賞識。」話說完之後，說話人就不知到哪裏去了。齊隆昌年間，侍中謝朏任吳興太守，只是與周興嗣談談文史而已。到謝朏免去太守職務回到京城，就大力稱頌極力薦舉周興嗣。本州把周興嗣舉為秀才，周興嗣又被除授為桂陽郡丞，太守王嶸一向賞識他，用隆厚的禮遇對待他。高祖更換天命，建立梁朝，周興嗣進獻《休平賦》，文字很美，高祖十分讚美。周興嗣被拜為安成王國侍郎，直華林省。那一年河南進獻舞馬，高祖下詔周興嗣與待詔到沆、張率寫賦讚頌這事，三人完稿後，高祖認為周興嗣的賦最為精巧。周興嗣被擢拔為員外散騎侍郎，進直文德、壽光省。關於撰寫《千字文》，《梁書·周興嗣傳》是這樣記載的：

> 是時，高祖以三橋舊宅為光宅寺，敕興嗣與陸倕各製寺碑，及成俱奏，高祖用興嗣所製者。自是《銅表銘》《柵塘碣》《北伐檄》《次韻王羲之書千字》，並使興嗣為之，每奏，高祖輒稱善，加賜金帛。〔註14〕

當時，高祖把位於三橋的舊宅改建為光宅寺，命周興嗣與陸倕各自撰寫寺廟的碑文，寫完之後兩人一同進呈高祖，高祖選用了周興嗣所寫的碑文。從此以後，《銅表銘》《柵塘碣》《北伐檄》《次韻王羲之書千字》，都命周興嗣撰寫，每次寫完進呈，高祖都稱讚文辭之美，加賜金帛。《次韻王羲之書千字》就是一般所稱的《千字文》。

〔註13〕（清）趙翼，陔餘叢考〔M〕，石家莊：河北人民出版社，1990：357。
〔註14〕（唐）姚思廉，梁書·周興嗣傳〔M〕，北京：中華書局，1973：698。

天監九年，周興嗣被除授為新安郡丞，任職期滿，又任員外散騎侍郎，佐撰國史。天監十二年，周興嗣遷任給事中，佐撰國史之職不變。周興嗣兩隻手原先患了風疽病，這年又染上了疫病，左眼失明，高祖撫摸著他的手，嗟歎說：「這麼好的人竟然患上這樣的病！」親手一條條抄寫治療疽病的藥方賜予周興嗣。他被高祖看重竟到了這種程度。任昉又十分喜愛周興嗣的才能，常常說：「周興嗣假如沒有病，十天之內將要升為御史中丞。」天監十四年，周興嗣被除授為臨川郡丞。天監十七年，他又任給事中，直西省。左衛率周舍奉高祖命為高祖撰寫的《歷代賦》作注，周舍啟奏請周興嗣幫助自己。普通二年，周興嗣去世。所撰寫的《皇帝實錄》《皇德記》《起居注》《職儀》等共有百餘卷，有文集十卷。

從《梁書》本傳可以看出，周興嗣是名門之後，天資聰穎，博通古今，擅長詩文，佐撰國史。最初被貴臣賞識，最終又被英主賞識。官至員外散騎侍郎。

《梁書》本傳中對周興嗣編撰《千字文》的記載，不夠詳細。唐代李綽的《尚書故實》對其編撰過程記載得較為詳細：

> 《千字文》，梁周興嗣編次，而有王右軍書者，人皆不曉。其始乃梁武教諸王書，令殷鐵石於大王書中，搨一千字不重者，每字片紙，雜碎無序。武帝召興嗣，謂曰：「卿有才思，為我韻之。」興嗣一夕編綴進上，鬢髮皆白，而賞賜甚厚。右軍孫智永禪師自臨八百本，散與人間，江南諸寺各留一本。〔註15〕

這段記載雖與《梁書》詳略有別，但大意相同，即《千字文》是梁武帝蕭衍為了教諸王書，命令殷鐵石從王羲之所寫的字中，搨了一千個不同的字，每字片紙，彼此孤立，不成文句，然後交給周興嗣，編為韻文。一夕之間鬢髮皆白的說法，是誇張，以周興嗣的才華，不至於此，這樣寫，不過是說心力極於此文而已。

梁武帝蕭衍於公元 502 年至 549 年在位，在位 48 年。周興嗣的卒年是公元 521 年，生年不詳。據《梁書》本傳記載，周興嗣撰《千字文》應在公元 510 年之前。綜上，《千字文》的編撰時間，應在 502 年至 510 年之間。

李國文說：「《千字文》用一千個不同的漢字，組成詞句和成語，不但字數有限制，內容也有要求，概括中華文化的精髓，負擔薪火相傳的使命。因此，

〔註15〕（唐）李綽，尚書故實〔M〕，北京：中華書局，1985：13。

這是一本煞費工夫的教科書，難度是很大的。謂予不信，你不妨試試，任你挑選一千個常用漢字，能將中國數千年來的歷史變遷，社會倫常，自然現象，道德修養，統統囊括其中嗎？所以，我很欽佩梁武帝時的周興嗣，用了實際不足一千漢字，寫成這樣一篇合轍押韻，琅琅上口的縮微版中國小百科全書。自問世以來，一千多年間，還沒有第二個才子，嘗試另編一本《千字文》。這足以說明其編纂難度，以及其權威性質。」

第二節　內容和體例

　　《千字文》在內容上包羅萬象，涵蓋天文、博物、社會、歷史、倫理、教育等多方面知識，且結構嚴謹，體例獨特。既可以識字、學書、習文，又可以增廣見聞，兼能啟蒙儒家倫理思想，成為綜合性蒙學讀物的開山之作。

一、內容

　　根據清代汪嘯尹、孫謙益的觀點，《千字文》可以分為四個部分。

　　第一部分，從第一句「天地玄黃」，至第三十六句「賴及萬方」。這一部分重在講述自然萬物和人類的早期歷史。從天地開闢講起，既講了天地雲雨、日月星辰、四時寒暑的變化，又講了天地萬物、江河湖海，以及飛鳥遊魚，還涉及人和時代的變遷。「天地玄黃，宇宙洪荒。」古人傳說，混沌初開，氣之輕清，上浮者為天；氣之重濁，下凝者為地。在那無窮無盡的遠古時代，在那無涯無際的空間，一切都處在蒙昧狀態。有了天地，就有了日月、星辰、雲雨、霜霧和四時寒暑的變化。「日月盈昃，辰宿列張。」天地開闢之後，天之精華便凝結而為日月星辰。「寒來暑往，秋收冬藏。」隨著地球的運轉，便有了春夏秋冬、四時和節氣。「閏餘成歲，律呂調陽。」有了四時和節氣，便產生了歲時、曆法。「雲騰致雨，露結為霜。」古人認為這是陰陽之氣的調和，陽氣為雲雨，以生萬物；陰氣為霜露，以成萬物。這裏是談氣溫。說完天時，再言地利：「金生麗水，玉出崑岡。劍號巨闕，珠稱夜光。」黃金、玉石是天然的珍寶，巨闕劍、夜光珠是人造的寶物。「果珍李奈，菜重芥薑。」是地上生長的珍貴水果和蔬菜。以上六句是描寫陸地的情況。「海鹹河淡，鱗潛羽翔。」描寫的是江河大海和空中的情況。

　　有了天時和地利，還必須要有人事，才能構成天、地、人三才。接著便講述了人類早期的歷史和商湯、周武王時期的盛世景象。「龍師火帝，鳥官人皇。」

中國人向來尊稱三皇、五帝，歌頌其豐功偉績，以為後世楷模。「始制文字，乃服衣裳。」文字和服裝是人類的文化創造。「推位讓國，有虞陶唐。弔民伐罪，周發殷湯。」堯、舜、周武王、商湯，都是人們頌揚的古代帝王，他們「坐朝問道，垂拱平章」，以德化人，政治清明。「愛育黎首，臣伏戎羌。遐邇一體，率賓歸王。」愛護、撫育百姓，使邊疆的少數民族歸順臣服。他們施行德政，「鳴鳳在竹，白駒食場。」就連飛禽走獸也各得其所。「化被草木，賴及萬方。」教化披及草木，萬方皆獲利益。

第二部分，從第三十七句「蓋此身髮」，至第一百零二句「好爵自縻」。這一部分主要講「仁、義、禮、智、信」五種封建道德教條，以及貫穿其中的「父子、夫婦、兄弟、朋友、君臣」之間的關係，闡述忠、孝和人的言談舉止、交友等方面的標準和原則。「蓋此身髮，四大五常。恭惟鞠養，豈敢毀傷。」因為要談修身，所以先談身體的重要。「女慕貞絜，男效才良。」男女雖然有別，但修身卻同樣重要。做人要「知過必改，得能莫忘。罔談彼短，靡恃己長」。要講信用，修身要純潔，保持本真狀態，樹立良好形象和信譽：「信使可覆，器欲難量。墨悲絲染，詩讚羔羊。」「景行維賢，克念作聖。德建名立，形端表正。」人要追慕聖賢，才能進入聖賢之境，樹立德行和聲名。「空谷傳聲，虛堂習聽。」運用比興手法，用空谷中回聲傳得久遠，大堂中說話容易聽清作比，說明惡有惡報、善有善報的道理：「禍因惡積，福緣善慶。」正如陶淵明所說的那樣：「大禹聖人，乃惜寸陰，至於眾人，當惜分陰。」要想擁有聖德，培養才能，就必須通過學習；而要想學有所成，就必須抓緊時間：「尺璧非寶，寸陰是競。」就忠、孝而言，即要忠於國君，孝敬父母：「資父事君，曰嚴與敬。孝當竭力，忠則盡命。臨深履薄，夙興溫凊。」擁有如此高尚的美德，便「似蘭斯馨，如松之盛」，又如「川流不息，淵澄取映」。就言談舉止而言，要「容止若思，言辭安定」，處事要「篤初誠美，慎終宜令」，這些是「榮業所基」，有了這種基礎，才能「籍甚無竟」。學童發憤學習，才能走上仕途：「學優登仕，攝職從政。」為官要為民興利，關心民瘼，才能像召公那樣得到百姓的愛戴：「存以甘棠，去而益詠。」禮樂是維持統治秩序的手段：「樂殊貴賤，禮別尊卑。」要懂得「上和下睦，夫唱婦隨」的禮教；要遵守「外受傅訓，入奉母儀」的儀範；在處理家庭親屬關係上要「諸姑伯叔，猶子比兒。孔懷兄弟，同氣連枝」。要交益友：「交友投分，切磨箴規。」要懷有憐愛之心：「仁慈隱惻，造次弗離。」為人要懂禮儀：「節義廉退，顛沛匪虧。」「性靜情逸」才能保持真

純，否則「心動神疲」「守真志滿」，就不會「逐物意移」。「堅持雅操，好爵自縻。」堅守這些美德，自然就會有好的爵位。

　　第三部分，從第一百零三句「都邑華夏」，至第一百六十二句「岩岫杳冥」。這一部分主要講京都之大，宮闕之壯，典籍之盛，英才之眾，土地之廣，借「王者之事」，宣揚華夏歷史之悠久，文明之燦爛，形勝之壯觀，疆域之遼闊，用以突出歷代人君賢傑的文治武功。京城所據，山河頗為壯觀：「都邑華夏，東西二京。背邙面洛，浮渭據涇。」宮殿、樓觀等建築高大華麗：「宮殿盤鬱，樓觀飛驚。圖寫禽獸，畫彩仙靈。丙舍傍啟，甲帳對楹。」君王接見臣子的場面壯觀：「肆筵設席，鼓瑟吹笙。升階納陛，弁轉疑星。」宮內各殿彼此連通：「右通廣內，左達承明。」「既集墳典，亦聚群英。」京城中彙集了豐富的典籍和大批英才。宮內藏書豐富：「杜稿鍾隸，漆書壁經。」其中有草書的，有隸書的，有漆書的，還有「壁經」之類的古經。帝王手下聚集著許多文武大臣：「府羅將相，路俠槐卿。」天子封賜給臣子封地和兵馬：「戶封八縣，家給千兵。」官員們威風凜凜：「高冠陪輦，驅轂振纓。」生活豪奢，立有功勞：「世祿侈富，車駕肥輕。策功茂實，勒碑刻銘。」華夏歷史英才輩出，有殷之伊尹、傅說，周之周公、呂望，漢之四皓；還有五霸、七雄之謀臣策士，任名法者之韓非、蕭何，武將之白起、王翦、廉頗、李牧等：「磻溪伊尹，佐時阿衡。奄宅曲阜，微旦孰營？桓公匡合，濟弱扶傾。綺回漢惠，說感武丁。俊乂密勿，多士寔寧。晉楚更霸，趙魏困橫。假途滅虢，踐土會盟。何遵約法，韓弊煩刑。起翦頗牧，用軍最精。宣威沙漠，馳譽丹青。」舉此諸人，藉以概括歷代無數英才俊傑。中國疆土遼闊，風光壯美，統有九州、百郡；山河雄偉，有名山、大澤、城關、要驛、險塞：「九州禹跡，百郡秦併。嶽宗泰岱，禪主雲亭。雁門紫塞，雞田赤城。昆池碣石，鉅野洞庭。曠遠綿邈，岩岫杳冥。」這幾句是說地靈，與前面談人傑的英才輩出一段相呼應。

　　第四部分，從第一百六十三句「治本於農」，至第二百四十八句「愚蒙等誚」。這一部分主要講述治家處身之道，是作者提出的告誡、希望和勉勵。作者認為治國之本在於發展農業：「治本於農，務茲稼穡。俶載南畝，我藝黍稷。」對於那些勸農有利的地方官員，要予以升遷，反之就要被降職：「稅熟貢新，勸賞黜陟。」為政的人，要以孟子的敦素、史魚的秉直為榜樣，要掌握不偏不倚、無過無不及的中庸之道，時時注意勤勞、謙虛、謹慎：「孟軻敦素，史魚秉直。庶幾中庸，勞謙謹敕。」「聆音察理，鑒貌辨色。貽厥嘉猷，勉其祗植」，

是應酬之方。「省躬譏誡，寵增抗極。殆辱近恥，林皋幸即。」是禦患之術。「兩疏見機，解組誰逼。」以「兩疏」為例，轉而描寫閒居生活。獨處閒居，可以修身養性：「索居閒處，沉默寂寥。求古尋論，散慮逍遙。欣奏累遣，慼謝歡招。」田園四時美景，足以供人欣賞享受：「渠荷的歷，園莽抽條。枇杷晚翠，梧桐蚤凋。陳根委翳，落葉飄搖。遊鵾獨運，凌摩絳霄。」「耽讀玩市，寓目囊箱」，是承前「求古尋論」而說的。為人處事要謹言慎行，因為「易輶攸畏，屬耳垣牆」。「具膳餐飯，適口充腸。飽飫烹宰，饑厭糟糠。」是說飲食宜適當。對親朋故舊要分別加以資助照顧：「親戚故舊，老少異糧。」家中的妻妾，應「妾御績紡，侍巾帷房」。「紈扇圓潔，銀燭煒煌。晝眠夕寐，藍筍象床。」是描寫寢處之高貴。「絃歌酒宴，接杯舉觴。矯手頓足，悅豫且康。」是寫宴會的歡樂。「嫡後嗣續，祭祀烝嘗。稽顙再拜，悚懼恐惶。」是展現祭祀禮節之隆重。「箋牒簡要，顧答審詳。」是說應酬之方。「骸垢想浴，執熱願涼。」是表達生活享受之願望。「驢騾犢特，駭躍超驤。」用六畜之興旺，喻社會之富裕安寧。而要維持社會安定，就要做好治安保衛工作：「誅斬賊盜，捕獲叛亡。」「布射僚丸，嵇琴阮嘯。恬筆倫紙，鈞巧任釣。釋紛利俗，並皆佳妙。」列舉蒙恬、馬鈞等人的奇特本領和創造發明，藉以勉勵人們要為社會、為百姓做貢獻。用「毛施淑姿，工顰妍笑」，警告人們不可沉迷美色。「年矢每催，曦暉朗曜。璇璣懸斡，晦魄環照。指薪修祜，永綏吉劭。」以時光流轉，稍縱即逝，敦促人們努力向上，積極進取，表達勸勉學習之意。「矩步引領，俯仰廊廟。束帶矜莊，徘徊瞻眺。」提醒學童平時要儀表端莊，以良好的精神面貌來學習文化知識，否則，「孤陋寡聞，愚蒙等誚。」

　　最後兩句「謂語助者，焉哉乎也」，只是幾個虛字，沒有特別意義，故將其單列出來。作者寫上這八個字，以湊成名副其實的千字文。

二、體例

　　《千字文》作為中國古代流傳最廣的蒙學教材，體例上獨具特色，具備以往蒙學教材沒有的優勢。具體來說，有如下特點：

　　（一）四字為句，句式整齊。中國早期的很多經典作品，像《詩經》以四言為主，兼有雜言。《楚辭》則是雜言體。《千字文》則一改以往的行文特點，以整齊劃一的句式，開創了中國蒙學教材的先河，為後世蒙學教材建設提供了典範，以致後來的《百家姓》《三字經》等，在句式上均受其影響，採用整齊

劃一的句式。這種句式的優勢在於便於閱讀，便於記憶，形式上錯落有致，閱讀時朗朗上口，抑揚頓挫盡在其中。

（二）注重押韻，講究聲律。《千字文》兩句一組；開頭兩句，句句押韻；結尾兩句，因為是虛詞，所以不用韻；其餘均偶句押韻，韻腳有 125 個。《千字文》還注意到平仄問題。除了開頭兩句和結尾兩句外，其他均為每組的末一字，一般偶句為平聲，單句就為仄聲；偶句為仄聲，單句就是平聲。例如，「日月盈昃（仄），辰宿列張（平）。」又如，「存以甘棠（平），去而益詠（仄）。」再如，「雲騰致雨（平平仄仄），露結為霜（仄仄平平）。」這種對聲律的追求，和律詩、駢文極為相似。

（三）講究對仗，相互映襯。全文 125 組，對偶句有 85 組，占全文總量的 68%。它是把同類或對立概念的詞語放在相對應的位置上，使之出現相互映襯的狀態，使語句更具韻味，增加詞語表現力。多數是組內兩句自為對偶，例如，「金生麗水，玉出昆岡。」又如，「劍號巨闕，珠稱夜光。」再如，「果珍李奈，菜重芥薑。」也有兩組互為對偶的，例如，「推位讓國，有虞陶唐；弔民伐罪，周發殷湯。」又如，「仁慈惻隱，造次弗離；節義廉退，顛沛匪虧。」

第三節　用韻和用典

從南北朝到清末，《千字文》一直是傳統語文教育的教材，成為中國教育史上使用時間最長的識字課本。這其中的原因，除了它選用的多是常用字，比較實用外，還應該有兩個重要原因，一是它整齊押韻，朗朗上口，二是融匯了大量典故，內容厚重，豐富。

一、用韻

《千字文》採用四句韻語的形式，在句式上繼承《詩經》的傳統，它通常是隔句押韻，即偶句的末尾用韻。其用韻情況如下：

第 1 句到第 50 句，即從「天地玄黃，宇宙洪荒」到「墨悲絲染，詩讚羔羊」。韻腳分別是：黃、荒、張、藏、陽、霜、岡、光、薑、翔、皇、裳、唐、湯、章、羌、王、場、方、常、傷、良、忘、長、量、羊，均屬於上古韻部中的「陽」部。

第 51 句到第 80 句，即從「景行維賢，克念作聖」到「存以甘棠，去而益詠」。韻腳分別是：聖、正、聽、慶、競、敬、命、清、盛、映、定、令、竟、

政、詠，其中，慶、競、映、竟、詠，屬於上古韻部中的「陽」部，其餘屬於「耕」部。

　　第 81 句到第 102 句，即從「樂殊貴賤，禮別尊卑」到「堅持雅操，好爵自縻」。韻腳分別是：卑、隨、儀、兒、枝、規、離、虧、疲、移、縻，其中，卑、兒、枝、規，屬於上古韻部中的「支」部，其餘屬於上古韻部中的「歌」部。但是，在《廣韻》中，這些韻腳用字，均屬於「支」部，從中可以看出過渡時期韻部合併的趨勢。

　　第 103 句到第 162 句，即從「都邑華夏，東西二京」到「曠遠綿邈，岩岫杳冥」。韻腳分別為：京、涇、驚、靈、楹、笙、星、明、英、經、卿、兵、纓、輕、銘、衡、營、傾、丁、寧、橫、盟、刑、精、青、併、亭、城、庭、冥，其中，京、明、英、卿、兵、衡、橫、盟，屬於上古韻部中的「陽」部，其餘屬於上古韻部中的「耕」部。「陽」部與「耕」部的韻字交錯出現，從中可以看出過渡時期韻部合併的趨勢。

　　第 163 句到第 182 句，即從「治本於農，務茲稼穡」到「兩疏見機，解組誰逼」。韻腳分別為：穡、稷、陟、直、敕、色、植、極、即、逼，其中，穡、稷、陟、直、敕、色、植、極、逼，屬於上古韻部中的「職」部，即，屬於上古韻部中的「質」部。但是，在《廣韻》中，這些韻腳用字均屬於「職」部，從中可以看出過渡時期韻部合併的趨勢。

　　第 183 句到第 196 句，即從「索居閒處，沉默寂寥」到「遊鵾獨運，凌摩絳霄」。韻腳分別為：寥、遙、招、條、凋、搖、霄，其中，寥、條、凋，屬於上古韻部中的「幽」部，其餘屬於上古韻部中的「宵」部。

　　第 197 句到第 228 句，即從「耽讀玩市，寓目囊箱」到「誅斬賊盜，捕獲叛亡」。韻腳分別為：箱、牆、腸、糠、糧、房、煌、床、觴、康、嘗、惶、詳、涼、驤、亡，均屬於上古韻部中的「陽」部。

　　第 229 句到第 249 句，即從「布射僚丸，嵇琴阮嘯」到「孤陋寡聞，愚蒙等誚」，末句「謂語助者，焉哉乎也」，是虛詞，不入韻。韻腳分別為：嘯、釣、妙、笑、曜、照、劭、廟、眺、誚，其中，嘯，屬於上古韻部中的「幽」部；釣、曜，屬於上古韻部中的「藥」部；其餘屬於上古韻部中的「宵」部。但是，在《廣韻》中，這些韻腳用字均屬於「宵」部，從中可以看出過渡時期韻部合併的趨勢。

二、用典

　　何謂用典？羅積勇給出了這樣的定義：「為了一定的修辭目的，在自己的言語作品中明引或暗引古代故事或有來歷的現成話，這種修辭手法就是用典。」〔註16〕現代修辭書，也用將用典稱謂「引用」。古代文學批評著作習稱用典為「用事」。如鍾嶸《詩品》云：「夫屬詞比事，乃為通談。若乃經國文符，應資博古；撰德駁奏，宜窮往烈。至乎吟詠情性，亦何貴於用事？」值得注意的是，「用事」，既包括引用故事，也包括引用現成話。用典，則稱為「事類」。《文心雕龍・事類》云：「事類者，蓋文章之外，據事以類義，援古以證今者也。」〔註17〕引用典故，不論是引用故事，還是引用現成話，可以明引，也可以暗引。所謂明引，是有明顯識別標記的引用；所謂暗引，則是沒有明顯標記的引用。《千字文》中的引用，均屬於暗引。《千字文》中的用典，有以下若干句：

　　　「劍號巨闕，珠稱夜光。」

　　巨闕：春秋時越王句踐的寶劍名。《越絕書・越絕外傳記寶劍》載：「昔者，越王句踐有寶劍五，聞於天下。」「一曰湛盧，二曰純鈞，三曰勝邪，四曰魚腸，五曰巨闕。」〔註18〕一說為越王允常的寶劍名。《藝文類聚》引《吳越春秋》曰：「越王允常，聘區冶子作名劍五枚：一曰純鈞，二曰湛盧，三曰豪曹，或曰盤郢，四曰魚腸，五曰巨闕。」〔註19〕《博物志・卷六》載：「寶劍名：純鈞、湛盧、豪曹、魚腸、巨闕，五皆歐冶子所作。」〔註20〕

　　夜光：夜明珠。傳說夜間能發光，為珍珠中的精品。又稱隋侯珠。《墨子・耕柱》云：「和氏之璧，隋侯之珠，三棘六異，此諸侯之所謂良寶也。」〔註21〕《莊子・讓王》云：「今且有人於此，以隨侯之珠，彈千仞之雀，世必笑之。是何也？則其所用者重而所要者輕也。」〔註22〕《呂氏春秋・貴生》亦云：「今有人於此，以隨侯之珠彈千仞之雀，世必笑之。是何也？所用重，所要

〔註16〕羅積勇，用典研究〔Ｍ〕，武漢：武漢大學出版社，2005：2。
〔註17〕周振甫，文心雕龍今譯〔Ｍ〕，北京：中華書局，1986：339。
〔註18〕張仲清，越絕書譯注〔Ｍ〕，北京：人民出版社，2009：225。
〔註19〕（唐）歐陽詢撰；汪紹楹校，藝文類聚〔Ｍ〕，上海：上海古籍出版社，1999：1078。
〔註20〕（晉）張華撰；范甯校證，博物志校證（卷六）〔Ｍ〕，北京：中華書局，1980：67。
〔註21〕周才珠，齊瑞端譯注，墨子全譯〔Ｍ〕，貴陽：貴州人民出版社，1995：541。
〔註22〕曹礎基，莊子淺注（修訂重排本）〔Ｍ〕，北京：中華書局，2007：340。

輕也。」〔註23〕漢代以後，將隋侯珠的故事記載得更詳細。如晉干寶《搜神記》載：「隋縣溠水側，有斷蛇丘。隋侯出行，見大蛇被傷中斷。疑其靈異，使人以藥封之，蛇乃能走。因號其處『斷蛇丘』。歲餘，蛇銜明珠以報之。珠盈徑寸，純白，而夜有光明，如月之照，可以燭室，故謂之『隋侯珠』，亦曰『靈蛇珠』，又曰『明月珠』。」〔註24〕隋侯，是西周初分封諸侯國隋國君，姬姓，封國在今湖北隨縣。

「龍師火帝，鳥官人皇。」

龍師：即龍官。師，官名，古時凡專掌一職之官皆稱「師」。此指伏羲。《漢書·百官公卿表》顏師古注引張晏曰：「庖羲將興，神龍負圖而至，因以名師與官也。」「春官為青龍，夏官為赤龍，秋官為白龍，冬官為黑龍，中官為黃龍。」又引應劭曰：「師者，長也。以龍紀其官長，故為龍師。」〔註25〕

火帝：一般指鑽木取火的燧人氏，他教人取火，用火照明，燒烤食物。另一種說法指太陽神炎帝。

鳥官：指少昊氏，又名金天氏，是黃帝的兒子，因為學會了太昊伏羲氏的學問，所以人稱少昊氏。少昊以「鳥」命名手下的百官，如鳳鳥官、玄鳥官、青鳥官等，他也因此被稱為「鳥官」。

人皇：古帝名。上古稱「三皇」，即天皇、地皇、人皇。此處只舉人皇，未舉天皇、地皇，乃省文之故。

「始制文字，乃服衣裳。」

制文字：相傳上古結繩紀事，黃帝時史官倉頡開始製造文字。《荀子·解蔽》云：「好書者眾矣，而倉頡獨傳者」。〔註26〕《韓非子·五蠹》載：「古者蒼頡之作書也，自環者謂之『厶』，背厶謂之『公』。公私之相背也，乃蒼頡固以知之矣。」〔註27〕《淮南子·本經訓》載：「昔者蒼頡作書，而天雨粟，鬼夜哭。」〔註28〕文字是在社會長期實踐中逐步產生的，不可能是一個人創造

〔註23〕張雙棣等譯注，呂氏春秋譯注〔M〕，長春：吉林文史出版社，1993：38。

〔註24〕（晉）干寶著；黃滌明譯注，搜神記全譯（修訂版）〔M〕，貴陽：貴州人民出版社，2008：413。

〔註25〕（漢）班固撰；（唐）顏師古注，漢書·百官公卿表〔M〕，北京：中華書局，1962：722。

〔註26〕張覺，荀子譯注〔M〕，上海：上海古籍出版社，1995：462。

〔註27〕（戰國）韓非著；張覺譯注，韓非子全譯〔M〕，貴陽：貴州人民出版社，1992：1044。

〔註28〕陳廣忠注譯，淮南子譯注〔M〕，長春：吉林文史出版社，1990：348。

的，倉頡應該是古代文字最早的搜集與整理者。

服：穿。衣裳：上為衣，下為裳。上古之民，披獸皮樹葉以蔽體。黃帝命其臣胡曹製做衣裳。《呂氏春秋・勿躬》云：「胡曹作衣」。〔註29〕又，據《史記・五帝本紀》記載：「黃帝居軒轅之丘，而娶於西陵之女，是為嫘祖。」〔註30〕嫘祖是黃帝的妻子，她擅長織布，並教會了婦女養蠶織衣。

「推位讓國，有虞陶唐。」

推位：推掉君位。有虞：即舜。舜的祖先部落居虞，故稱舜為有虞氏。舜選拔治水有功的禹為繼承人。陶唐：即堯，祁姓，陶唐氏，名放勳，起初被封於陶，後遷徙到唐，所以又稱唐堯。堯選擇舜為其繼任人，死後由舜繼位。堯、舜都是把政權讓給德才兼備的接班人，所以稱為「推位讓國」。

「弔民伐罪，周發殷湯。」

弔：慰問。伐罪：討伐有罪的人。周發：周武王姬發，姬姓，名發，諡武，史稱周武王。西周王朝開國君主，周文王次子。《史記・周本紀》記載：「居二年，（姬發）聞紂昏亂暴虐滋甚，殺王子比干，囚箕子。太師疵、少師強抱其樂器而犇周。於是武王遍告諸侯曰：『殷有重罪，不可以不畢伐。』乃遵文王，遂率戎車三百乘，虎賁三千人，甲士四萬五千人，以東伐紂。」〔註31〕商朝末年，周武王率領各地武裝力量誅滅商紂，建立了周朝。殷湯：即商湯，成湯，商王朝的開國君主。姓子，名履。夏朝末期，國勢日衰，商湯看到夏桀的腐敗，決定興兵滅夏，夏桀的軍隊很快被打敗，桀也遭到流放。於是，夏朝被新建立的商朝所代替。商朝立國後多次遷都，到盤庚時遷到殷，故又稱殷商。

「墨悲絲染，詩讚羔羊。」

墨：墨子，名翟。春秋戰國之際的著名思想家，墨家學派的創始人。《墨子・所染》載：「子墨子言見染絲者而歎，曰：『染於蒼則蒼，染於黃則黃，所入者變，其色亦變，五入必，而已則為五色矣！故染不可不慎也！』」〔註32〕墨子說，他曾見人染絲而感歎說：「絲染了青顏料就變成青色，染了黃顏料就變成黃色。染料不同，絲的顏色也跟著變化。經過五次之後，就變為五種顏色了。所以染絲是不可不謹慎的。」這個故事暗喻人的本性像生絲一樣潔白，一旦受到污染，被染了色，再想恢復本性的質樸純潔，就很難了。

〔註29〕同註23，第566頁。

〔註30〕（漢）司馬遷，史記・五帝本紀〔M〕，北京：中華書局，1982：10。

〔註31〕（漢）司馬遷，史記・周本紀〔M〕，北京：中華書局，1982：121。

〔註32〕同註21，第15頁。

羔羊：指《詩經・召南・羔羊》：「羔羊之皮，素絲五紽。退食自公，委蛇委蛇。羔羊之革，素絲五緘。委蛇委蛇，自公退食。羔羊之縫，素絲五總。委蛇委蛇，退食自公。」〔註33〕讚美羔羊全身潔白，不受外物所染，也是感歎人的本性像羔羊的皮毛一樣潔白。人應該永遠保持這種純善的、沒有污染的本性才好。

「存以甘棠，去而益詠。」

存：保留。甘棠：甘棠樹。此處指《詩經・召南・甘棠》。去：離開。益：更加。詠：用詩來詠歎、頌揚。《史記・燕召公世家》載：「周武王之滅紂，封召公於北燕。」「召公之治西方，甚得兆民和。召公巡行鄉邑，有棠樹，決獄政事其下，自侯伯至庶人各得其所，無失職者。召公卒，而民人思召公之政，懷棠樹不敢伐，哥詠之，作《甘棠》之詩。」〔註34〕周代的召公，勤政愛民，曾在甘棠樹下處理政事，召公去世後，人們感懷他的政績，保留下甘棠樹不忍砍伐，以示紀念。《詩經・召南・甘棠》云：「蔽芾甘棠，勿翦勿伐，召伯所茇。蔽芾甘棠，勿翦勿敗，召伯所憩。蔽芾甘棠，勿翦勿拜，召伯所說。」〔註35〕全詩純用賦體鋪陳排衍，物象簡明，而寓意深遠，真摯懇切，體現了人民對召公的讚美和懷念。「甘棠」成為稱讚地方官政績的詞語。

「磻溪伊尹，佐時阿衡。」

磻溪：水名。在今陝西省寶雞市東南。傳說為呂尚（姜太公）未遇文王時垂釣處。亦借指呂尚。《韓詩外傳》記載：「太公望少為人婿，老而見去，屠牛朝歌，賃於棘津，釣於磻溪。文王舉而用之，封於齊。」〔註36〕《續博物志》卷八：「汲縣，舊汲郡，有硤水為磻溪，太公釣處，有太公泉、太公廟。」〔註37〕伊尹：商朝初年的大臣。因住在伊水，以地為姓。原為奴隸，後為商湯所賞識、起用，輔佐商湯伐桀滅夏，執掌國政。佐時：輔佐朝政。阿衡：商朝的官名。伊尹曾任此職，總理國家大政。後泛指主持國事的宰相。

「奄宅曲阜，微旦孰營？」

奄：商末周初山東曲阜之東的一個小國，其國都為山東曲阜。周成王時，

〔註33〕程俊英，詩經譯注〔M〕，上海：上海古籍出版社，1985：30。
〔註34〕（漢）司馬遷，史記・燕召公世家〔M〕，北京：中華書局，1982：1549～1550。
〔註35〕同註33，第27頁。
〔註36〕魏達純，韓詩外傳譯注〔M〕，長春：東北師範大學出版社，1993：289。
〔註37〕（宋）李石，續博物志〔M〕，//景印文淵閣四庫全書（第560冊），臺北：商務印書館，1983：213。

周公旦、姜太公平定了郯、奄十七國的叛亂。宅：以……為宅，居住。微：如果沒有。旦：即周公，姓姬名旦。周文王之子，周武王之弟。

「桓公匡合，濟弱扶傾。」

桓公：即齊桓公，姓姜，名小白，春秋時齊國之君，春秋五霸之一。匡：匡正。合：會合（諸侯）。《論語·憲問》說：「桓公九合諸侯，不以兵車，管仲之力也。」「管仲相桓公，霸諸侯，一匡天下」。〔註38〕桓公安定東周王室的內亂，多次大會諸侯，訂立盟約；幫助弱小的燕國，打敗北戎，營救邢、衛兩國，制止了戎、狄對中原的進攻。

「綺回漢惠，說感武丁。」

綺回：綺里季，秦漢之際的隱士，與東園公、夏黃公、用里先生隱居在陝南商山，被稱為「商山四皓」。漢惠：漢惠帝劉盈，漢高祖劉邦之子。漢高祖劉邦想廢太子劉盈，而另立太子，張良請來商山四皓幫助劉盈，劉邦感到「羽翼已成，難以動矣」，遂保住了劉盈的太子地位。

說：傅說，殷商時期著名賢臣，為商王武丁丞相。傅說本是奴隸，傅岩地方築城。武丁求賢臣良佐，夢得聖人，醒來後將夢中的聖人畫影圖形，派人尋找，最終在傅岩找到傅說，舉以為相，國乃大治，遂以傅為姓。

「晉楚更霸，趙魏困橫。」

晉、楚：指春秋時的晉國、楚國。趙、魏：指戰國時的趙國、魏國。橫：指連橫。戰國時期，諸侯爭雄。魏國人張儀游說東方各國，主張「事一強以攻眾弱」，即各國分別與秦國聯合以圖自保，稱為「連橫」。蘇秦亦游說東方各國，主張「合眾弱以攻一強」，即聯合各國力量以抵抗強秦，稱為「合縱」。秦國採取遠交近攻的策略，首先滅掉與其接壤的韓、趙、魏，所以說「趙魏困橫」。

「假途滅虢，踐土會盟。」

虢：戰國時的諸侯國。《左傳·僖公二年》載：「晉荀息請以屈產之乘，與垂棘之璧，假道於虞以伐虢。」〔註39〕晉獻公為了奪取崤函要地，決定南下進攻虢國。但虞國緊鄰虢國的北境。晉獻公害怕兩國聯合抗晉，遂採用大夫荀息各個擊破之計，先向虞借道攻虢，再伺機滅虞。晉獻公派荀息攜帶美女、駿馬等貴重禮品獻給虞公，請求借道攻虢。虞公貪利，又被荀息花言巧語所迷惑，遂不聽大臣勸阻，不但應允借道，還自願作攻虢先鋒。後來，晉故計重演又向

〔註38〕楊伯峻譯注，論語譯注〔M〕，北京：中華書局，1980：151。
〔註39〕王守謙等譯注，左傳全譯〔M〕，貴陽：貴州人民出版社，1990：187。

虞借道。虞公拒不聽勸，再度應允。晉滅虢後，乘虞不備，發動突然襲擊，俘虞公，滅其國。

踐土：古地名。舊址在今河南滎陽。僖公二十八年（公元前 632 年），晉國打敗楚國的消息傳到周都洛邑，周襄王和大臣都認為晉文公立了大功，周襄王還親自到踐土慰勞晉軍。晉文公也趁此機會，在踐土召集諸侯會盟。參加會盟的有晉、魯、齊、宋、蔡、鄭等國。就這樣，晉文公憑藉自己的實力，繼齊桓公之後，成為五霸的第二位。

「何遵約法，韓弊煩刑。」

何：指蕭何。西漢的開國功臣，漢初任宰相。漢高祖劉邦入關滅秦，與父老約法三章，曰：「殺人者死，傷人及盜抵罪。」後來蕭何又遵奉這個約法，作《漢律》九章。

韓：指韓非，戰國時韓國人，法家思想的集大成者。主張嚴刑苛法，反對禮樂教化。與李斯同師荀卿，向韓王建議變法，不為所用。後使於秦，李斯因忌其才，譖害之，死於秦獄。韓非主張嚴刑苛法，卻做法自弊，丟了性命。

「起翦頗牧，用軍最精。宣威沙漠，馳譽丹青。」

起：指白起。翦：指王翦。兩人都是戰國時秦國的良將。頗：指廉頗。牧：指李牧。兩人皆為戰國時趙國的良將。白起、王翦、廉頗、李牧，都善於用兵，立下戰功，於沙漠邊遠地方顯示軍威。他們的美名長留史冊，容貌繪成圖畫，代代傳揚。

「九州禹跡，百郡秦併。」

禹：又稱夏禹、大禹。因治水有功，舜讓位於他，成為炎黃部落聯盟首領。大禹治水成功後，把天下分為九個區域，以利於人們居住，稱為九州，即冀州、兗州、青州、徐州、揚州、荊州、豫州、梁州、雍州。九州為夏禹所立，都是他足跡所到的地方。

百郡：秦朝統一中國前，天下有一百零三個郡。秦統一後，實行郡縣制，將中國分為三十六個郡。到了漢代，又將全國分為一百個郡。

「嶽宗泰岱，禪主雲亭。」

嶽宗泰岱：即五嶽之首為泰山。禪：古代帝王祭地的活動，在泰山下的小山上進行。在泰山上祭天的活動稱作「封」。此處講「禪」未講「封」，是為了行文簡練。雲、亭：指雲雲山、亭亭山。為泰山東南的兩座小山，為歷代帝王祭地之處。《史記·封禪書》云：「昔無懷氏封泰山，禪雲雲；……黃

帝封泰山，禪亭亭。」〔註40〕

　　「孟軻敦素，史魚秉直。」

　　孟軻：字子輿，戰國中期鄒國人。思想家、政治家，儒家學派的代表人物。主張法先王，行仁政，提出「民貴君輕」的民本思想。宣揚性善，認為人生而即有仁義禮智等善德的萌芽，即所謂「善端」。

　　史魚：春秋時衛國大夫。名佗，字子魚，也稱史鰌。衛靈公時任祝史，負責衛國對社稷神的祭祀，故稱祝佗。多次向衛靈公推薦蘧伯玉。臨死囑家人不要「治喪正室」，以勸誡衛靈公進賢（蘧伯玉）去佞（彌子瑕）。史稱「屍諫」。《論語・衛靈公》載：「子曰：『直哉史魚！』」〔註41〕稱讚他秉性耿直。

　　「兩疏見機，解組誰逼。」

　　兩疏：指西漢宣帝時的疏廣、疏受叔姪二人。解組：辭去官職。解，解開。組，組綬，繫官印的綬帶。疏廣，字仲翁，蘭陵人。少好學，精通《春秋》。疏受是疏廣哥哥的兒子。地節三年（公元前67年），疏廣被任命為太子太傅，疏受被任命為太子少傅。任職五年，成績斐然，經常受到皇帝和太子的嘉獎。但是，在沒有人逼迫的情況下，疏廣卻主動求退。一天，「（疏）廣謂（疏）受曰：『吾聞『知足不辱，知止不殆』，『功遂身退，天之道』也。今仕官至二千石，宦成名立，如此不去，懼有後悔，豈如父子相隨出關，歸老故鄉，以壽命終，不亦善乎？』（疏）受叩頭曰：『從大人議。』」疏廣稱病，上書請求辭官退休。漢宣帝答應了他們的請求。「公卿大夫故人邑子設祖道，供張東都門外，送者車數百兩，辭決而去。及道路觀者皆曰：『賢哉二大夫！』或歎息為之下泣。」〔註42〕其後，在家鄉安度晚年。疏廣成為歷史上功成則退的典範。

　　「耽讀玩市，寓目囊箱。」

　　耽：沉迷。玩市：市場。寓目：注目，留意。囊箱：書箱。《後漢書》載：「（王）充少孤，鄉里稱孝。後到京師，受業太學，師事扶風班彪。好博覽而不守章句。家貧無書，常遊洛陽市肆，閱所賣書，一見輒能誦憶，遂博通眾流百家之言。後歸鄉里，屏居教授。」〔註43〕王充，東漢著名學者。字仲任，會

〔註40〕（漢）司馬遷，史記・封禪書〔M〕，北京：中華書局，1982：1361。
〔註41〕同註38，第163頁。
〔註42〕（漢）班固撰；（唐）顏師古注，漢書・雋疏于薛平彭傳〔M〕，北京：中華書局，1962：3039～3040。
〔註43〕（南朝宋）范曄撰；（唐）李賢等注，後漢書・王充王符仲長統列傳〔M〕，北京：中華書局，1965：1629。

稽上虞人。他家境貧寒，無錢購書，就經常到洛陽的書市去看書。雖身處鬧市，卻仍能全神貫注的閱讀。所讀之書，過目成誦，後來終於成為博覽群書、知識淵博的大學者。

「布射僚丸，嵇琴阮嘯。」

布射：呂布射箭。呂布，三國時名將。據《三國志》記載：劉備與袁術交戰，呂布從中調解。呂佈在轅門之外豎立一戟，呂布約定說：「諸君觀布射戟小支，一發中者諸君解去，不中可留決鬥。」「（呂）布舉弓射戟，正中小支。諸將皆驚，言：『將軍天威也。』」〔註44〕劉備與袁術遂罷兵，避免了一場廝殺。

僚丸：熊宜僚弄丸。熊宜僚，春秋時魯國人，善玩彈丸，一丸在手，八丸拋空，隨接隨拋，無一落地。王先謙《莊子集解》引司馬云：「宜僚，楚勇士也，善弄丸。白公將作亂，殺子西。子期、石乞曰：『市南有熊宜僚者，若得之，可以當五百人。』往告，不許；承之以劍，不動，弄丸如故，曰：『吾亦不泄子。』白公遂殺子西。子期歎息兩家而已，宜僚不預其患。」〔註45〕

嵇琴：嵇康彈琴。嵇康：三國時期魏音樂家、文學家。字叔夜。譙郡銍縣人。為「竹林七賢」的精神領袖。官中散大夫，世稱嵇中散。嵇康通曉音律，尤愛彈琴，著有音樂理論著作《琴賦》《聲無哀樂論》。《晉書·嵇康傳》記載：「初，（嵇）康嘗遊於洛西，暮宿華陽亭，引琴而彈。夜分，忽有客詣之，稱是古人，與康共談音律，辭致清辯，因索琴彈之，而為《廣陵散》，聲調絕倫，遂以授康，仍誓不傳人，亦不言其姓字。」〔註46〕

阮嘯：阮籍長嘯。阮籍：三國時期魏詩人。字嗣宗。陳留尉氏人。竹林七賢之一。曾任步兵校尉，世稱阮步兵。崇奉老莊之學，政治上則採取謹慎避禍的態度。《晉書·阮籍傳》記載：「（阮籍）嗜酒能嘯，善彈琴。當其得意，忽忘形骸。」〔註47〕相傳，今河南百泉蘇門山嘯臺是其長嘯處。

「恬筆倫紙，鈞巧任釣。」

恬筆：蒙恬造筆。蒙恬，姬姓，蒙氏，名恬，祖籍齊國人，秦朝著名將領。秦統一六國後，蒙恬率三十萬大軍北擊匈奴。收復河南地（今內蒙古河套南鄂

〔註44〕（晉）陳壽撰；（南朝宋）裴松之注，三國志〔M〕，北京：中華書局，1982：135。

〔註45〕（清）王先謙，莊子集解〔M〕，北京：中華書局，1954：234。

〔註46〕（唐）房玄齡等，晉書·嵇康傳〔M〕，北京：中華書局，1974：1374。

〔註47〕（唐）房玄齡等，晉書·阮籍傳〔M〕，北京：中華書局，1974：1359。

爾多斯市一帶），修築西起隴西的臨洮（今甘肅岷縣），東至遼東（今遼寧境內）的萬里長城，征戰北疆十多年，威震匈奴。據傳，蒙恬改良過毛筆。《太平御覽》引《博物志》曰：「蒙恬造筆。」崔豹在《古今注》中也說：「自蒙恬始造，即秦筆耳。以枯木為管，鹿毛為柱，羊毛為被。所謂蒼毫，非兔毫竹管也。」但出土文物證明，毛筆遠在蒙恬造筆之前很久就有了。不過，蒙恬作為毛筆製做工藝的改良者，亦功不可沒。

倫紙：蔡倫造紙。蔡倫，東漢人，字敬仲，桂陽人。漢明帝永平末年入宮給事，章和二年（公元 88 年），蔡倫因有功於太后而升為中常侍，蔡倫又以位尊九卿之身兼任尚方令。《後漢書・蔡倫傳》記載：「自古書契多編以竹簡，其用縑帛者謂之為紙。縑貴而簡重，並不便於人。倫乃造意，用樹膚、麻頭及敝布、魚網以為紙。元興元年奏上之，帝善其能，自是莫不從用焉，故天下咸稱『蔡侯紙』。」〔註48〕蔡倫總結以往人們的造紙經驗，革新造紙工藝，創造了用樹皮、麻頭、破布、舊漁網等為原料的造紙之法，使紙的產量和質量都明顯提高。元興元年（公元 105 年）奏報朝廷，漢和帝下令推廣他的造紙法。因蔡倫曾經擔任龍亭侯，所造之紙便被稱為「蔡侯紙」。

鈞巧：馬鈞之巧。馬鈞，字德衡，三國時期魏國扶風人。在手工業、農業、軍事等方面有很多發明創造，如新式織綾機、指南車、龍骨水車、水轉百戲、輪轉式發石車等，被譽為「天下之名巧」，「馬先生之巧，雖古公輸般、墨翟、王爾，近漢世張平子，不能過也。」〔註49〕

任釣：任公子釣魚。任公子，任國的公子，為傳說中的人物。任國，是春秋時的諸侯國。《莊子・外物》記載：「任公子為大鉤巨緇，五十犗以為餌，蹲乎會稽，投竿東海，旦旦而釣，期年不得魚。已而大魚食之，牽巨鉤，錎沒而下驚，揚而奮鬐，白波若山，海水震盪，聲侔鬼神，憚赫千里。任公子得若魚，離而臘之，自制河以東，蒼梧已北，莫不厭若魚者。」〔註50〕

「毛施淑姿，工顰妍笑。」

毛：毛嬙，古代美女。施：西施，春秋時越國美女。淑姿：優美的體態。工：善於。顰：皺眉。妍：美好。《管子・小稱》云：「毛嬙、西施，天下之美

〔註48〕　（南朝宋）范曄撰；（唐）李賢等注，後漢書・蔡倫傳〔M〕，北京：中華書局，1965：2513。

〔註49〕　（晉）傅玄，馬先生傳〔M〕//（清）嚴可均，全晉文，北京：商務印書館，1999：521、523。

〔註50〕　同註 22，第 320 頁。

人也」。〔註51〕《慎子‧威德》云：「毛嬙、西施，天下之至姣也」。〔註52〕《韓非子‧顯學》云：「故善毛嬙，西施之美，無益吾面；用脂澤粉黛，則倍其初。」〔註53〕《莊子‧天運》：「西施病心而矉（通「顰」）其里，其里之醜人見而美之，歸亦捧心而矉其里。其里之富人見之，堅閉門而不出；貧人見之，挈妻子而去走。」〔註54〕

第四節　倫理道德教育理念

　　貫穿《千字文》的核心思想，是儒家的道德觀念和價值觀念。因為是面對幼兒，它還充分考慮到寓教於樂的原則。《千字文》並不是板起面孔，空洞、抽象地說教，而是把道理和故事生動地結合起來。例如「桓公匡合，濟弱扶傾。綺回漢惠，說感武丁。俊乂密勿，多士寔寧。」春秋時期，齊桓公多次糾合諸侯，救濟弱小的國家，扶持將要傾倒的周王室。漢惠帝作太子時，依靠商山四皓，才幸免被廢黜；商君武丁因夢境所感而得賢相傅說。這些人物才能出眾，勤勉努力；正是依靠這樣的賢才，國家才得以富強安寧。又如，「起翦頗牧，用軍最精。宣威沙漠，馳譽丹青。」白起、王翦、廉頗、李牧，用兵作戰最為精通。他們的聲威遠揚到北方的沙漠，美名和肖像永遠流傳在史冊之中。由此看來，《千字文》寫得並不枯燥、乏味。周興嗣把僅僅一千個不重複的字，精心編排，組合成一篇內容包含天文、地理、自然、歷史、人物、典章制度、道德倫理以及修身、齊家、治國、平天下的儒家思想的文章，其中有對治世的渴望，對人情的嚮往，也流露出對人生、世界、宇宙的思考。

一、忠孝教育

　　儒家思想是以忠孝為核心的。所謂「仁、義、禮、智、信」「溫、良、恭、儉、讓」「忠、恕、孝、悌」都是從不同側面詮釋著以「忠孝」為中心內容的思想道德文化體系。「為臣者忠，為子者孝」的思想在《千字文》多有體現。茲舉幾例：

〔註51〕謝浩范、朱迎平譯注，管子全譯〔M〕，貴陽：貴州人民出版社，1996：437。
〔註52〕高流水、林恒森譯注，慎子、尹文子、公孫龍子全譯〔M〕，貴陽：貴州人民出版社，1996：21。
〔註53〕同註27，第1081頁。
〔註54〕同註22，第170頁。

「蓋此身髮，四大五常。」人的身體和頭髮是由地、水、火、風四種物質構成的，人的行為應當遵循仁、義、禮、智、信五種道德。「五常」是處理家庭關係和各種社會人際關係的道德準則，是修身的重要內容。孔子將這種倫理道德概括為「長幼之節」「君臣之義」〔註55〕孟子更為重視人倫道德的重要性，他說：「飽食、暖衣、逸民而無教，則近於禽獸。」他為人倫關係規定了具體內容：「父子有親，君臣有義，夫婦有別，長幼有敘，朋友有信。」〔註56〕西漢董仲舒在孔孟的基礎上，明確提出五常的內容：「夫仁、誼（義）、禮、智、信五常之道，王者所當修飾也。」〔註57〕正式把五常的內容規定下來。他還根據韓非子的思想提出三綱，即君為臣綱、父為子綱、夫為妻綱，與五常一起被稱為三綱五常，成為封建社會規範人們思想和行為的道德標準。

「女慕貞絜，男效才良。」女子要堅守貞節，男子要效法那些德才兼備的人，這是對男女修生養性的具體要求。封建禮法對女性做出種種不合理、不人道的規定，要求女子必須堅守三從四德。三從是：未嫁從父，已嫁從夫，夫死從子，取消了婦女獨立生活的權利。四德為：婦德、婦容、婦言、婦功。意思為婦女要有堅貞的道德、姣好的容貌，得體的語言，嫻熟的手工。四德的最終目的是取悅於男性，並為男性服務。封建禮法還要求女子要堅守貞操，從一而終，絕對忠於丈夫，所謂「忠臣不事二君，好女不嫁二男」，竟將女性的貞節與忠於國君的政治問題相提並論。

「資父事君，曰嚴與敬。」孝敬父母和侍奉君主，既要敬重仰慕，又要心存畏懼。《尚書》提出「惟忠惟孝」，要人們對國盡忠，對父盡孝。所以，忠與孝一直是我國傳統道德中極為重要的兩個內容。古人還專門寫了《忠經》與《孝經》闡述其內容和重要性，稱：「天之所覆，地之所載，人之所履，莫大乎忠。」認為「忠」是天、地、人共同遵守的道德原則。同樣，稱「孝」是「天之經，地之義，民之行」，把「孝」看成是天經地義、人人必須遵守的道德。對待君、父「嚴」與「敬」的要求，雖然有其合理性，但也有很大的不民主因素，無疑為後代的愚忠、愚孝觀念的形成做了鋪墊。

「孝當竭力，忠則盡命。」應當竭盡全力去孝敬父母，拼盡性命去報效君王。君王在家天下的古代也是國家的象徵或代稱，忠君從某種意義上包含愛國

〔註55〕同註38，第196頁。
〔註56〕金良年，孟子譯注〔M〕，上海：上海古籍出版社，1995：112～113。
〔註57〕（漢）董仲舒，元光元年舉賢良對策〔M〕//（清）嚴可均，全漢文，北京：
　　　　商務印書館，1999：231。

思想。忠與孝是中國傳統道德的核心。作者在這裏提出一個竭忠盡孝的原則：「孝當竭力，忠則盡命。」對待父母的贍養侍奉要盡心盡力，對待君王要竭忠盡智，勉勵人們在家要孝順父母，在外要忠於君王，赤心為國。當君王與國家遇到危難時，應挺身而出，奮力赴難。

二、從政教育

從政教育，在《千字文》中體現為德化、愛民思想。這一思想主要源於儒家的「仁政」「法治」觀念。德治是儒家的基本思想和政治主張。所謂德治，就是反對嚴刑峻法，要求統治者用封建倫理道德觀，從思想上實行對人民的統治，用教化方法和懷柔政策，來治理國家。茲舉幾例：

「愛育黎首，臣伏戎羌。遐邇一體，率賓歸王。鳴鳳在竹，白駒食場。化被草木，賴及萬方。」主要講述的是周王的功績，他以仁愛之心，愛育萬民，從而使天下臣服，萬民景仰，周邊的戎、羌等野蠻的少數民族，也都歸順周王朝統治。西周是先秦儒家們最嚮往的時代，表達了人們對理想社會的追求。

「何遵約法，韓弊煩刑。」丞相蕭何遵照「約法三章」，制定了漢朝的法律；韓非子主張法制，卻被嚴酷的刑法逼迫自殺身亡。這兩句實際上是要求統治者減輕刑法，遠離酷刑。

從政教育，在《千字文》中還體現為使賢任能的思想。周興嗣認為，明君推行德治並能夠治理天下，關鍵在於使賢任能。茲舉幾例：

「磻溪伊尹，佐時阿衡；奄宅曲阜，微旦孰營；桓公匡合，濟弱扶傾；綺回漢惠，說感武丁；俊乂密勿，多士寔寧。」講的就是賢士為國效力，為國出謀劃策，國家才得以富強安寧。古代輔政的官員，忠誠者往往能夠為皇帝分憂，為天下百姓擔責，為國家的興盛而勞心勞力。這是中國古代儒生的理想，表現了個人在品格上的完善。

「堅持雅操，好爵自縻。」堅持高尚的情操，美好的爵位自然就會降臨到你的身上。中國古代形成了一套以道德、才能為基礎的選拔與考核官吏的辦法。這兩句話是告訴蒙童，只有具備良好的品德，才能做官為民。

三、道德教育

《千字文》非常重視道德教育。在我國傳統文化中，傳統道德教育佔有十分重要的地位。《千字文》雖然誕生在玄學盛行的魏晉南北朝時代，但其道德

教育的內容依然以儒學為核心。在《千字文》的四部分中，每一部分都蘊涵著儒家思想的內容。道德教育本身就是儒家教育思想的核心內容，而在《千字文》中，道德教育是自始至終要體現的主旋律，這是由封建社會和我國蒙學教育的性質所決定的。《千字文》對個人道德修養問題談論較多，主要在第二部分，包括事父、慕才、改過、言談、交友、念賢、留芳、性情、孝悌等。茲舉幾例：

「罔談彼短，靡恃己長。」不要私下裏議論別人的短處，更不要因為自己有某些長處就炫耀張揚。謙虛謹慎，寬以待人，是我們中華民族優秀的傳統美德，也一直是修身養性的重要內容。謙虛是人的最基本的美德。謙虛，就是要嚴於責己，寬以待人。善待別人也是一種美德。人前誇己，人後說人，是傳統道德所不允許的。

「信使可覆，器欲難量。」與人交往要誠實守信，能經得起檢驗；胸懷要開闊，氣度要寬廣。這是告訴人們做人要言而有信，要有容人的大度器量。

「景行維賢，克念作聖。」仰慕聖賢者的道德行為並努力傚仿，就可以使自己的道德同聖人一樣。

「德建名立，形端表正。」良好的道德形成之後，美好的名聲就會樹立起來；行為端莊了，就可以成為世人學習的典範。道德修養同一個人的聲望密切相連，有了良好的道德和行為，必然會樹立崇高的社會聲望。古人十分重視個人的名聲，因為名聲往往是道德行為和社會評價的反映。做官的時時想著名留史冊，普通人希望在鄉親鄰里之間留下一個好的口碑。許多人一生都在為博得好的名聲孜孜追求，努力奮鬥。

「仁慈隱惻，造次弗離。」對別人要懷有仁愛之心和惻隱之情；別人遇到危難，萬不可輕易離開，在一旁觀望。安常處順時，並不能真正看出一個人是否有慈悲的胸懷，只有在危急關頭，才可檢驗他的道德是否穩固。在沒有危險、不需要付出的情況下，有的人拿慈愛來作秀，有的人用同情心換取別人的信任，有的人假關愛弱小以騙取名譽，但是，一旦到了利害相關或生命攸關的時候，道義根基不牢的人就會產生動搖，或遠禍保身，或背義而行，甚至喪義敗德，賣友求榮。「仁慈隱惻，造次弗離」，帶有明顯的勸善思想。

「節義廉退，顛沛匪虧。」節操、正義、廉潔、謙遜這些美德，就是在情勢危急時也要保持和發揚，不能虧欠。進德修身，堅守節操，需要堅強的意志和獻身精神，尤其在緊急時刻更應如此。歷史上那些志節高尚之人，永遠垂範後世。

四、禮儀教育

我國自古為禮儀之邦。孔子說：「非禮勿視，非禮勿聽，非禮勿言，非禮勿動。」〔註58〕人應通過「禮」來修身養性，從而與既定思想文化和諧一致。以宣揚儒家思想為主的《千字文》，自然少不了對禮儀的倡導和弘揚。茲舉幾例：

「容止若思，言辭安定。」道德高尚的人容貌舉止沉穩靜穆，談吐措辭高雅安詳。一般來說，道德越高尚，人的器宇度量就越寬廣，容貌舉止也越加平和沖淡。這是因為道德不僅可以使人開闊胸襟，增長見識，而且還可使人心安理得，氣定神閒，說起話來也辭氣平緩，態度和藹。

「樂殊貴賤，禮別尊卑。」音樂是用來區分身份的貴賤，禮儀是用來區別地位的高低。禮和樂是古代賴以維持正常秩序的道德規範。禮用來維繫社會等級制度，其內容是充分承認社會各個階級、階層存在的尊卑、親疏、長幼差異的合理性，肯定這種差異是正常的社會秩序。要使這種秩序長存不衰，每個人都必須遵守符合禮的行為規範，做到孔子提出的「非禮勿視，非禮勿聽，非禮勿言，非禮勿動」。禮對各種人都提出了道德原則：「父慈，子孝，兄良，弟悌，夫義，婦聽，長惠，幼順，君仁，臣忠」。〔註59〕樂則是在禮儀活動中的詩歌、音樂、舞蹈，配合禮對人進行教化、改造。樂必須以禮為本，不合於禮的樂是「淫樂」。所以，樂也有明顯的等級觀念。孔子認為，不斷用禮樂對百姓進行教化，就可以使他們人格完美。

「上和下睦，夫唱婦隨。」地位高的人和地位低的人要和睦親善；丈夫倡導於前，妻子應緊隨其後。上和下，夫和婦，都是禮樂的重要內容。尊貴與卑賤，丈夫與妻子，是社會各個層面都必然存在的人與人之間的關係。這兩種關係的穩定，直接關係到全社會的穩定，較之君臣關係又比較容易述說，所以作者拿來提倡。在各種人際關係都不平等的古代社會，提倡「上和下睦，夫唱婦隨」，有一定的民主傾向，還是有積極意義的。

「外受傅訓，入奉母儀。」在外邊要接受老師的教誨，在家裏要遵循家中的規矩，處處以母親為榜樣。在古代，男孩子生下不久，家長就開始為之物色老師。稍稍懂事之後，便送出去求學。好老師的標準，就像孔子的學生顏淵稱讚自己的老師那樣：「夫子循循然善誘人，博我以文（用文化知識使我們廣博

〔註58〕同註38，第123頁。
〔註59〕楊天宇，禮記譯注〔M〕，上海：上海古籍出版社，1997：376。

多識），約我以禮（用規矩約束我的行為），欲罷不能（想停止學習都不可能）。」〔註60〕在老師的教導與薰陶下，培養經世致用的能力。回到家裏，就要接受家規的約束。古代許多大家族都根據統治者制定的禮儀制度，定出適合於本族的家訓或家規，以約束本族的成員。家族的女主人首先要模範地遵守家規，稱為「母範」或「母儀」。回到家裏的孩子就應該以母為師，循規蹈矩，繼續學習。

「諸姑伯叔，猶子比兒。」對待姑姑、伯伯、叔叔，如同對待父母那樣孝敬；關愛兄弟的孩子，就同自己親生的一樣。伯、叔、姑是父親的骨肉同胞，理應事之如父；兄弟之子雖不是自己親生，但和自己血脈相近，也應該視同親生。作者的本意並不在此，而是由此擴大到齊家、治國的問題上。《大學》說：「所謂治國必先齊其家，其家不可教，而能教人者無之。故君子不出家而能成教於國。孝者所以事君也，弟者所以事長也，慈者所以使眾也。」〔註61〕是說一個人要參與治理國家的事，首先要把自己的家治理好，連家裏的人都教育不好，要教育好別人是不可能的。孝敬長者之心是用來侍奉君主的，尊敬兄長之心是用來侍奉長官的，慈愛之心是用來對待眾人的。把治家同治國的道理等同起來。孔子稱這種思想為「泛愛眾」〔註62〕，孟子將這種思想概括為「老吾老以及人之老，幼吾幼以及人之幼」〔註63〕。意思為尊敬自己的老人，進而要尊敬別人的老人；愛護自己的兒女，進而要愛護別人的兒女。

「矩步引領，俯仰廊廟。」舉止要大方，表情要蕭穆，俯仰之間要像在宮廷太廟中供事那樣端莊、小心。古人十分注意自己的儀容，認為首先要有威儀，如果沒有威儀，就失去了生存的價值。其次，舉止要端莊，風度要優雅，走路要不疾不徐，說話要不慌不忙，看人目光要平順柔和。尤其是在朝廷和公署衙門，更應謹慎，注意風度。因為孟浪常常由輕薄引發，只有小心安靜才可以使人認真細緻。

「束帶矜莊，徘徊瞻眺。」穿戴要整齊，目光要集中，始終注視著前方。這兩句是要求人們從穿衣、走路等日常行為中，注意儀態的端莊大方。人的容貌、身材、膚色、聲音的美，屬於人體的自然美，是靠先天稟賦得來的。而服飾、髮式、神采、舉止、動作、談吐等所構成的儀態、風度的美，則屬於行為

〔註60〕同註38，第90頁。
〔註61〕同註59，第1040頁。
〔註62〕同註38，第4頁。
〔註63〕同註56，第15頁。

美、社會美的範疇,是靠後天的學習、自律形成的,是人的思想品質、志趣理想、學識道德、精神氣質等素養的外在表現,由心靈美所決定。

五、惜時勸學教育

《千字文》用於蒙童的識字教育,同時兼有思想品德教育,因此,惜時勸學成為它不可或缺的內容之一。茲舉幾例:

「尺璧非寶,寸陰是競。」碩大的美玉算不上是什麼寶物,分分秒秒才是最可珍貴的。晉代陶侃說:「大禹聖者,乃惜寸陰,至於眾人,當惜分陰。」〔註64〕惜時是中華民族的優良傳統,俗話說:「一寸光陰一寸金,寸金難買寸光陰。」人們常用它來激勵自己珍惜時間,發憤學習和工作。事實證明,幾乎所有成功者的成就,都是分秒必爭,努力拼搏才取得的。

「學優登仕,攝職從政。」學業優良就可以獲得官職,有了職權就能參與政治,治國安邦。中國吏治基本上是奉行「學而優」的原則。歷代統治者和學者,無不勉勵後進們發憤忘我,努力學習。荀子說:「積微,月不勝日,時不勝月,歲不勝時。」〔註65〕意為學習要抓緊時間,按年計不如按月計,按月計不如按日計,按日計不如按時計。

〔註64〕(唐)房玄齡等,晉書・陶侃傳〔M〕,北京:中華書局,1974:1774。
〔註65〕同註26,第341頁。

第五章 《百家姓》與姓氏文化

　　《百家姓》是一本彙集中華姓氏的蒙學識字教材，以四言押韻的形式呈現，讀起來朗朗上口。《百家姓》並不是僅收有 100 個姓氏。起初，《百家姓》收有 411 個姓氏，歷經元、明、清三代，又出現多個《百家姓》版本，例如明代編寫的《百家姓》有 438 個姓氏，其中單姓 408 個，複姓 30 個，共 472 字。

第一節 《百家姓》的作者、成書時間與內容

　　關於《百家姓》的作者，有不同的記載，因而其成書時間也就有不同的說法；作者不同，內容也有差異。

一、《百家姓》的作者

　　關於《百家姓》的作者，許多學者引用南宋王明清的論證，認為《百家姓》是錢塘宋儒所作。

　　南宋王明清在《玉照新志》中指出：

　　　　如市井間所印百家姓，明清嘗詳考之，似是兩浙錢氏有國時，
　　　小民所著。何則？其首云「趙錢孫李」，蓋錢氏奉正朔，趙乃本朝國
　　　姓，所以錢次之，孫乃忠懿之正妃，又其次則江南李氏。次句云「周
　　　吳鄭王」，皆武肅而下后妃，無可疑者。〔註1〕

〔註1〕〔宋〕王明清，玉照新志〔M〕，上海：商務印書館，1936：49。

　　清朝康熙年間的王相認為，《百家姓》是「宋初錢塘老儒所作」〔註2〕。雖然王相的說法比前人明確一些，但仍未能指出《百家姓》的作者是誰。經過學者考證，認為《百家姓》的作者「老儒」為錢儼的可能性最大。

　　錢徵在《〈百家姓〉著者考》中提出，《百家姓》是錢儼為保護其兄長所作。開寶四年（971年），宋軍滅南漢後，李煜為了表示他不與宋對抗，對宋稱臣，將自己改為「江南國主」。開寶八年（975年），南唐亡，此前一年秋，錢俶協助宋軍夾擊「江南國主」，錢儼負責督管吳越軍隊的漕運。開寶九年（976年），宋太祖賜錢俶黃袱一束，封緘甚固。錢俶開視，皆宋臣乞留錢俶的奏章。錢俶十分恐懼。錢儼面對這些年來的變故，要想「保俶」，即保護兄長，除了贊成修建「保俶塔」「皇妃塔」「六和塔」「靈隱寺」外，最好的辦法便是編著《百家姓》和撰寫《吳越備史》，這是他的強項〔註3〕。當然這只是錢徵的猜測。

　　陳振孫《直齋書錄解題》記載《吳越備史》是錢儼託名范、林所作〔註4〕，《四庫全書總目》經考證後亦認為，此書由錢儼所作〔註5〕。陳振孫《直齋書錄解題》記載，《吳越備史》是錢儼託名范、林所作，即假託范坰、林禹二人所作。「范」意為模子、榜樣、一定界限、限制等；「坰」的本義為都邑的遠郊。「林禹」諧音「淋雨」，寓意連綿不斷之雨。從名字上看，說明二人都是普通的小民百姓，這與王明清所講的「似是兩浙錢氏有國時，小民所著」相吻合，由此可證《百家姓》亦是錢儼所作，但假託范、林之名。

二、《百家姓》的成書時間

　　對於《百家姓》的成書時間，王明清的解釋，筆者是贊同的：「趙錢孫李，蓋錢氏奉正朔，趙乃本朝國姓，所以錢次之，孫乃忠懿之正妃，又其次則江南李氏。」「趙」是宋朝國姓，錢鏐臨終前特意囑託諸子不要因改換朝代就不效忠朝廷。「錢」是指「兩浙錢氏」，「趙」在前，「錢」在後，意為奉中原為正主，又體現君臣恩義，以求「保俶」。「孫」是指忠懿王妃孫氏，錢儼既對嫂子很敬重，又繼續堅持以求「保俶」。「李」是指江南李氏，此時的李煜對宋稱臣，將自己的稱呼改為「江南國主」。

〔註2〕〔清〕王相，百家姓考略〔M〕//〔宋〕王應麟等編撰；黃東澤校注，三字經·百家姓·千字文，濟南：齊魯書社，2009：67。

〔註3〕錢徵，《百家姓》著者考〔J〕，江蘇教育學院學報，2009（12）：85～86。

〔註4〕〔宋〕陳振孫，直齋書錄解題〔M〕，上海：商務印書館，1937：13。

〔註5〕〔清〕永瑢等，四庫全書總目·吳越備史〔M〕，北京：中華書局，1965：689。

　　一般認為，《百家姓》的寫作時間是在公元 960 年至 978 年之間。開寶四年（971）春，宋軍滅南漢後，李煜開始自稱為「江南國主」，即「江南李氏」；再考慮到太平興國二年（977）夏五月，錢俶下令「文軌大同，封疆無患」，因此《百家姓》的寫作時間似是在公元 971 年至 977 年之間。

三、《百家姓》的內容

　　《百家姓》編寫相對簡單，篇幅適宜，全書四字一句，共 118 句，由與蒙童生活密切相關的、但沒有實際意義的中華姓氏連貫構成，先單姓後複姓，循序漸進，符合啟蒙教育階段對蒙童的識字要求，開各種「雜字」識字教材之先例〔註6〕。較常見的版本有 568 字，其中單姓 444 個，複姓 60 個。以下是《百家姓》原文〔註7〕：

趙	錢	孫	李	周	吳	鄭	王	馮	陳	褚	衛	蔣	沈	韓	楊	朱	秦	尤	許
何	呂	施	張	孔	曹	嚴	華	金	魏	陶	姜	戚	謝	鄒	喻	柏	水	竇	章
雲	蘇	潘	葛	奚	范	彭	郎	魯	韋	昌	馬	苗	鳳	花	方	俞	任	袁	柳
酆	鮑	史	唐	費	廉	岑	薛	雷	賀	倪	湯	滕	殷	羅	畢	郝	鄔	安	常
樂	于	時	傅	皮	卞	齊	康	伍	余	元	卜	顧	孟	平	黃	和	穆	蕭	尹
姚	邵	湛	汪	祁	毛	禹	狄	米	貝	明	臧	計	伏	成	戴	談	宋	茅	龐
熊	紀	舒	屈	項	祝	董	梁	杜	阮	藍	閔	席	季	麻	強	賈	路	婁	危
江	童	顏	郭	梅	盛	林	刁	鍾	徐	邱	駱	高	夏	蔡	田	樊	胡	凌	霍
虞	萬	支	柯	昝	管	盧	莫	經	房	裘	繆	干	解	應	宗	丁	宣	賁	鄧
郁	單	杭	洪	包	諸	左	石	崔	吉	鈕	龔	程	嵇	邢	滑	裴	陸	榮	翁
荀	羊	於	惠	甄	麴	家	封	芮	羿	儲	靳	汲	邴	糜	松	井	段	富	巫
烏	焦	巴	弓	牧	隗	山	谷	車	侯	宓	蓬	全	郗	班	仰	秋	仲	伊	宮
寧	仇	欒	暴	甘	鈄	厲	戎	祖	武	符	劉	景	詹	束	龍	葉	幸	司	韶
郜	黎	薊	薄	印	宿	白	懷	蒲	邰	從	鄂	索	咸	籍	賴	卓	藺	屠	蒙
池	喬	陰	鬱	胥	能	蒼	雙	聞	莘	黨	翟	譚	貢	勞	逄	姬	申	扶	堵
冉	宰	酈	雍	郤	璩	桑	桂	濮	牛	壽	通	邊	扈	燕	冀	郟	浦	尚	農
溫	別	莊	晏	柴	瞿	閻	充	慕	連	茹	習	宦	艾	魚	容	向	古	易	慎
戈	廖	庾	終	暨	居	衡	步	都	耿	滿	弘	匡	國	文	寇	廣	祿	闕	東

〔註6〕吳倩，古代蒙學教材「三、百、千」研究〔D〕，成都：四川師範大學，2018：24。

〔註7〕李捷譯注·百家姓〔M〕·呼和浩特：遠方出版社，2004：1～61。

歐	殳	沃	利	蔚	越	夔	隆	師	鞏	厙	聶	晁	勾	敖	融	冷	訾	辛	闞
那	簡	饒	空	曾	毋	沙	乜	養	鞠	須	豐	巢	關	蒯	相	查	后	荊	紅
游	竺	權	逯	蓋	益	桓	公	万俟		司馬		上官		歐陽		夏侯		諸葛	
聞人		東方		赫連		皇甫		尉遲		公羊		澹臺		公冶		宗政		濮陽	
淳于		單于		太叔		申屠		公孫		仲孫		軒轅		令狐		鍾離		宇文	
長孫		慕容		鮮于		閭丘		司徒		司空		亓官		司寇		仉	督	子車	
顓孫		端木		巫馬		公西		漆雕		樂正		壤駟		公良		拓跋		夾谷	
宰父		穀梁		晉	楚	閆	法	汝	鄢	涂	欽	段干		百里		東郭		南門	
呼延		歸	海	羊舌		微生		岳	帥	緱	亢	況	後	有	琴	梁丘		左丘	
東門		西門		商	牟	佘	佴	伯	賞	南宮		墨	哈	譙	笪	年	愛	陽	佟
第五		言	福	百	家	姓	終												

第二節 《百家姓》的版本

關於《百家姓》版本問題的相關研究並不多，羅常培、蔡美彪介紹了元至元鄭氏刊本《事林廣記·百家姓跋》，對元刊本和日刊本《百家姓》作了詳細比較〔註8〕。照那斯圖對「八思巴百家姓」的研究成果作了梳理，將八思巴字和漢字《百家姓》相對照，給每個字附加了編號和拉丁轉寫〔註9〕。江巧珍、孫海峰介紹和考証了徽州文書中發現的《新刻串義百家姓》，認為此版本並不是「趙錢孫李」之《百家姓》，而是「朱王万壽」開頭的《百家姓》改編本〔註10〕。

一、宋本《百家姓》

2011 年 10 月 21 日《中國民族報》報導，在重慶秀山發現宋版《百家姓》。經重慶秀山文管所資深民俗專家劉濟平反覆鑒別，對照有關文史資料後稱：此為罕見的宋版古籍善本，至今有 800 年歷史〔註11〕。但是，這所謂的宋本《百家姓》是否真實還是存在疑點。

〔註8〕羅常培，蔡美彪，八思巴字與元代漢語（增定本）〔M〕，北京：中國社會科學院出版社，2004。

〔註9〕照那斯圖，新編元代八思巴字百家姓〔M〕，北京：文物出版社，2003。

〔註10〕江巧珍、孫海峰，明代《新刻串義百家姓》的發現與考略〔J〕，明史研究，2007：365～370。

〔註11〕王建霞，《百家姓》沿革及其衍生文獻研究〔D〕，呼和浩特：內蒙古師範大學，2015：9。

　　首先，在內容方面存在疑點。這本宋本《百家姓》收錄了清代才有的「呼延、東門、司寇、顓孫、拓拔、端木」等複姓。

　　其次，在書籍版式方面，這本從重慶發現的《百家姓》與清代中後期義勝堂刊行的《增補百家姓》在版式和字體方面都很相似，因此，重慶發現的這本《百家姓》版本應該不是宋刻本，而是明清時期或明清以後的刻本。

　　關於宋本《百家姓》，今天已經很難見到其真面目了，只能從其他文獻中考察它的原貌。劉毓崧的《通義堂文集》中有一篇重要資料——《宋本百家姓考》，可以作為重要參考資料：

> 《百家姓》以趙姓居首，其書必作於宋代。次以錢、孫、李三姓論者，謂「錢」為吳越王之姓，「孫」為吳越王妃之姓，「李」為南唐國姓。今考宋太祖興於建隆元年正月，歲在庚申。南唐後主亡於開寶八年十二月，歲在乙亥。首尾凡十六年。而開寶七年九月太祖已命吳越出師夾攻南唐，是歲在甲戌。吳越即奉宋命與南唐構兵，其境內之人編《百家姓》者，斷不列李姓於首句，然則此書之成，必在庚申正月以後，甲戌八月以前。其為宋初之人所輯，無可疑矣。至於宋本與今本有無異同，則自來未見言及者。頃閱南宋謝氏維新《古今合璧事類備要》，其自序作於理宗寶祐六年，歲在丁巳，書分前後續別外五集，就中續集自卷七至卷二十八共二十三卷，皆謂之類姓門，即係依《百家姓》，次第編錄可以考見宋本原文。〔註12〕

《古今合璧事類備要》是南宋的一部綜合性類書，其中姓氏的內容在續集的卷七至卷三十一中。《宋本百家姓考》提到從「趙錢孫李」到「蓋（益桓）公」共四百零八字為宋人所編的《百家姓》原文。雖然《百家姓》的作者可能不懂姓氏的分類，但是《古今合璧事類備要》的作者謝維新作為類書的編撰者，應該是懂得其中的道理的。通過閱讀《古今合璧事類備要》中的類姓門姓氏發現，《宋本百家姓考》提到的從「趙錢孫李」到「蓋（益桓）公」的四百零八個姓氏，應為宋時《百家姓》原貌。謝氏在編纂「類姓門」時，應當是根據當時姓氏情況增加了姓氏數量，並把複姓加入其中，這是對《百家姓》的進一步發展，打破了宋本《百家姓》只有單姓的現象。可以根據《古今合璧事類備要》復原宋版《百家姓》的一個版本，但是不能保證復原的一定是《百家姓》的全貌，到底宋版《百家姓》的全貌是何種樣子，還需繼續探究。

〔註12〕〔清〕劉毓崧，通義堂文集〔M〕，南林劉氏求恕齋刊刻，1885。

二、元本《百家姓》

《百家姓》最早產生於宋代，但是宋版《百家姓》的全貌還並未發現；元本《百家姓》也未見，但它卻以另一種形式——蒙漢雙語的形式，保存在類書《事林廣記》中，因而得以流傳。

《事林廣記》成書於宋末元初，作者是南宋末年建州崇安人陳元靚。它是一部日用百科全書型的中國古代民間類書，現存五種版本，其中在椿莊書院本、積誠堂本、元祿本中找到了八思巴文的《百家姓》，現將上述三個版本中姓氏總數和字數的數據列成表格。

《事林廣記》中《百家姓》姓氏和字數統計表

《事林廣記》版本（有《百家姓》記載的）	單　姓	複　姓	姓氏總數	總字數
椿莊書院本	391	20	411	439
積誠堂本	391	20	411	439
元祿本	412	15	427	447

從上表可知，從椿莊書院本到元祿本，單姓在增加，複姓在減少。籍秀琴將其歸納為「姓氏由複音向單音轉化是中國姓氏發展的規律與趨勢」[註13]。這與少數民族漢化有很大的關係。我們推測椿莊書院本和積誠堂本，當是在元祿本之前流傳的版本，椿莊書院本和積誠堂本中的《百家姓》應為較早的形態。

三、《百家姓考略》

《百家姓考略》是較早對《百家姓》注釋的書籍，也是對《百家姓》注釋最著名的一個本子。由王相纂寫，徐士業校注。

《百家姓考略》小序說：

> 《百家姓》出《兔園集》，乃宋初錢塘老儒所作。時錢俶據浙，故首「趙」次「錢」，「孫」乃俶妃，「李」謂南唐主也。次則國之大族。隨口叶韻，掛漏實多，識者訾之。然傳播至今，童蒙誦習，奉為典冊。乃就其所載，粗為箋注。方諸《古今姓苑》《氏族》諸書，其猶射者之嚆矢也夫。琅邪王相題。[註14]

[註13] 籍秀琴，姓氏・名字・稱謂〔M〕，鄭州：大象出版社，2009：12～13。
[註14] 〔清〕王相箋注，百家姓考略〔M〕，北京：中國書店，1991：1。

王相認為，《百家姓》的作者是宋初錢塘的一個老儒。《百家姓》的順序是根據當時的統治階層和貴族大姓擁有的姓氏來排列的。它讀起來朗朗上口還押韻，但是遺漏的姓氏比較多，所以知識廣博的人往往會指責它，但是它卻傳播至今，成為童蒙誦讀學習的經典書籍。王相對其作了粗略的箋注，《古今姓苑》《氏族》等書猶如響箭一般，作為姓氏書籍的開端是很重要。

《百家姓考略》是對《百家姓》注釋最著名的一個本子。這個版本也成為後世一些改編本的底本，如《七字百家姓》《同音百家姓》等。

《百家姓考略》正文姓氏內容

百家姓考略			
趙錢孫李	周吳鄭王	馮陳褚衛	蔣沈韓楊
朱秦尤許	何呂施張	孔曹嚴華	金魏陶姜
戚謝鄒喻	栢水竇章	雲蘇潘葛	奚范彭郎
魯韋昌馬	苗鳳花方	俞任袁柳	酆鮑史唐
費廉岑薛	雷賀倪湯	滕殷羅畢	郝鄔安常
樂于時傅	皮卞齊康	伍余元卜	顧孟平黃
和穆蕭尹	姚邵湛汪	祁毛禹狄	米貝明臧
計伏成戴	談宋毛麗	熊紀舒屈	項祝董梁
杜阮藍閔	席季麻強	賈路婁危	江童顏郭
梅盛林刁	鍾徐邱駱	高夏蔡田	樊胡凌霍
虞萬支柯	展管盧莫	經房求繆	干解應宗
丁宣賁鄧	郁單杭洪	包諸左石	崔吉鈕龔
程嵇邢滑	裴陸榮翁	荀羊於惠	甄麴家封
芮羿儲靳	汲邴糜松	井假富巫	烏焦巴弓
牧隗山谷	車侯宓蓬	全郗班仰	秋仲伊官
寧仇欒暴	甘鈄厲戎	祖武符劉	景詹束龍
葉幸司韶	郜黎薊薄	印宿白懷	蒲邰從鄂
索咸籍賴	卓藺屠蒙	池喬陰鬱	胥能蒼雙
聞莘党翟	譚貢勞逄	姬申扶堵	冉宰酈雍
郤璩桑桂	濮牛壽通	邊扈燕冀	郟浦尚農
溫別莊晏	柴瞿閻充	慕連茹習	宦艾魚容
向古易慎	戈廖庾終	暨居衡步	都耿滿弘

匡國文寇	廣祿闕東	歐殳沃利	蔚越夔隆
師鞏庫聶	晁勾敖融	冷訾辛闞	那簡饒空
曾母沙乜	養鞠須豐	巢關蒯相	查後荊紅
游竺權逯	蓋益桓公	万俟司馬	上官歐陽
夏侯諸葛	聞人東方	赫連皇甫	尉遲公羊
澹臺公冶	宗政濮陽	淳于單于	大叔申屠
公孫仲孫	軒轅令狐	鍾離宇文	長孫慕容
司徒司空	百家姓終		

第三節　《百家姓》中常見姓氏的起源

　　《百家姓》中姓氏眾多，瞭解《百家姓》中常見姓氏的起源，有助於對《百家姓》的進一步研究，以下選擇常見的部分姓氏，對其分類進行研究。

一、以封國為姓氏

　　陳：根據《通志・氏族略・以國為氏》記載：「陳氏，今應天府之縣也，後封於陳，今陳州治，宛邱縣是也。本太昊伏羲氏之墟，周武王克商，力求舜後，以備三恪，得胡公滿，封之陳以奉舜祀，子孫以國為氏。」〔註15〕可見陳最初是以封國為姓氏的。

　　黃：據《姓解》記載：「黃字不從草，今附於此，初陸終之後，受封於黃，因以為氏。」〔註16〕由此可知黃姓是以分封國命名的。據史料記載，黃姓出自嬴姓，是陸終的後裔受封於黃國，黃國後來被楚國所滅，但其子孫仍以原國名為姓。

　　周：相傳周人的祖先后稷本來居住在邰（今陝西武功縣西南），到了商朝後期，游牧民族戎族和狄族不斷侵襲周人，使得以農業為生的周人無法安居樂業，其族人便遷往周原，開荒耕種，建立了周族。周武王滅夏之後建立周朝，其子孫後代便以周為姓。

　　吳：據《通志・氏族略》記載：吳姓的始祖是周代的泰伯〔註17〕，吳姓是以國為姓氏的。

〔註15〕〔宋〕鄭樵，通志〔M〕，清乾隆十二年武英殿刻本：3464。

〔註16〕〔宋〕邵思，姓解〔M〕，清光緒八至十年遵義黎氏日本東京使署刻古逸叢書景北宋景祐刻本：43。

〔註17〕〔宋〕鄭樵撰，王樹民點校，通志二十略〔M〕，北京：中華書局，1995：46。

徐：據《元和姓纂》記載：「顓頊之後，嬴姓，伯益之子，夏時受封於徐，至偃王為楚所滅，以國為氏。」根據史料記載，徐姓出自嬴姓，其子孫受封於徐，便以國名作為姓氏，於是有了徐姓。

朱：據《元和姓纂》記載：「顓頊之後，周封曹挾於邾，為楚所滅，子孫去邑以朱為氏，一云：舜臣朱彪之後。」

羅：羅姓源出於熊姓，是以國名命名的姓氏。西周時有諸侯國羅國，國君姓熊。春秋時為楚國所滅，國人以羅為姓。

宋：宋姓出自於子姓，是以國命名的姓氏。

于：據《元和姓纂》記載：周武王的第二子邘叔子孫以國為姓，其後去邑單為于氏。可見於姓也是出於姬姓，以封國為姓氏的。周武王把他的第二兒子邘叔分封在邘國，其後代子孫去邑為姓，稱為于氏。

鄧：相傳鄧氏的源出有三支，夏朝時帝仲康有子孫封在鄧國，後被楚國所滅，但是鄧君的後世子孫都以鄧為姓氏。

沈：沈姓源於姬姓，沈本來是上古時候的國名，位於河南省，最早是夏禹子孫的封國。周初的時候，周成王把他的叔叔季載封在沈國，後來沈國君主的子孫後代都以沈為姓。

呂：源出於姜姓，是以國為姓的姓氏。呂姓的始祖相傳是炎帝的後代。遠古時，伯夷幫助堯帝掌管泰山的祭天儀禮，幫助大禹治水，因而被封為呂侯。呂侯被認為是中國呂姓的始祖，他的子孫後代一直延用呂作為姓。

蔣：蔣姓源於姬姓，是以國名為姓的姓氏。周朝初年，周公旦的第三個兒子伯齡受封於蔣國，蔣國位於現今的湖北省仙居縣。春秋時蔣國被楚所滅後併入楚國，蔣國的公族子孫仍以原來的國名為姓，後世子孫皆姓蔣。

二、以官職爵位為姓氏

李：李姓是源出於嬴姓，據說皋陶為堯帝時的理官，專門掌管獄訟推斷之事，由他處理的案子從來沒有過失誤，後來由他的子孫世襲大理這個職務。商朝末年，皋陶的後人理徵，由於執法十分剛正不阿而得罪了紂王後被處死。理徵的妻子帶著兒子利貞逃亡伊侯之虛，由於當地的李樹十分多，又正值李子成熟的季節，母子二人因為可以摘取李子充饑才能夠得以活命。為了紀念李子的救命之恩，改「理」為「李」。

董：董姓的起源有兩支，一支起源於皇帝的賜姓，另一支起源於官職。據《通志・氏族略》記載：黃帝之裔孫，生董父，其後事舜，賜姓曰董。相傳黃帝後裔董父，從小非常喜歡龍，因而對龍的習性很有研究。有個諸侯向帝舜進貢了幾條龍，舜帝就任命董父為豢龍氏，讓他飼養這幾條龍。在董父的精心馴養下，這幾條龍學會了各種表演。舜帝十分高興，就封董父為鬷川侯，並賜以董姓，其子孫後代為董氏。另有一支以官職命姓的董姓，是春秋時期的周大夫辛有的兩個兒子在晉為董史，管理晉國典籍史冊，他的子孫世襲晉國史官，也稱為董氏。

三、以封邑、食邑、居住地為姓氏

楊：《通志・氏族略》記載，楊是「姬姓，周宣王子尚父，幽王時封為楊侯，為晉所滅，其後為氏焉。」楊被晉國滅掉，其後世子孫皆以楊為姓。

趙：趙姓在《百家姓》中居首位。據《唐書》記載：趙氏出於嬴姓，相傳曾經給周穆王駕車的大夫叫造父，是伯益的曾孫。造父曾有機會得到八匹千里馬，他把這八匹千里馬進獻給周穆王。周穆王乘著這八匹千里馬架的車子到了崑崙山上，西王母在瑤池設宴款待他，他們一同飲酒唱和，樂而忘返。此時，徐偃王造反，造父駕車日行千里，及時趕回，發兵打敗了徐偃王。造父立下大功，周穆王賜他趙城，稱為趙氏。造父就是趙氏的始祖。

唐：唐姓源出於伊祁姓，稱為堯的後代，是以地名命名的姓氏。唐姓可分為兩大支。一支是晉地的唐姓，相傳在遠古時期帝堯曾經在唐地做首領，在其成為天子以前被封為唐侯，即帝位之後，堯建立唐國，史稱唐堯。唐國經歷夏商兩代，在周朝初期時被周公所滅。周成王封自己的弟弟叔虞在唐地，改封唐侯的後人為杜伯，稱為唐杜氏。後來唐杜氏的後人和唐叔虞的子孫都稱為唐氏。另外，歷史上隴西羌族姓氏和南方少數民族白狼王氏的後代中，也有稱為唐氏的。

許：據《元和姓纂》記載：「姜姓，炎帝之子孫，周武王封其裔孫文叔於許，後為楚所滅，子孫分散，以國為氏。」許姓後人是炎帝神農氏的後裔，是以封地命名的姓氏。周武王時，封文叔到許地，而後文叔建立許國，春秋時許國併入楚國，許君的子孫後代就以許為姓。

韓：據《通志・氏族略》記載：「韓氏，姬姓之別族，出晉穆侯之少子曲沃成師，是為桓叔，生萬，是為武子，食采韓原。一云成王封叔虞於唐，賜畢

萬韓原之地，其地今同州韓城縣南十八里故城，武子生厥，是為獻子。晉景公之時，晉作六卿，獻子在一卿之位，從其始封，遂為韓氏。」

葉：葉姓源出於沈姓。春秋後期，楚莊王有曾孫沈尹成，在與吳軍打仗的時候，不幸戰死沙場。他有一個兒子名叫沈諸梁，楚惠王封沈諸梁於楚國葉邑為公爵，世稱葉公，其後世子孫都以葉為姓氏。此外，古代南方少數民族中也有葉氏，他們則構成了葉姓的另外一支。

四、以祖先的名、字、號為姓氏

張：據《通志·氏族略》記載：春秋時期晉國有個貴族叫解張，字張侯，世代為晉國卿仕。三家分晉後，其族人以祖字命作張姓，仕韓國為公族大夫後漸為望族。由此可見，張姓是以祖先之字命為姓氏的。

孫：孫姓源出於周文王的第八子衛康叔，在西周初年受封於衛。傳到衛武公的時候，武公的兒子惠孫做了衛國的上卿，他的子孫後人十分敬重他，因而，惠孫的這一支就以他的名字「孫」作為姓氏。可見孫姓是以祖先的名為姓氏的。

高：關於高姓，據說一支源於遠古時期的高臺宮殿的建築者，其始祖是黃帝時的大臣高元。還有一支是出自姜姓，姜太公的六世孫齊文公有兒子受封於高，人稱公子高，其後世子孫皆為高姓。另外，高麗的羽真氏、婁氏進入中原後，皆改為高姓。

五、以諡號、封號為姓氏

胡：據《元和姓纂》記載：「帝舜之後胡公封陳，子孫以諡為姓。」胡姓和陳姓一樣，都是上古時候虞舜的後裔，他們的始祖都可以追溯到被周武王封為陳侯的胡公滿。

六、賜姓

林：林姓出自子姓，是商湯的後裔，其始祖是商朝的賢人比干。商朝末年，商紂王暴虐無道，他的叔叔比干因屢次勸諫而被紂王殺害。當時比干的夫人身懷有孕，為了避難逃到牧野，在樹林中的一座石屋裏，生下一男嬰，就是比干的兒子。周朝建立後，周武王因其生在林中，就賜給他林姓，其後世子孫便以林為姓。

七、避禍、避亂

何：何姓本來是被周成王封在韓國的唐叔虞的後代，傳到韓安的時候被秦國所滅，於是他的子孫後人紛紛離開老家出外避難，散於各地。其中有一支遷移至長江和淮河一帶，由於當地「韓」和「何」發音接近，從此便以「何」為姓。

八、多支來源的姓氏

王：根據《通志・氏族略》的記載：「京兆、河間之王，出周文王第十五子畢公高，此姬姓之王。出北海、陳留者，舜之後，此媯姓之王。出汲都郡，王子比干之後，此子姓之王。出河南者，為可頻氏；出馮翔者，為鉗耳族；出營州者，本高麗；出安東者，本阿史布，此皆虜姓之王。大抵子孫以王者之後，號曰王氏。」王姓起源複雜，分布較廣。

賈：相傳賈姓的起源有二，其中一支源出於姬姓，在周朝康王時期封唐叔虞的小兒子公明於賈，他的後世子孫便皆以「賈」為姓。另有一支是到了春秋時期，賈國被晉國吞滅，晉襄公把賈邑封給自己的表舅狐偃的兒子狐射姑，狐射姑字季他，他又叫作賈季或是賈他。晉襄公命賈季為中軍元帥，讓趙盾作他的副手。後來由於與趙盾爭權失敗，賈季失勢後被迫逃亡，他的後世子孫皆以「賈」為姓。

第四節　《百家姓》與識字教學、倫理道德教育

古代的識字教學叫「小學」，說明古人非常懂得在兒童階段識字的重要。兒童弱於理解，強於誦讀記憶。漢字語音中，元音佔優勢，音樂性極強，這就契合了識字階段的兒童通過唱歌或遊戲學習識字的心理特點。我們中國古代的教育家抓住幼兒識字教學的這個規律，避免了單個教學漢字的枯燥，創造了利用韻語集中識字的捷徑。在識字教學過程中，一抓漢字的表意性特點，利用漢字的形、音聯繫；一抓漢語的韻語特點，實現漢字形、音、義的結合，編寫出適合兒童背誦的韻文識字教材，讓學生在娛樂式的吟唱中，感悟漢字的形、音、義，再經過發酵式的潛移默化，最終完成集中識字的任務。《百家姓》作為教材，將幾百個毫無意義聯繫的姓氏漢字，採用四言體例，連綴成韻文，句式整齊，押韻合轍，將單調乏味的識字教學變成生動活潑的群聲合唱，寓教於

樂，易學好記，一文成誦而數百字嵌入心靈。《三字經》中所蘊含的倫理道德教育的積極方面，也值得肯定。

一、《百家姓》與識字教學

在宋元時期的蒙規中，直接討論識字教學的不多見。王日休《訓蒙法》有這樣的規定：

> 小兒讀書，若初四句，不必多教遍數，且以教識字為上，既識字，則可令其自讀。若未能盡讀，且讀兩句，其兩句識得字，又讀得稍熟，則令識後兩句字。讀後兩句，又稍熟，然後令通讀四句。
> 既讀得四句盡熟，則放歸。似此數日，則又可添一兩句。〔註18〕

可以看出，這種教法，是在教授兒童讀書的同時讓他們識字，並非是讓兒童先集中識字後才讀書。這也是一種「循序漸進」的識字教學法。主張少讀，熟讀。前面的讀過了，鞏固了，再繼續增加內容，直至讀熟，讀懂。

程端禮在《程氏家塾讀書分年日程》中也涉及到識字的教法，他把識字和寫字放在一起，稱之為「考字」：「欲考字，看《說文》《字林》《六書略》《切韻指掌圖》《正始音》《韻會》等書，以求音義、偏傍、點畫、六書之正。」〔註19〕這是一種在習字的時候識字的方法。就是在習字的時候，遇有不認識者，查校其他的字書，以正音、正形。這樣做，可以一邊習字一邊識字，只是這對於孩童們來說是比較困難的。清代的陸世儀在《論小學》中也談到：「凡子弟學寫仿書，不獨教他字好，即可兼識字及記誦之功。」〔註20〕他也看到了寫字對於識字的促進作用。

宋代是我國古代蒙學教育發展的新階段，非常重視識字教學，在繼承前人的基礎上仍然採取集中識字的辦法，沿用了前代的《千字文》還編寫了新的集中識字教材。在眾多的識字教材中，以《百家姓》《三字經》最為著名。宋代很多蒙學教材是在繼承和發展前人編寫蒙學教材的經驗的基礎上編寫而成，如至今仍流傳的《三字經》《百家姓》等，就借鑒了前人編寫教材的經驗，全

〔註18〕〔宋〕王日休，訓蒙法〔M〕//徐梓，王雪梅‧蒙學要義‧太原：山西教育出版社，1991：158。

〔註19〕〔元〕程端禮撰；姜漢椿校注，程氏家塾讀書分年日程〔M〕，合肥：黃山書社，1992：30。

〔註20〕〔清〕陸世儀，論小學〔M〕//徐梓，王雪梅‧蒙學要義‧太原：山西教育出版社，1991：6～7。

篇以三字或四字一句，和諧押韻，通俗易懂，讀起來琅琅上口，文字簡練，善於概括，便於記誦。

據宋代鄭樵的《通志‧氏族略》記載，宋代已有 2255 個姓，但是《百家姓》成書比《氏族略》要早。宋初的實際用姓要比《百家姓》記載的多，也就是說《百家姓》是從當時的實際用姓中選擇一些常見的姓氏編撰的。常見姓氏，也是常用字，兒童掌握了這些常用字，可以為進一步識字打下堅實基礎。

二、《百家姓》與倫理道德教育

《百家姓》的編寫出於啟蒙識字和封建倫理道德教育。古人十分重視家庭和家庭教育，歷史上一些文人、教育家、朝廷官員編寫了大量有關家教、家訓的書籍，如顏之推有《顏氏家訓》，諸葛亮有《誡子書》，陸游有《放翁家訓》等。以血緣關係為紐帶的封建宗法制或家族制度，是我國封建社會的重要制度，因此對於姓氏的學習也是育人的重要組成部分。學習《百家姓》，對家族成員也能起到警示、激勵的作用，有助於塑造良好的德性，維護家族的穩定發展。當然《百家姓》中倫理思想的不足之處，也表現得十分明顯，帶有姓氏貴賤和尊卑有序的封建思想意識，從「趙錢孫李，周吳鄭王」的排列順序就可以看出。

同時，《百家姓》還滿足了中華民族一種普遍的尋根心理。《百家姓》在姓氏下面注明該姓氏的郡望。郡望是大家望族的郡屬，瞭解本姓氏的郡望，恰好可以滿足這種尋根的心理。《百家姓》還有出於禮節的考慮，教育孩童盡早記住別人的姓氏。人們對姓氏的眷戀和禮儀的樸實的需求，促進了《百家姓》的流行與使用。

第六章 「蒙學之冠」《三字經》

　　《三字經》是我國古代具有代表性的兒童蒙學教材，與《百家姓》《千字文》俗稱「三千百」。《三字經》問世之後，因為其具有概括性強、文字簡練等特點而廣為流傳。《三字經》所謂包括「天人性命之微，地理山水之奇，歷代帝王之統緒，諸子百家著作之原由」，因而成為一本學習中國歷史文化和倫常道德的入門書，被人推崇為「袖裏通鑒綱目」，「若能句句知詮解，子史經書一貫。」〔註1〕章太炎在《重訂三字經》卷首題辭中說：「其書先舉方名事類，次及經史諸子，所以啟導蒙稚者略備，觀其分別部居，不相雜廁，以較梁人所集《千字文》，雖字有重複，辭無藻采，其啟人知識過之。」〔註2〕《三字經》作為流傳千年的蒙學教材，值得學習、研究。

第一節 《三字經》的作者與成書時間

　　《三字經》的作者存在著不同的說法，其成書時間也有待進一步釐清。

一、關於《三字經》作者的不同說法

　　《三字經》的作者到底是何人，學界中有兩種爭議較大的說法，一說認為《三字經》的作者是王應麟，另一說認為《三字經》的作者是區適子，另外，還有學者認為《三字經》的作者是黎貞。

〔註1〕喻岳衡·傳統蒙學書集成〔M〕，長沙：嶽麓書社，1996：1。
〔註2〕子靜，三字經·百家姓·千字文·千家詩：啟蒙小四書〔M〕，上海：上海大學出版社，2005：137。

（一）《三字經》的作者為王應麟說

清代王相最早提出《三字經》的作者是王應麟，他在《三字經訓詁》的序文中提到：

> 宋儒王伯厚作《三字經》以課家塾，言簡義長，詞明理晰，淹貫三才，出入經史，誠蒙求之津逮大學之濫觴也。〔註3〕

此序的落款為「康熙丙午」年，即公元 1666 年。清雍正年間（1723～1735）夏之翰為王應麟的《小學紺珠》作序時提到：「吾就塾時，讀三言之文，不知誰氏作。迨年十七，始知其作自先生（指王應麟），因取文熟復焉，而歎其要而該也。」〔註4〕清代道光庚戌（1850）年賀興思在《三字經注解備要》中提到：「宋儒王伯厚先生《三字經》一出，海內誨子弟之發蒙者，咸恭若球刀。」〔註5〕劉春霖說：「王伯厚所著《發蒙三字經》一書，句短而事略備，文簡而義頗賅，最便初學。」〔註6〕清代戴震在《三字經箋注》中說：「宋王伯厚以《曲禮》諸書，讀應《爾雅》，非可使少兒聞語曉貫。因比類諧聲，成《三字經》一冊。」〔註7〕戴震認為，正是因為古時候流傳下來的典籍不太適合蒙童學習，王應麟才編撰《三字經》一書。可見在清代，眾多學者認同《三字經》的作者為王應麟的說法。在清代道光三十年歙西徐士業校刻本的《三字經訓詁》中，也明確提出《三字經》的作者為王應麟。

對於《三字經》作者是王應麟一說，也有質疑者。清代凌揚藻認為，王應麟之所以被傳為《三字經》的作者，主要是人們「臆度而歸之爾」〔註8〕。清代學者陸以湉也認為，王應麟並非是《三字經》的作者；他以《困學紀聞》與《三字經》作比較，發現《三字經》內容「疏舛」，故而認定《三字經》不是王應麟所作〔註9〕。但是二人只是提出自己的質疑，並沒有進一步展開論述。

〔註3〕〔宋〕王應麟著；〔清〕王相，訓詁，三字經訓詁〔M〕，北京：中國書店，1996：1。

〔註4〕〔清〕翟灝撰；顏春峰點校，通俗編〔M〕，北京：中華書局，2013：96。

〔註5〕〔宋〕王應麟著，〔清〕賀思興注，三字經注解備要〔M〕，西安：益興堂藏本，1933：1。

〔註6〕陸林，三字經輯刊〔M〕，合肥：安徽教育出版社，1994：167。

〔註7〕〔清〕戴震，戴震文集〔M〕，北京：中華書局：1980：209。

〔註8〕〔清〕凌揚藻、蠡勺編〔M〕，上海：商務印書館，1936：356。

〔註9〕〔清〕陸以湉，冷廬雜識〔M〕，北京：中華書局，1984：334。

（二）《三字經》的作者為區適子說

關於《三字經》的作者，另有一種說法，即認為《三字經》的作者為宋末區適子。最早提出這種說法的是明代的黃佐，他在《廣州人物傳》中記載：「區適，字正叔，南海人，幼爽邁，能文辭，於經史皆通大義……今訓蒙《三字經》，適子所撰也。文殊馴雅，童子多習誦之，與周興嗣《千文》並行。」〔註10〕明代郭棐在《粵大記》中記載：「區適子，字正叔，登洲人……故老傳，今訓蒙《三字經》適子所撰也，童子多誦之。」〔註11〕

雖然在黃佐、郭棐二人的專著中都提到《三字經》為區適子所撰，但是在二人修著的地方志《廣東通志》中並沒有提到區適子撰寫《三字經》一事。如郭棐所編《廣東通志》中所載：

> 元區適子，字正叔，南海登州人。父璵，仕宋為德慶參軍，廉介有聲。適子幼俊爽能文詞。及長，厚重寡言笑，以博洽聞。學者多從之遊。所居鄉名「鮀洲」，而適子自號「登洲」，於是人更名其鄉「登洲」，以適子故也。適子抱道不仕，或問之，曰：「吾南人操南音，安能與達魯花赤俯仰耶？」京口劉與子序適子文曰：「君德人也，余以文士目之，淺矣。扶胥之南，粵臺之下，寧復有斯人哉？」
> 子魯卿元季出粟四百石作粥食饑者。魯卿卒，盜戒勿犯其墓。〔註12〕

黃佐是《廣東通志》的第二任編者，郭棐是第三任編者，由此可知郭棐應該是在黃佐編著的基礎上撰寫的，但是，二人都沒有在《廣東通志》中提到區適子撰寫《三字經》一事，只是在自己的著作中提到，因此人們對於是否是區適子撰寫《三字經》一事的真實性，不免產生懷疑。

到了清代，阮元等人在道光年間所編《廣東通志》中明確提到《三字經》是區適子撰寫的：

> 區適子（戴志、黃志俱作「區適」，無「子」字，誤），字正叔，南海人。幼爽邁，通經史，能文詞。及長，厚重寡言笑，以博學多聞稱，里人慕之，多造門求講，從遊者數百人。所居地舊名「鮀洲」，而適子號「登洲」，鄉閭稱為「登洲先生」，因更其地為「登洲」鄉。

〔註10〕〔明〕黃佐，廣州人物傳〔M〕，廣州：廣東高等教育出版，1991：264。
〔註11〕〔明〕郭棐，粵大記〔M〕，廣州：中山大學出版社，1998：678。
〔註12〕〔明〕陳大科、戴耀修、郭棐等，廣東通志（第42冊）〔M〕，北京：中國書店，1992：646。

適子父瑍，字良玉，仕宋為德慶參軍，居官廉介有聲。從父翊龍官至朝散郎，世食宋祿。適子以宦家子，抱道不仕。家素饒於財，嘗遇歲大饑，出粟四千餘石（一作四百石）為粥飼貧民。鄉里皆感其德（《郭志》《粵大記》《順德志》《五山志林》以作粥為其子魯卿事，舊志誤）。優游里閈，嘉遯終身。元末兵戈俶擾，群盜過其墓相戒曰：「勿犯此吾施粥主人也。」有詩文若干卷。京口劉與子序之曰：「翁，德人也，予始以文士目之，不亦淺歟？」又曰：「扶胥之南，粵臺之下，豈復有斯人哉？」故老相傳今訓蒙《三字經》，適子所撰也，文殊馴雅，童子多習誦之。〔註13〕

《廣東通志》明清兩代六次纂修，分別是明嘉靖十四年（1535年）戴璟等編、明嘉靖三十六年（1557年）黃佐等編、明萬曆二十七年（1599年）郭棐等編、清康熙十四年（1675年）金光祖等編、清雍正八年（1730年）郝玉麟等編、清嘉慶二十三年（1818年）阮元等編。從清代《廣東通志》中的記載可知，清代的《廣東通志》是參考了明代戴璟、黃佐和郭棐等分別編寫的三部《廣東通志》，同時也參考了《粵大記》《五山志林》和《順德縣志》。其中，《順德縣志》與《粵大記》都認為區適子是《三字經》的作者，《五山志林》內容與明代《廣東通志》一致，並未提到《三字經》一事。自黃佐的《廣州人物傳》中提到區適子撰寫《三字經》一事後，直到清代依然沒有足夠的證據來充實這種說法，所以，有的材料就避而不談，如《五山志林》，而談到者，也小心翼翼，冠以「故老相傳」，如阮氏《廣東通志》。筆者認為，區適子為《三字經》作者一說，缺乏相關的史實材料，這種提法的真實性有待商榷。

（三）《三字經》的作者為黎貞說

關於黎貞編撰《三字經》的說法，僅見清代邵晉涵的記載：「《三字經》為南海黎貞所作。趙考古自瓊山攜歸以授村塾，別見《廣東新語》。」〔註14〕此外並未發現能夠說明黎貞與《三字經》關係的其他記載，黎貞作《三字經》一說難以成立，黎貞充其量是個早期傳播者。

〔註13〕〔清〕阮元等，廣東通志〔M〕，上海：商務印書館，1934年影印同治二年重刊本：4693～4694。

〔註14〕〔清〕邵晉涵，南江詩鈔〔M〕，清嘉慶八年面水層軒刻本：26。

二、《三字經》的成書時間

前文提到《三字經》的作者是南宋的王應麟，因此《三字經》的成書時間應該在南宋時期，以下幾個論據作為支撐：

第一，從《三字經》引用的典故大多是在北宋及北宋之前，見下表〔註15〕：

原　文	歷史人物	所處時代
擇鄰處，子不學，斷機杼	孟母	先秦
有義方，教五子，名俱揚	竇燕山	五代
香九齡，能溫席	黃香	東漢
融四歲，能讓梨	孔融	東漢
昔仲尼，師項橐，古聖賢，尚勤學	孔子	先秦
趙中令，讀魯論，彼既仕，學且勤	趙普	北宋
披蒲編	路溫舒	西漢
削竹簡	公孫弘	西漢
頭懸樑	孫敬	東漢
錐刺股	蘇秦	先秦
如囊螢	車胤	東晉
如映雪	孫康	東晉
如負薪	朱買臣	西漢
如掛角	李密	隋朝
二十七，始發憤，讀書籍	蘇洵	北宋
八十二，對大廷，魁多士	梁顥	北宋
瑩八歲，能詠詩	祖瑩	北魏
泌七歲，能賦棋	李泌	唐朝
方七歲，舉神童，作正字	劉晏	唐朝
能辨琴	蔡文姬	東漢
能詠吟	謝道韞	東晉

由上表可知，《三字經》所引用的典故最早始於春秋，最晚至北宋。因此《三字經》的最早成書時間應該在北宋之後，最晚時間應該為南宋。

第二，《三字經》中強調「為學者，必有初，《小學》終，至《四書》」〔註16〕

〔註15〕李卓林，《三字經》研究〔D〕，長春：東北師範大學，2012：15～16。
〔註16〕王應麟，三字經〔M〕，長沙：嶽麓書社，1986：13～14。

「《孝經》通，《四書》熟，如《六經》，始可讀。」〔註17〕說明《三字經》的成書一定晚於這些書籍，其中《孝經》《四書》以及《六經》的成書遠遠早於宋代之前。而《小學》是朱熹教育思想的代表作，完成於宋淳熙十四年（1187年）〔註18〕。元世祖二十一年（1284年）立國子學，《小學》納入兒童學習的範圍。「延祐開科，遂以朱子之書為取士之規程」，「《小學》通行於海內矣」，「終元之世，莫之改易焉。」〔註19〕王應麟生活在 1223 年～1296 年，在此期間撰寫《三字經》也是符合邏輯的。

總之，《三字經》應該是由南宋王應麟撰寫，加之《小學》被官方納入兒童學習範圍的時間，推測《三字經》應該是創作於王應麟晚年。

第二節 《三字經》的版本與內容分析

《三字經》的版本不同，其內容也存在一定的差異。

一、《三字經》的版本

現在流傳的《三字經》已經不是原本的《三字經》，今所見的《三字經》版本均是後世改動過的本子，但是後人撰寫的《三字經》的注釋本十分接近《三字經》的原貌。本節將選取具有代表性的《三字經》注釋本進行研究。

關於《三字經》的注釋本具體有多少已經無法統計，根據陸林統計，從最早的《三字經》注本算起，截止到 1937 年，就有 13 種〔註20〕。其中影響最大的注本有三種，即趙南星注本、王相注本和賀興思注本。

明代趙南星的《三字經注》，見於《味蘗齋遺書》，學界普遍認為趙注本的內容最接近《三字經》原貌，但注釋的文字難以校讀，其產生的具體時間遂不得而知〔註21〕。王相注本《三字經》撰寫於 1666 年，該本注釋簡明通俗。賀興思的注本原名《三字經注解俗講》，後來被岳門朗軒氏增補後改名為《三字經注解備要》。

〔註17〕王應麟，三字經〔M〕，長沙：嶽麓書社，1986：17。
〔註18〕束景南，朱熹年譜長編（上卷）〔M〕，上海：華東師範大學出版社，2001：853。
〔註19〕柯劭忞，新元史〔M〕，北京：中國書店，1988：905。
〔註20〕陸林，三字經輯刊‧歷代三字經分類書目稿〔M〕，合肥：安徽教育出版社，1994：466～468。
〔註21〕李卓林，《三字經》研究〔D〕，長春：東北師範大學，2012：20。

將這三個版本的本子內容的異處進行比較，如下表〔註22〕：

趙南星注本	王相注本	賀興思注本
與絲竹，乃八音。	絲與竹，乃八音。	絲與竹，乃八音。
作中庸，乃孔伋。	作中庸，乃子思。	作中庸，乃孔伋。
我姬公，作周禮，著六經，存治體。	我周公，作周禮，著六官，存治體。	我周公，作周禮，著六官，存治體。
大小戴，著禮記。	大小戴，注禮記。	大小戴，注禮記。
魏蜀吳，爭漢鼎。	魏蜀吳，爭漢鼎。	蜀魏吳，爭漢鼎。
炎宋興，受周禪，十八傳，南北混。遼與金，皆稱帝，元滅金，絕宋世，盡中國，為夷狄。明朝興，再開闢，廿一史，全在茲。	炎宋興，受周禪，十八傳，南北混。遼與金，帝號紛，迨滅遼，宋尤存。至元興，金緒歇，有宋世，一同滅，並中國，兼戎翟。明太祖，久親師，傳建文，方四祀，遷北京，永樂嗣，迨崇禎，煤山逝。十七史，全在茲。	炎宋興，受周禪，十八傳，南北混。遼與金，皆稱帝，元滅金，絕宋世。蒞中國，兼戎狄。九十年，國祚廢。太祖興，國大明，號洪武，都金陵，迨成祖，遷燕京，十六世，至崇禎，權奄肆，寇如林，至李闖，神器焚。清太祖，膺景命，靖四方，克大定。廿一史，全在茲。

通過比較發現，這三個版本一共有六處不同，其中五處為文字上的不同：（1）「與絲竹，乃八音」和「絲與竹，乃八音」，都是說「絲」和「竹」與其他六種樂器共同組成中國傳統的八種樂器。（2）「乃孔伋」和「乃子思」中的名字，是指孔子的嫡孫、孔鯉的兒子──孔伋，字子思。（3）「我姬公」和「我周公」，「姬公」即「周公」，是指周公姬旦。（4）「著禮記」和「注禮記」中的「著」和「注」，都是寫的意思。（5）「魏蜀吳」與「蜀魏吳」指的都是魏國、蜀國、吳國，只是表達順序不同。（6）區別最大的一處，是關於宋代以後的敘史記錄，趙南星注本對元史的敘述十分簡略，還帶有明顯的貶義，如「盡中國，為夷狄」；王相注本和賀興思注本對元明歷史的敘述則較為充分，也沒有貶低元朝的意思。

二、《三字經》內容分析

《三字經》全文共一千餘字，三百餘句；內容十分豐富，包含天文地理、歷史與古今人物等內容，還蘊含豐富的倫理道德觀念。根據內容大意，將正文大致分為六個部分。

〔註22〕陸林，三字經輯刊〔M〕，合肥：安徽教育出版社，1994：3～41，71～145。

第一部分，從「人之初，性本善」到「人不學，不知義」〔註23〕。這部分充分體現了儒家的教育思想，即孔子強調的「性相近」的人性論，孟子主張的「性善論」。這部分強調人的本性善良，但是如果不加強後天的教育，減少周圍環境的不良影響，人的本質就會發生變化。舉出孟母三遷和竇燕山教成五子的例子，強調後天教育的重要性，以「玉」喻人，說明只有學習才能讓人成才。

第二部分，從「為人子，方少時」到「父子親，夫婦順」〔註24〕。這部分主要介紹兒童所應該知道的道德禮儀，說明孝悌道理，講述介紹三綱五常的常識，要求兒童從小要孝敬父母、尊敬兄長等。

第三部分，從「曰春夏，曰秋冬」到「此十義，人所同」〔註25〕。這部分主要闡述一些自然科學知識以及生活常識，如四季、四方、五行、六穀等。其中在介紹什麼是兄弟、君臣時，也蘊含了封建倫理綱常思想。

第四部分，從「凡訓蒙，須講究」到「考世系，知始終」〔註26〕。這部分介紹學習的內容和為學的次第，從《四書》開始，介紹各種讀物的特點，包括《論語》的撰述經過、《孟子》的主要內容、《中庸》的名義、《大學》的修治之道。除了「四書」之外，還提及《周易》的變化、《尚書》的體裁、「三禮」的作者、「四詩」的由來、《春秋》的宗旨和「三傳」的名目，以及先秦諸子中的五子。

第五部分，從「自羲農，至黃帝」到「朝於斯，夕於斯」〔註27〕。這部分從羲農起，將中國歷史的發展敘述一遍，有利於蒙童瞭解祖國歷史。

第六部分，從「昔仲尼，師項橐」到「戒之哉，宜勉力」〔註28〕。這部分借講述歷史故事達到勸學的目的。首先講了歷史上很多努力學習、最終取得成就的人物故事，如孔子、趙普、溫舒、公孫弘、孫敬、蘇秦等；還舉出年紀雖小卻很聰穎的例子，鼓勵兒童要從小立志學習。最後用犬雞蠶蜂作比喻，循循善誘，使兒童明白讀書是為了忠君惠民、光宗耀祖。

在《三字經》中，作者在教導兒童時，涉及教授兒童常識、倫理綱常、歷史知識等多方面內容，表達出應當「子史經書一貫通」的觀點，其實就是強調

〔註23〕王應麟，三字經〔M〕，長沙：嶽麓書社，1986：1～4。
〔註24〕王應麟，三字經〔M〕，長沙：嶽麓書社，1986：4～7。
〔註25〕王應麟，三字經〔M〕，長沙：嶽麓書社，1986：7～13。
〔註26〕王應麟，三字經〔M〕，長沙：嶽麓書社，1986：13～22。
〔註27〕王應麟，三字經〔M〕，長沙：嶽麓書社，1986：22～36。
〔註28〕王應麟，三字經〔M〕，長沙：嶽麓書社，1986：36～44。

為學之初應當博覽群書。兒童在識字的同時，不知不覺中就懂得了這些道理，有利於進一步的學習，因此，我們不能不說《三字經》這本蒙學識字教材，有它的高明之處。

第三節 《三字經》的特點

《三字經》三字成句，整齊押韻，朗朗上口，易於記憶。僅從這點上看，便自有其文化史和教育史上的價值，這裡從內容和形式兩方面分析《三字經》的特點。

一、《三字經》內容特點

《三字經》內容十分豐富，體現了實用性、教化性、基礎性、綜合性的特點。

（一）《三字經》的實用性、教化性

在我國封建社會，主流文化、主流思想即為儒家文化和儒家思想，因而所提倡的道德亦為儒家倫理道德。《三字經》中的三綱五常和十義等，都體現了儒家倫理道德的最核心思想——忠與孝，忠君報國符合統治者對人才的期望。強調幼兒首先學習四書五經，這正是儒家文化的經典；又強調讀史，讀史乃為「以知往事，以資於治道」，目的仍然是以史為鑒，更好地治理國家。

《三字經》不僅重視道德教育，還將其排在首位，從「首孝悌，次見聞」就可知。德育是非常重要的，可以培養學生的品德，制約他們的發展方向，決定了學校教育的性質，影響社會的穩定和發展。孔子說：「弟子入則孝，出則弟，謹而信，泛愛眾，而親仁。行為餘力，則以學文。」又說：「博學於文，約之以禮，亦可以弗畔矣夫。」〔註29〕孟子說：「設為庠序學校以教之……皆所以明人倫也。」〔註30〕《三字經》的教育內容非常具有實用性——培養具備高尚封建倫理道德的人才，以適應社會發展的需要，同時這樣的道德教育也有利於規範蒙童的身心，起到潛移默化的教化作用。

（二）《三字經》的基礎性、綜合性

《三字經》符合蒙童的心理，注重基礎知識的學習。強調如何學習時，舉

〔註29〕楊伯峻，論語譯注〔M〕，北京：中華書局，1980：4～5，129。
〔註30〕楊伯峻，孟子譯注〔M〕，北京：中華書局，2010：108。

出大量通俗易懂的例子來證明；調家庭教育重要性，一句話概括：子女未教育好是父母的過錯；強調學習方法方面，非常簡單，要爛熟於心，古人云：書讀百遍，其義自現；強調學習禮儀方面，遵循就近原則；教導幼兒處理好與家人之間的關係時，用黃香孝敬父親和孔融讓梨的故事，深入淺出地闡明道理；強調名物常識，非常基礎，如一、十、百、千、萬等數字，天地人等三才，太陽、月亮、星星等三光，都是最常見的。無論是六穀、六畜、七情等，都是與日常生活緊密相關的，兒童在日常生活中可以接觸到。強調經子類知識和歷史知識學習，也均是基礎知識。

《三字經》的內容十分豐富，雖然全書篇幅不大，卻包含多方面的內容。在教兒童識字的同時，還傳授倫常、經學、數目、名物、歷史等知識，體現出綜合性的特點。

二、《三字經》形式特點

《三字經》中多為常用字，三字一句，句子短小，形式整齊，隔句押韻，朗朗上口，便於誦讀吟詠，便於記憶。

（一）文字常用，語言精練

《三字經》所選用的文字在當時都是很常用的字，其含義容易被蒙童理解。王相注本原文 374 句，1122 個字，除去重複的字，共用字 554 個。這些用字，即使放在今天的閱讀教材中，大部分也是常用字；而且語句也簡潔明瞭，有些語句近乎日常口語，如「蘇老泉，二十七，始發憤，讀書籍」。淺顯的文字，簡明的語句，使得內容通俗易懂。

王相在《三字經訓詁》序言中稱讚它「言簡意明」，是很恰當的。從整體看，全文一千餘字，在內容上分六個部分。從局部看，從「論語者，二十篇」到「文中子，及老莊」，只用了 180 個字，就把「四書」的作者與內容、六經的傳注以及有代表性的子書，講得清楚明白。講歷代世系，用 300 多個字敘述歷史發展沿革，線索清楚，語言簡練，便於記憶。

（二）三字一句，句式整齊

《三字經》通篇採用三字一句的形式；這種三言的結構形式，相比於四言、五言、七言，句子短小，形式整齊，有利於蒙童朗讀、記憶。張志公說：「從句法上看，可以說得上是靈活豐富，包羅了文言裏各種基本的句式，既

有訓練兒童語言能力的作用，又使全書的句子顯得有變化，樣式多，不枯燥。」〔註31〕「竇燕山，有義方」「昔孟母，擇鄰處」，是主語＋謂語的形式；「蠶吐絲，蜂釀蜜，犬守夜，雞司晨」，是主語＋謂語＋賓語的形式；「寓褒貶，別善惡，撮其要，記其事」是謂語＋賓語的形式；這樣的結構形式，有利於蒙童熟悉豐富而靈活的句式。

（三）韻律和諧，朗朗上口

《三字經》是一篇音韻和諧，琅琅上口的作品。從王相的注本來看，全文使用了以下幾種韻：一、（前言韻），其韻腳有善、遠、遷、專、篇、言、建、篡、漢、獻、簡、勉等；二、（姑蘇韻），其韻腳有處、杼、土、數、初、書、熟、讀、錄、目、股、苦等；三、（江陽韻），其韻腳有方、揚、藏、詳、羊、梁、揚、莊、湯、王、商、亡；四、（坡梭韻），其韻腳有過、惰、作、惡、囊、學、角、卓；五、（一七韻），其韻腳有器、義、時、儀、席、執、梨、知、稷、食、豕、飼、止、義、筆、易、子、治、記、備、子、事、史、始、帝、世、西、齊、師、基、翟、師、祀、嗣、逝、茲、七、籍、遲、思、士、異、志、詩、棋、奇、之、仕、致、是、益、力、懼、具、宇、緒；六、（人辰韻），其韻腳有聞、文、人、順、信、紊、金、音、身、孫、倫、晉、混、存、論、勤、琴、吟、敏、晨、人、民；等等〔註32〕。

第四節　《三字經》蘊含的蒙學教育理念

《三字經》不僅是識字教材，更是多功能的啟蒙讀物。短短一千餘字的內容，將中國古代社會的倫理、文化、歷史、天文、地理、古今人物等常識包含在內；將這些知識灌輸給孩童，使他們在為學之始，就能有清晰的人生方向和必備的學問基礎。

一、識字教育中蘊含豐富的儒家思想

在論及學習的內容和為學的次第時，《三字經》強調要讀好《論語》《孟子》《中庸》《大學》《周易》《尚書》《詩經》《春秋》等儒家經典，熟讀儒家的「四書五經」，再讀「五子」的作品以及歷史著作，瞭解社會文化。《三字經》蘊含

〔註31〕張志公，傳統語文教育教材論〔M〕，上海：上海教育出版社，1992：23。
〔註32〕盧永芳，古代蒙學教材《三字經》研究〔D〕成都：四川師範大學，2011：22。

豐富的儒家道德思想，它高度概括了封建倫理道德思想的核心——三綱五常和君臣十義，即三綱——人與人之間應該遵守的三種行為準則——君為臣綱、父為子綱、夫為妻綱；五常——做人的五種基本德性——仁、義、禮、智、信；十義——做人的十種行為準則——父慈、子孝、夫和、婦從、兄友、弟恭、朋信、友義、君敬、臣忠，概括地說就是，長輩、晚輩之間要注意尊卑的次序，朋友之間要注意守信用、講義氣，君主對臣子要敬重，臣子對君主要忠誠。《三字經》的編寫，是以儒家思想為主導，注重精神道德的建設，不僅注重知識灌輸，更注重人品道德修養的培養。

二、蒙學教材的編寫宜便於背誦

古代的識字教育主張以背誦為主，因此蒙學教材很大的特點在於方便背誦。《三字經》三字一句，接近口語，類似兒歌，容易記憶，句式短，變化快，讀來並不枯燥。三言的句子，在組合變化上，也較四言活潑自然，加上句短諧韻，成功地改良了宋代以前蒙學讀物以四言為主、句式舒緩、誦讀起來過於凝重和不易記誦的缺點。

古人主張教授學生的書文，不在乎多，而在於精熟。背誦並不是因為書文本身的內容有多重要，而在於把背誦看作一項重要的手段，只有背誦，才能使所學知識精熟不忘。蒙學教育的對象是幼童，識字教材應根據兒童長於記憶而短於理解的特點，力求顯淺，強調反覆成誦的學習方式。識字過程以先認、讀，後寫和理解的步驟為主導，以背誦為主要方式。

三、蒙學教材應符合兒童的認知心理

結合當今的兒童認知心理學理論可以發現，《三字經》的編寫是符合蒙童的認知心理的。其一，根據皮亞傑的信息加工理論可知，記憶分為識記、保持和回憶，其中識記分為無意識記、有意識記、機械識記、意義識記等四種類型。《三字經》的編寫，符合有意識記和機械識記的特點，三字一句的短小結構，十分有利於蒙童有意識記和進行機械記憶。其二，認知策略是加工信息的方法和技術，有助於有效地從記憶中提取信息。其中組織策略是認知策略的一種，組織策略主要有兩種，其中一種是歸類策略，用於概念、語詞、規則等知識的歸類整理。《三字經》中的分類就十分符合記憶的特點，比如將四季、四方、五行、五常、六穀等常識歸為一類，以三言一句的形式，分類敘述，清晰鮮明，便於識記。

　　兒童愛聽故事，《三字經》把講故事、講歷史和語文學習結合起來，說故事與講道理相結合，兩者相輔相成。《三字經》中的典故和民間故事，俯拾皆是。這種事理並舉的教學方式，抓住兒童的年齡特征和學習心理，即兒童容易接受具體形象的事物的特點，給兒童一個又一個形象可感的學習榜樣、明確的奮鬥方向；兒童喜歡聽故事，就能將故事內容很快記住。

第七章　《千家詩》與詩歌啟蒙

　　《千家詩》成書於南宋，經過不斷完善，不僅是明清兩代最普及的蒙學教材之一，而且流行至今。

第一節　《千家詩》的版本

　　眾多學者曾對《千家詩》進行校勘、釋讀、注解，重訂、修訂，逐漸形成各種版本的《千家詩》。關於《千家詩》的作者，有劉克莊、謝枋得、王相、黎恂諸說，因作者不同而形成不同的版本。

一、《分門纂類唐宋時賢千家詩選》

　　最早的《千家詩》版本，是劉克莊選編的《分門纂類唐宋時賢千家詩選》，又名《後村千家詩》。劉克莊字潛夫，號後村，人稱後村先生。《後村千家詩》編選於南宋末年，清以前記載較少，目前可知的版本，主要有元刊本（北京大學圖書館藏本及日本斯道文庫藏本、日本成簣堂文庫藏本）、明抄本、清《棟亭集十二種》本、《宛委別藏》本等，以上版本均為殘本。單行本《後村千家詩》不見於世。翟灝《通俗編》載：

> 　　宋劉後村克莊有《分門纂類唐宋千家詩選》，所錄惟近體，而趣尚顯易，本為初學設也。今村塾所謂《千家詩》者，上集七言絕八十餘首，下集七言律四十餘首，大半在後村選中，蓋據其本增刪之耳，故詩僅數十家，而仍以千家為名。下集綴明祖《送楊文廣征南》之作，可知其增刪之者，乃是明人。〔註1〕

〔註1〕〔清〕翟灝，通俗編：卷二〔M〕，北京：商務印書館，1958：27。

翟灝記載了當時人們關於《千家詩》起源的普遍認識。《千家詩選》是仿照類書體例編輯的詩歌選集，全書二十二卷，共收錄近體詩1281首，選入的大多是唐宋詩人的絕句、律詩。《分門纂類唐宋時賢千家詩選》是根據近體詩題材和內容而選錄的，共分為十四個門類：時令、氣候、節候、晝夜、百花、竹林、地理、宮室、天文、器用、音樂、昆蟲、禽獸、人品。然而《分門纂類唐宋時賢千家詩選》卻有很多錯誤，詩中的字句每每誤抄妄改，甚至連詩作者的姓名也常常張冠李戴。據日本成簣堂文庫藏元刊本《分門纂類唐宋時賢千家詩選》卷首牌記記載：「後村先生集撰唐宋時賢五七言詩選……不惟助騷人之唱和，亦可供童輩之習讀。故名曰《千家詩選》。同輩有志於斯，供之一覽，使余無抱樸之恨耳。幸鑒。」〔註2〕

　　後代學者綜合各種版本，開展對劉克莊《分門纂類唐宋時賢千家詩選》的整理工作。胡問儂、王皓叟校注的《後村千家詩校注》，以《棟亭集十二種》本為底本，比對相關別集、總集進行校勘整理，對書中的錯誤給予糾正，成為劉克莊《分門纂類唐宋時賢千家詩選》的較早讀本〔註3〕。該版本校注比較精良，但採用問題較多的《棟亭集十二種》本為底本，刪去原書中標注的「唐賢」「宋賢」「時賢」等字樣與時段標記、錄詩書目等。

　　李更、陳新重新校正、整理為《分門纂類唐宋時賢千家詩選校證》〔註4〕。此書以元刊本為底本，參考北京大學圖書館藏本、日本斯道文庫藏本、國家圖書館所藏明抄本。

二、《增補重訂千家詩》

　　謝枋得，字君直，號疊山，精通六經之學，是著名的蒙學教育者；謝枋得選編的《增補重訂千家詩》，共選錄九十四首七絕、四十八首七律。通過對比目錄，可知基本上是根據劉克莊《千家詩選》增減選錄的，體例上基本是以春夏秋冬為序，但個別詩作沒按這個順序。例如在七言絕句中，蔡確的《夏日登車蓋亭》放在了描寫秋的部分。雖然沒有《千家詩選》那麼細的類目，但是基本上保持了劉克莊選本的選編特色，可以說《增補重訂千家詩》是對《千家詩

〔註2〕〔宋〕劉克莊，分門纂類唐宋時賢千家詩選〔M〕，元刊本：卷首。

〔註3〕胡問儂、王皓叟校注，後村千家詩校注〔M〕，貴陽：貴州人民出版社，1986：1～6。

〔註4〕李更，陳新校證，分門纂類唐宋時賢千家詩選校證〔M〕，北京：人民文學出版社，2002-12。

選》的增刪調整，但是所選詩歌的總體數量減少。近代一些研究者對《千家詩》的選注者是謝枋得還是王相（詳後），也頗有異議。張哲永《千家詩評注·前言》說：

> 七言《千家詩》署名謝枋得選，恐怕一是「託古」，二是「託名」，便於流傳和涉世吧！就集子來看，書中七絕《慶全庵桃花》《蠶婦吟》兩首詩，係謝本人之作，古人選詩，很少在同一本選集中選進自己的作品，此其一；七絕《傷春》《初夏睡起》是楊萬里的作品，但舊本誤為「楊簡」的詩。楊萬里和楊簡同是南宋時人，楊萬里還是謝枋得的好友，決不至於搞錯。又如名詩《曉出淨慈寺送林子方》，是楊萬里的作品，而書中題為蘇軾所寫，趙師秀的《有約》，則成了司馬光所作，等等。這些詩人姓名，無論讀音、寫法上都相去甚遠，絕非傳抄之誤。這種張冠李戴，當是後人選詩時粗心所致，此非謝枋得選者二；書中還有兩首七律是明人的作品，也是後人選加無疑，此非謝枋得選者三。可見，七言《千家詩》至少經過了後世詩人比較大的增補重刊，因乏於資料，很難斷定，經過何人之手。〔註5〕

張哲永認為，五言部分為王相選注，而認為七言部分「題謝枋得選，當係偽託」〔註6〕。

三、《新鐫五言千家詩》

清朝學者王相為謝枋得的《增補重訂千家詩》（均為七言詩）作注釋，名為《增補重訂千家詩注解》。王相，字晉升，是江西臨川人，生活在明末清初，著名的蒙學家，長於注解訓詁，注釋了一系列的蒙學教材，如《三字經》《百家姓》《女四書》《增訂廣日記故事》等。王相依照《增補重訂千家詩》的體例，又選編了《新鐫五言千家詩》，選錄的皆為唐宋五言絕句、律詩。結合當時的時代背景，可以看出王相選錄五言絕句、五言律詩，反映的是明代復古派崇尚盛唐的趣味，但是其所選篇目大多還是從《千家詩選》中選錄。後將《增補重訂千家詩》和《新鐫五言千家詩》合二為一，也就是清初以來的通行本《千家詩》。明代《酌中志》著錄：「千家詩一本，四十四頁〔註7〕」。由於篇目數量合

〔註5〕張哲永，千家詩注評〔M〕，上海：華東師範大學出版社，1994：2。
〔註6〕張哲永，千家詩注評〔M〕，上海：華東師範大學出版社，1994：2。
〔註7〕〔明〕劉若愚，酌中志：卷十八〔M〕，北京：北京古籍出版社，1994：161。

適，語言淺白通俗，朗朗上口，符合兒童的認知規律等優點，在明清時期《千家詩》成為普及性極高的近體詩蒙學教材。無論是官學還是私學，《千家詩》都是必不可少的蒙學教材。

四、《千家詩注》

在謝、王本《五七言千家詩》後，黎恂對《千家詩》重新編訂，只選七言，且多為宋詩。黎恂，字雪樓，晚號拙叟，清代貴州遵義人，是遵義「沙灘文化」承前啟後的關鍵人物。黎恂雖然也認同「俗本《千家詩》」非常適合用來啟迪童蒙，但黎恂在閱讀過程中發現，謝、王本《五七言千家詩》在題目與作者方面，「多舛誤」，以往的注本「於訛舛處毫不考正，事實亦未注明，殊非善本。」〔註8〕所以黎恂對俗本《千家詩》進行刪減與糾正，將一些不適宜兒童學習的詩歌刪掉。李連昌以劉本、謝王本、黎本為例，考證《千家詩》的成書過程，認為，劉本繁瑣、謝王本粗陋、黎本為最佳本《千家詩》；將《千家詩》的發展過程分為三個階段，即劉克莊本、謝枋得和王相本、黎恂本〔註9〕。黎恂《千家詩注》流傳較廣，黎恂的注解，也為判定各詩的作者提供了翔實的版本依據。《千家詩》從形成、發展到成熟的全過程，劉克莊、謝枋得、王相、黎恂諸人，分別對《千家詩》傾注心血，逐步完善。當前流通的《千家詩》多是以通行版《千家詩》為底本，本文也以通行版《千家詩》為研究對象。

第二節 《千家詩》的編排順序與選錄標準

古代蒙學讀物種類繁多，但相比其他經典的蒙學讀物，如《三字經》《千字文》《百家姓》等，《千家詩》是為數不多的以詩歌為題材的啟蒙讀物，其編排順序和選錄標準，值得探討。

一、《千家詩》的編排順序

在體例上，《千家詩》主要是按照詩體編排的，其次在每種詩體中又按照季節的順序編排。

全書是按照詩體編排的，先七言，後五言。《千家詩》總共分為四卷，第一卷為七言絕句，第二卷為七言律詩，第三卷是五言絕句，第四卷是五言律

〔註8〕張金翼主編，黎恂千家詩注〔M〕，北京：中國文聯出版社，2003：77。
〔註9〕李連昌，《千家詩》版本簡析〔J〕，貴州文史叢刊，2004（1）：66。

詩。《千家詩》採用先絕句後律詩的編排方式，首先是從字數上考慮。五、七言絕句的字數少於五、七言律詩。對於蒙學階段的孩童來說，《千家詩》不僅是一本近體詩蒙學教材，還承擔著識字教育的目的。近體詩中含有很多常用字，先絕句後律詩的編排方式，不僅考慮到孩童現有的識字水平，而且可以幫助孩童鞏固常用字，學習一些生僻字。其次從格律詩的學習難度上來說，一方面由於律詩還要講究中間兩聯對仗，所以律詩的難度是高於絕句；另一方面七絕四句句型簡單，平仄關係簡單明瞭，而五絕雖然比七絕少兩個字，但是由於其用詞精簡凝練，所以其難度是高於七絕，因此，先絕句後律詩、並且把七言絕句排在前面的編排方式，符合孩童認知和學習的規律。

在每種詩體中，又以四季為序。首先，在每種詩體中，將選入的詩按照「春夏秋冬」的時間順序排列，每個季節的詩選，基本上是按時間先後順序來排列的，例如七言絕句中關於春的詩篇，是從程顥的《春日偶成》、王安石的《元日》等早春開始，到楊萬里的《傷春》、王令的《送春》、賈島的《三月晦日送春》結束；又如七言律詩中關於秋的詩篇，從杜甫的《秋興八首》、佚名的《新秋》，到李樸的《中秋》，再到杜甫的《九日藍田崔氏莊》等，都是按時間先後順序來排列的。同一節日、節氣的詩都是編排在一起的，如七言絕句部分杜牧的《清明》和魏野的《清明》，都是描寫清明時節的；楊樸的《七夕》和杜牧的《秋夕》，都是描寫的七夕時節所見所感，因此編排在一起；又如七言律詩部分趙鼎的《寒食書事》、黃庭堅的《清明》、高翥的《清明》，都是描寫的清明時節的，因此也編排在一起。其次，所選詩不限於描寫春夏秋冬的自然景物，只要是跟這些時令有關的人事、情感等詩也都入選，並且編排在一起，這樣可以讓兒童在瞭解大自然的同時，也瞭解與大自然相關的事物，拓展兒童的知識面。

二、《千家詩》的選錄標準

1. 專選唐宋五七言絕句、律詩。這樣做，目的是尊唐頌宋，讓兒童在學詩的過程中，感受唐詩的情趣，也領略宋詩的理趣。絕句、律詩篇幅短小，兒童容易理解；音韻流暢，讀起來朗朗上口，可以體味詩的音樂美；詩教、樂教合一，容易記憶，凸顯詩的美感。

2. 重點選錄描寫自然景物的詩，或與自然景物有關的詩。直接寫大自然景物的詩自是不必說，而其他一些贈答詩、應制詩、民俗詩等，或多或少寫到

自然，或與自然有關。例如歐陽修的《答丁元珍》：「春風疑不到天涯，二月山城未見花。殘雪壓枝猶有桔，凍雷驚筍欲抽芽。夜聞歸雁生鄉思，病入新年感物華。曾是洛陽花下客，野芳雖晚不須嗟。」〔註10〕首聯寫仲春二月的山城還未見花，頷聯直接寫山城二月的景物：點點白白的雪壓著紅紅的冬桔枝，而將要抽芽的新筍，嫩嫩的，綠綠的。這裡雖是贈答，但是都與自然景物有關。

3. 選錄的詩要通俗易懂，兒童容易理解，音韻流暢，讀起來琅琅上口，易於背誦。《千家詩》所選詩幾乎都是通俗易懂的詩篇。如范成大的《田家》：「晝出耘田夜績麻，村莊兒女各當家。童孫未解供耕織，也傍桑陰學種瓜。」前兩句通過農民在「晝」與「夜」所從事的活計，概括出農民辛苦勞作的場景，後兩句通過「未解」「傍」「學」等動詞，刻畫出一個單純、樸實的農村兒童形象。語言簡單通俗，卻飽含生活情趣。再如賈島的《尋隱者不遇》：「松下問童子，言師採藥去。只在此山中，雲深不知處。」通過短短的二十個字，交代清楚詩中三個人物的關係，並將事情的來龍去脈解釋清楚。

4. 既重視大家、名家的作品，也不忽視無名作者的有特色的詩作。《千家詩》選詩在注重大家、名家的同時，也注意了無名之輩。唐代的大家、名家，如大詩人杜甫的詩選25首，李白的詩選9首，王維的詩選6首，也選錄了不知姓名的詩作，如《聞笛》（誰家吹笛畫樓中）；宋代的大家，如蘇軾的詩選7首，朱熹的詩選4首，也選錄了不知名的牧童之作《答鍾弱翁》。選詩在關注上層人物的同時，也考慮到下層的平民百姓；上有皇帝、宰相的詩作，皇帝的詩作，如唐玄宗李隆基的《幸蜀西至劍門》（劍閣橫雲峻），唐文宗李昂的《宮中題》（輦路生秋草），宰相的詩作，如張說的《蜀道後期》、王安石的《元日》等；下有牧童、無名氏等詩作，還有僧人、女性詩作等都入選，僧人的，如僧志南的《絕句》（古木陰中繫短篷），女性詩作，如朱淑真的《落花》（連理枝頭花正開）。

第三節 《千家詩》的題材與特點

《千家詩》秉承我國蒙學詩教的傳統，所選詩歌題材豐富，囊括自然景物描寫、詠物言志、贈友送別、弔古詠史、應制頌德、民俗風情等，可謂包羅萬

〔註10〕 李宗為校注講析，千家詩〔M〕，上海：上海古籍出版社，1993：130，以下所引《千家詩》，均據此本，不再一一出注。

象。作為詩歌蒙學教材，《千家詩》最大的特點可以歸納為兩方面：一方面是語言的淺白通俗，易於學生理解，適合孩童學習；另一方面是其獨具匠心的選編體例，充分照顧孩童認知水平，尊重孩童認知規律。

一、《千家詩》的題材

1. 自然景物。自然景物可稱得上是《千家詩》中選錄比例最多的題材，大多數詩都是與自然景物相關的，主要分為直接自然景物描寫和間接自然景物描寫。直接自然景物描寫的詩篇，比如韓愈的《初春小雨》：「天街小雨潤如酥，草色遙看近卻無。最是一年春好處，絕勝煙柳滿皇都。」又如杜甫的《絕句》：「兩個黃鸝鳴翠柳，一行白鷺上青天。窗含西嶺千秋雪，門泊東吳萬里船。」《千家詩》中像這樣直接描寫自然景物的很多，如杜牧的《清明》、王駕的《社日》、杜牧的《江南春》、葉紹翁的《遊小園不值》、楊萬里的《初夏睡起》等，都是描寫自然之景，詩句中透露出對生活的熱愛和對祖國的讚美。間接自然景物描寫，指的是將對自然景物的描寫作為載體，借景抒情或者景中寓理。借景抒情的，如王維的《積雨輞川莊作》、杜甫的《江村》《秋興八首》、佚名的《新秋》等，都強調物與我的情景交融；兒童閱讀這些詩，會感到自己與自然是緊緊聯繫在一起的，從而尊重生命、熱愛自然。景中寓理的，如朱熹的《觀書有感》：「半畝方塘一鑒開，天光雲影共徘徊。問渠那得清如許？為有源頭活水來。」借描寫「半畝方塘」之景，闡述水之所以清澈澄明如鏡，是因為水有源頭而長流不竭，以此比喻世間萬事萬物之理。

2. 詠物言志。《千家詩》中的詠物詩，或正面或側面表達作者之情之志，比如林逋的《梅花》：「眾芳搖落獨暄妍，占盡風情向小園。疏影橫斜水清淺，暗香浮動月黃昏。霜禽欲下先偷眼，粉蝶如知合斷魂。幸有微吟可相狎，不須檀板共金樽。」借讚美梅花的疏淡高潔，託物言志，表達作者特立獨行的性格特點。《千家詩》中所選的詠物詩，內容健康向上，基調積極歡快，有利於兒童學習與模仿。

3. 贈友送別。《千家詩》中的贈友送別題材詩，數量較多，主要可以分為贈友詩和送別詩兩種類型。所謂贈友詩，即是與友人贈答唱和。從具體的詩題來看，這部分詩歌的題目中有「贈、答、和、寄、上、與」等字樣，體現了詩人與交往對象的親疏關係，比如高蟾的《上高侍郎》、孟浩然的《臨洞庭上張丞相》、蘇軾的《贈劉景文》、韋應物的《答李浣》、杜甫的《與朱山人》等。

《千家詩》中的送別詩在時間分布上多以唐詩為主，多集中在後兩卷，主要涉及行軍送別、貶謫送別、邊塞送別等幾類，如高適的《送鄭侍御謫閩中》：「謫去君無恨，閩中我舊過。大都秋雁少，只是夜猿多。東路雲山合，南天瘴癘和。自當逢雨露，行矣慎風波。」屬於貶謫送別詩，表達了對朋友的寬慰與鼓勵。

4. 弔古詠史。《千家詩》中的弔古詠史題材詩，數量也較多，編者選錄這一類詩的目的，則是教導兒童以史為鑒，以資治世。《千家詩》中的弔古詠史詩大致可以分為兩類，一類是弔古傷今，如戴叔倫的《三閭廟》：「沅湘流不盡，屈子怨何深！日暮秋風起，蕭蕭楓樹林。」詩句明朗卻又含蓄，借古傷今，表達一種感慨。又如薛瑩的《秋日湖上》：「落日五湖遊，煙波處處愁。浮沉千古事，誰與問東流？」寫遊覽太湖，感慨發生在其間的朝代興亡，抒發對世事滄桑的無可奈何的情感。另一類則是借古諷今，即借助前朝歷代的事諷刺當今的時事，如高適的《詠史》：「尚有綈袍贈，應憐范叔寒。不知天下士，猶作布衣看。」詩人歌詠范雎的一段經歷，諷刺當朝者用人不公、不識人才，表達懷才不遇的感慨。又如陳子昂的《贈喬侍御》：「漢庭榮巧宦，雲閣薄邊功。可憐驄馬使，白首為誰雄？」以漢比唐，表面上是詠史，實則諷今，諷刺唐朝官場中投機鑽營者得勢、而正直者不得升遷的黑暗現實。

5. 應制頌德。《千家詩》中也選錄很多應制詩，如王建的《宮詞》：「金殿當頭紫閣重，仙人掌上玉芙蓉。太平天子朝元日，五色雲車駕六龍。」描繪雄偉的宮殿和氣派的鑾駕，歌頌天子給老百姓帶來太平盛世；夏竦的《廷試》：「殿上袞衣明日月，硯中旗影動龍蛇。縱橫禮樂三千字，獨對丹墀日未斜。」描繪作者參加賢良方正能直言極諫科殿試考試的情景；韓翃的《寒食》：「春城無處不飛花，寒食東風御柳斜。日暮漢宮傳蠟燭，輕煙散入五侯家。」用白描手法寫實，刻畫皇室的氣派，充溢著對皇都春色的陶醉和對盛世承平的歌詠。

6. 民俗風情。《千家詩》中還有一類是民風民俗題材的詩，這類詩大多與節日相關。如王安石的《元日》：「爆竹聲中一歲除，春風送暖入屠蘇。千門萬戶曈曈日，總把新桃換舊符。」將民間歡度春節的喜慶場景描繪得充滿生氣；又如王駕的《社日》：「鵝湖山下稻粱肥，豚柵雞棲對掩扉。桑柘影斜春社散，家家扶得醉人歸。」反映了農村豐年裏歡欣、淳樸的景象。雖然在《千家詩》中這類題材的詩所佔比例不多，但是通過這類詩的誦讀與學習，兒童不僅可以瞭解到相關的節日知識，還可以增加對生活的切實感受，激發學習詩的熱情與興趣。

7. 時令節氣。《千家詩》中收錄的這類詩，不但可以幫助孩童瞭解時令節氣的物象，還可以吸引孩童在生活中去注意、感受時令節氣。比如張栻的《立春偶成》:「律回歲晚冰霜少，春到人間草木知。便覺眼前生意滿，東風吹水綠參差。」描繪立春之時，冰霜稀少，草木返青，風暖水綠之景；劉翰的《立秋》將立秋時節天氣變涼，樹葉凋落的景象描繪出來。

二、《千家詩》的特點

1. 詩作編排體現「分門纂類」的特點。例如在第一卷七言絕句部分，所選詩作按照春夏秋冬的季節順序排列，例如描寫春的詩作，從描寫早春之景的《春日偶成》《春日》等開始，到《送春》《三月晦日送春》結束，都是按照時間順序來排列的。這樣編排詩作，一方面能夠吸引孩童的興趣；孩童生活在四季交替的自然界，對季節的變化比較敏感，在誦讀這些描寫四季之景的詩作時，可以使他們對大自然產生熱愛之情，也能夠從中學到自然知識。另一方面，又遵循了孩童的認知特點，幫助孩童循序漸進地走進四季。同時所選詩作數量適中，語言朗朗上口，淺白通俗，易於成誦，也是遵循了孩童的認知規律。

2. 詩作題材體現多樣性。《千家詩》選錄的詩作題材眾多，具有多樣性特徵。這既有利於孩童把握不同題材的詩歌類型，又可以積累很好的創作素材，幫助孩童更好地學習與寫作詩歌。《千家詩》選錄的詩作屬於不同的流派，不同的流派有不同的創作風格，瞭解不同流派的詩作，可以學習到不同風格的詩歌。

3. 詩作均為近體詩，簡短、易學。《千家詩》選詩為五七言絕句、律詩。從字數上看，所選絕句為五言絕句和七言絕句，字數為 20 字或 28 字；所選律詩為五言律詩和七言律詩，字數為 40 字或 56 字，詩篇短小。所選詩作都是格律詩，無論是字數、行數，還是平仄、音韻等，都要遵循一定的規則，以這些詩為臨摹，便於掌握近體詩寫作的基本規律。《千家詩》中的詩，語言淺顯，節奏明快，趣味性強，內容廣泛，詩篇簡短，易於成誦，便於初學，非常切合童蒙語言能力的發展需求，這也是其作為蒙學教材能夠流傳長久、影響深遠的原因。

第八章 《神童詩》與詩教

　　《神童詩》是宋代蒙學教材的代表之一，反映了當時較為普遍的科舉求名利觀念，流傳較為廣泛。

第一節 《神童詩》的作者與成書時間

　　一般的觀點認為，《神童詩》的作者是汪洙，但是，據考證，《神童詩》不完全是汪洙所作。《神童詩》最初成書於南宋，後經明清學者陸續增補。

一、《神童詩》的作者

　　《神童詩》相傳是北宋汪洙所撰，神童指的是汪洙，《神童詩》又稱《汪神童詩》，汪即汪洙，字德溫，鄞縣人，元符三年（1100）進士，官至觀文殿大學士。其幼穎異，九歲能詩，號稱汪神童。其生平履歷在凌迪知《萬姓統譜》中有記載：

　　　　汪洙，字德溫，鄞人。九歲善賦詩，時牧鵝黌宮，見殿宇頹圮，洙心竊歎之，題其壁曰：「顏回夜夜觀星象，夫子朝朝雨打頭。萬代公卿從此出，何人肯把俸錢修？」上官奇而召見，時衣短褐，問曰：「神童衫子何短耶？」洙輒對曰：「神童衫子短，袖大惹春風。未去朝天子，先來謁相公。」世以其詩詮補成集，用訓蒙學，為《汪神童詩》。登元符三年李釜榜進士，任明州教授，著《春秋訓詁》，召升宮教，拜大宗正卿，至觀文殿大學士、提舉台州崇道觀。築室西山，月集諸儒講學，以教授族閭子弟，鄉稱崇儒館。卒，諡文莊。

> 平生稟性仁厚，忠孝著聞。子思溫，觀文殿大學士；思齊，端明殿
> 大學士；孫大猷，敷文殿大學士。〔註1〕

上述資料可以看出汪洙作為神童被發現的過程：浙江鄞縣的一個縣令率領全縣的舉人、秀才去祭拜孔廟的時候，發現廟的側牆上寫著：「顏回夜夜觀星像，夫子朝朝雨打頭。萬代公卿從此出，何人肯把俸錢修？」這首詩的下邊落款有九齡童汪洙的名字，縣令覺得很神奇，就立馬派人去找此人。汪洙被叫到縣令旁邊，面對縣令的問題，汪洙對答如流。之後，經縣令舉薦，汪洙就從放鵝的牧童入仕。「朝為田舍郎，暮登天子堂。將相本無種，男兒當自強。」這正是汪洙本人的真實寫照。

關於汪洙，《宋史》《宋會要輯稿》《續資治通鑒長編》等均無記載。其他宋、元文獻的記載也很少，但與其生活時間較為接近的孫覿，卻給汪洙的兒子寫有墓誌銘，《鴻慶居士文集》卷三七記載：

> 左朝議大夫直顯漠閣致仕汪公，以紹興二十七年二月六日感疾
> 終於四明私第……公諱思溫，字汝直，明州鄞縣人。曾祖順、祖元
> 吉，不仕。父洙，明州助教，以春秋之學知名，因公貴，贈正奉大
> 夫。公幼讀父書，有聲場屋間，會朝廷更捨法改授他經，政和二年
> 以太學上舍中乙科……〔註2〕

文內所述係由汪思溫同鄉史浩提供情況，應是很可靠的。據孫覿記載，汪思溫的第七女嫁給了樓璩，而樓璩是南宋著名大臣樓鑰的父親，則汪思溫是樓鑰的外祖父，汪洙是樓鑰的外曾祖父，這一親緣關係從樓鑰的著作中也可得到驗證：

> 祖洙，皇明州助教，累贈正奉大夫。妣陳氏，累贈太碩人。父
> 思溫，皇左朝議大夫，直顯謨閣致仕，累贈少師。〔註3〕

孫、樓二人均未言及汪洙有所謂神童詩事，據孫、樓二人的記載，汪洙生前只作過最低階的州助教，既未作過宮教，也未作過大宗正卿，更未作過品位很高的觀文殿大學士。汪洙官至觀文殿大學士的記載，為學者所懷疑。汪洙事蹟在宋代權威史料中未見，後世關於汪洙身份的說法，多來源於明代凌迪知《萬姓統譜》，其書晚出，記載未必確切。

〔註1〕〔明〕凌迪知，萬姓統譜〔M〕，成都：巴蜀書社，1995 影印本：卷四十六。
〔註2〕〔宋〕孫覿，鴻慶居士文集：卷三十七〔M〕，清光緒二十一年刻本：6～8。
〔註3〕〔宋〕樓鑰，敷文閣學士宣奉大夫致仕贈特進汪公行狀//曾棗莊，劉琳，主編，
　　　全宋文（第265冊），上海：上海辭書出版社，2006：172。

對汪洙的情況可以做個簡略歸納：汪洙是明州鄞縣人，其父為汪元吉，不仕。汪洙以治《春秋》聞名鄉里，晚年為特奏名進士，補明州助教（即所謂「以特恩補官」），這也是汪洙生前擔任的惟一官職。他死後由於子孫作大官，累次得封贈，最終為正奉大夫（正三品，觀文殿大學士則為從二品）。他的兒子汪思溫官至左朝議大夫、直顯謨閣，死後被追贈少師（似也是由於汪思溫的兒子汪大猷的官階較高）。汪大猷官至敷文閣學士、宣奉大夫。《宋史》卷四有《汪大猷傳》，卻未述及其祖父〔註4〕。

《神童詩》不完全是汪洙童年所作。《萬姓統譜》小傳提及：「神童衫子短」一詩為《勸學》第十首，而「顏回夜夜觀星象」一詩不在《神童詩》之內。《神童詩》為三十四首五言絕句，從常理推想一般不會都是童年所作。某些詩的內容，如《勸學》第八首：「遺子黃金寶，何如教一經；姓名書錦軸，朱紫佐朝廷。」〔註5〕從語氣上看應該是年長者的教訓之語。《秋夜》：「漏盡金風冷，堂虛玉露清。窮經誰氏子？獨坐對寒檠。」此詩意境應該不是一個兒童所體會的。仔細分析三十餘首《神童詩》，應該年齡層次較多〔註6〕。

《神童詩》不完全是汪洙本人所作。僅三十四首版本《神童詩》中，明確有李白兩首、陳叔寶一首，在其餘版本中還有宋代王安石的作品。《全宋詩》所收汪洙五首詩中，僅有四首與《神童詩》相符合，《神童詩》中其餘均未收入其名下，也是值得參考的〔註7〕。清人翟灝的《通俗編》認為，《神童詩》中汪洙的詩並不多，只「前二三葉相傳皆汪詩，其後則雜採他詩銓補。」〔註8〕

綜上所述，凌迪知《萬姓統譜》小傳中關於汪洙「召升宮教，拜太宗正卿，至觀文殿大學士、提舉台州崇道觀」是有差錯的，後世關於汪洙作者介紹多源於此；而「世以其詩論補成集，用訓蒙學，為《汪神童詩》」是合理的。更確切的說，汪洙以前人和自己的詩篇作為教學之用，而後人在汪洙的基礎上經過增刪、融合進而整理編輯成了《神童詩》。

〔註4〕汪聖鐸，汪洙及《神童詩》考辨〔J〕，中國典籍與文化，2003（2）：85～87。
〔註5〕〔北宋〕王洙，神童詩〔M〕，//王雪梅，蒙學——啟蒙的課本，北京：中央民族大學出版社，1996：356，本文所引《神童詩》，凡未注明出處者，均據此本。
〔註6〕胡世強，中國古代神童詩現象研究之一——宋代寇準〈華山詩〉、汪洙《神童詩》的個案分析〔J〕，陝西學前師範學院學報，2017（12）：94。
〔註7〕胡世強，中國古代神童詩現象研究之一——宋代寇準〈華山詩〉、汪洙《神童詩》的個案分析〔J〕，陝西學前師範學院學報，2017（12）：96。
〔註8〕〔清〕翟灝，撰；顏春峰，點校，通俗編〔M〕，北京：中華書局，2013：96。

二、《神童詩》的成書時間

明人朱國禎對汪洙及《神童詩》有這樣的記載：

> 汪洙，字德溫，鄞縣人。九歲善賦詩，牧鵝黌宮，見殿宇頹圮，心竊歎之，題曰：顏回夜夜觀星象，夫子朝朝雨打頭。萬代公卿從此出，何人肯把俸錢修。上官奇而召見。時衣短褐以進，問曰：「神童衫子何短耶？」應聲曰：「神童衫子短，袖大惹春風。未去朝天子，先來謁相公。」世以其詩詮補成集，訓蒙學，為《汪神童詩》。〔註9〕

這段記載，與凌迪知《萬姓統譜》中的文字基本相同，朱國禎的文字當在前。汪洙為北宋人，而《神童詩》的成書，當在南宋，文人取汪洙及他人之作彙集成冊，取名《汪神童詩》，明清學者又陸續有所增補。

第二節 《神童詩》的內容與特點

傳統蒙學教育在宋代發展到一個新高度，出現了很多具有總結性的蒙學教育理論和蒙學教材，這源於宋代統治者加強對人民思想控制的需要以及科舉考試的發展。《神童詩》便是其中的典型代表，目的是引導更多的家庭為「光宗耀祖」而熱衷於兒童教育。

一、《神童詩》的內容

《神童詩》由若干首五言絕句組成，格律工整謹嚴，音韻和諧上口，詩味濃鬱醇厚，文字淺顯易懂。《神童詩》以詩歌形式對童蒙施以思想和知識教育，按照內容分類編輯成書，主要分為三部分：第一部分為《勸學》十四首，強調讀書的重要性；第二部分從《狀元》到《四喜》，表現科舉及第的風雲際遇及忠孝；第三部分從《早春》到《除夜》，描寫春夏秋冬四時節氣和景致，表達讀書人喜悅的心情。《神童詩》內容豐富，知識面較寬，可讀性強。

勸學詩。汪洙《神童詩》更是喊出讀書考取功名的最強音：「萬般皆下品，惟有讀書高」，為廣大考生編織出「朝為田舍郎，暮登天子堂」的美夢。科舉考試的競爭如此激烈、對士人的命運影響如此之大，那麼「金榜題名」自然是可喜可賀之事。在對兒童進行啟蒙教育的過程中，向幼童宣傳「學而優則仕」「光宗耀祖」「顯身揚名」的思想，也成為童蒙教材的主要內容之一。《神童

〔註9〕〔明〕朱國禎，涌幢小品，北京：文化藝術出版社，1998：587。

詩》教育內容始終與科舉應試緊密結合，表現出功利性的讀書觀。科舉考試發展到宋代，有了一些新的變化，科舉幾乎是平民改變階級出身的唯一途徑，也更加注重詩賦能力的考察。因此，宋代社會要求讀書人必須熟讀儒家經典，還要重視兒童詩賦寫作的訓練。《神童詩》就是進行詩教比較突出的教材，在學習詩歌的同時，也貫穿倫理道德教育，以便為日後的科考做準備。讀書以求榮貴，在一定程度上成為下層人民改變自我階級困境的樸素願望。

閒適詩。閒適詩注重生活細節的描寫，展現心靈樂趣，以陶冶情操，豐富生活。日月星辰、山河大地、花草樹木之所以美，是因為它們的自然屬性與審美主體的心境相契合。鑒賞者移情於它們，賦予它們以思想內涵，使之具有社會屬性。溝通是一種內在精神品格，一個品格高貴的人，自然更能體會這份美感。如《納涼》：「風閣黃昏雨，開軒納晚涼。月華當戶白，何處遞荷香？」雨後、黃昏、月光、荷香，涼意襲人，燥熱自除，快意頓生。

寫景詠物詩。所詠之物，有常見的花，如牡丹、桃花、梨花、杏花、蘭花等；所寫之景，有日常氣候，如風、月、雷、雲、雪等。除認知事物、積累知識外，這類詩最大的好處，就是使兒童從中能夠學習描摹事物的技巧。如《梨花》：「院落沉沉曉，花開白雲香。一枝輕帶雨，淚濕貴妃妝。」〔註10〕其中有置景（院落）、描色（白雲）、寫味（出香）、生姿（帶雨）、比人（貴妃），實在方便兒童參照練習。

詩教雖不像其他倫理教材那樣直接對蒙童進行道德教育，但它通過誘之歌詩，以發其志意，薰陶浸染，漸滋化育，使兒童在諷誦吟詠、歡笑嬉戲中接受教育。誦讀歌詩久，則可使蒙童「抑揚其音節，寬虛其心意」，達到「精神宣暢，心氣和平」，從而義理漸開。

二、《神童詩》的特點

《神童詩》字句整齊，易於讀誦。如「天子重英豪，文章教爾曹。萬般皆下品，惟有讀書高。」勉勵兒童認真學習，刻苦鑽研，不無積極意義。這些詩句很少有運用典故的情況，兒童很容易領會，也容易記誦。詩句較短且押韻，讀起來朗朗上口，雖然兒童可能不完全懂得其中的含義，但是能夠記誦原文，經久不忘，隨著年齡的增張和知識的增加，理解力的提高，就能逐步瞭解其中的意思。

〔註10〕張瑋，譯注，神童詩〔M〕，北京：中華書局，2013：45。

1.《神童詩》有大量的勵志性詩歌作品，誘掖獎勸，以正面教育為主。從第一首到第十九首，幾乎全是勸學勵志的詩，例如第四首：「自小多才學，平生志氣高。別人懷寶劍，我有筆如刀。」以比較的方法，勸諫兒童立志向學，持筆為文，對於激勵兒童積極向上，不無裨益。

2.《神童詩》激揚生活意趣，導引閒情逸致。如《四喜》：「久旱逢甘雨，他鄉遇故知。洞房花燭夜，金榜掛名時。」這是描述所謂「人生四大幸事」的詩，至今依然廣為流傳。又如第四十八首：「春遊芳草地，夏賞綠荷池。秋飲黃花酒，冬吟白雪詩。」〔註11〕正是古代文人閒情逸致的真實寫照，充滿無盡的人間煙火味。

3.《神童詩》文辭直白、簡單、通俗曉暢，便於兒童接受與領會，也容易記誦。同時，詩又是以神童的名義編寫，兒童在學習時，容易受到作者影響，融入其中，努力學習。詩的內容與兒童生活密切聯繫，有利於充分調動兒童學習的積極性。

4.《神童詩》通過優美的文辭進行美育教育，陶冶兒童節操。審美藝術關係到生命美感的激發，這是生命觀和生命教化所要達到的目標和境界，審美所帶來的美的感受，可以使生命得到提升。「醉看風落帽，舞愛月留人。」「詩酒琴棋客，風花雪月天。有名閒富貴，無事散神仙。」〔註12〕在美麗的自然風景面前，人的生命熱情自然被喚醒。正是在這種人與自然交融的情景中，人才真正體會到什麼是生命的喜悅。人是自然的一部分，在自然中，人能體會到無限的生命。

5.《神童詩》當中的兒童形象活潑。兒童是天真爛漫的，兒童世界是生機盎然的。《神童詩》中的兒童情趣，正是兒童思想、感情、行為、語言在藝術上的反映，它體現出來的是單純、天真、坦誠、調皮的童心之美。有一次，汪洙去拜謁縣太爺。這位一縣之長見他穿著粗布短衣，便問道：「神童衫子為何這麼短」？汪洙立即念出一首詩作為回答：「神童衫子短，袖大惹春風。未去朝天子，先來謁相公。」全詩的意思是再淺顯不過了。他以衫子短為美，因為寬大的袖子可以招惹春風，一、二句是答縣令之問；三、四句表達的是對縣令的尊敬之情。筆調輕鬆調皮，一個絕頂聰明的頑童形態躍然紙上。

〔註11〕張瑋，譯注，神童詩〔M〕，北京：中華書局，2013：54。

〔註12〕張瑋，譯注，神童詩〔M〕，北京：中華書局，2013：52。

6.《神童詩》先入為主，重視行為習慣的養成。小學是大學的基礎，大學是小學的提高，這就決定了蒙學教育主要在於打基礎，形成良好習慣。因此傳統蒙學的道德教育基本是外在規範的養成教育。先入為主可以有效地預防各種異端思想的侵入，抵制周圍各種不利因素的影響。由於兒童可塑性強，先入為主易於使兒童從小養成良好的行為習慣，漸至習慣成性。

第三節 《神童詩》所蘊含的精神與影響

《神童詩》的基本功能是通過詩歌的形式，對兒童實施道德教化，其中一些詩句與觀念，影響深遠。

一、《神童詩》所蘊含的精神

1. 自強不息的精神。《周易》稱：「天行健，君子以自強不息。」〔註13〕中國傳統文化中的這種自強精神，增強了中華民族的凝聚力和向心力，培養了中華民族自強自主、勤奮拼搏的精神。《神童詩》中依然貫穿著這種自強不息的精神。如「朝為田舍郎，暮登天子堂。將相本無種，男兒當自強」。用誇張的手法告誡孩童，要奮鬥，要讀書，要自強，這樣就可以改變命運。當將軍，做宰相，都不是天生的，男兒應當不懈努力。「將相」兩句，語出《史記・陳涉世家》：「王侯將相寧有種乎！」〔註14〕這其實是有理想、有追求的人士追求美好生活的樸素理想，作為傳統的價值觀已經深入人心，《千家詩》只是以詩歌的形式再次形象地展現給孩童。獨立意識、獨立人格支撐著個人自強不息精神，而集體意識和集體人格，經由蒙學教育擴散，統一構成民族主體的自強不息集體精神。中華民族綿延不絕，生息發展，歷史不曾中斷，文化不曾斷裂，蒙學教育在其中起到巨大的作用。

2. 忠孝精神。儒家的思想是以忠孝為核心的，忠孝是封建社會的倫理綱常的重要內容。傳統的忠孝精神主要體現在家庭、宗族和國家。無論處於哪種社會關係中，忠孝都是封建社會中人的必備品格，承擔相應的責任和義務，進而建立穩定的社會秩序。父母的言傳身教對子女影響深遠，子女從小就接受「孝悌」與「忠君報國」的教育，為人要孝敬父母、兄友弟愛、保家衛國，肩

〔註13〕徐子宏，譯注，周易全譯〔M〕，貴陽：貴州人民出版社，1991：3。
〔註14〕〔漢〕司馬遷撰，韓兆琦評注，史記〔M〕，長沙：嶽麓書社，2012：784。

負家族責任，「光宗耀祖」。在這種觀念下，一旦為官進入仕途，就會成為一種鞭策，不辱家族榮耀，心懷家國天下。《神童詩》說：「慷慨丈夫志，生當忠孝門。」忠君孝悌是封建時期做人的最高標準，中國古代的忠孝文化，到現在都有其自身的價值。

3. 仁愛精神。仁愛精神也是貫穿於我們日常生活的精神之一；仁愛思想是在「仁」本義的基礎上對「愛人」之義的強調，這種愛人之情是仁愛思想的根本；仁愛就是要平等的愛每一個人。《神童詩》說：「達而相天下，窮則善其身。」通過讀書進入仕途，如果能發達做官，就好好治理國家，兼濟天下，以仁愛之心對待天下百姓；如果不能發達做官，就以仁愛之心對待自己，使自己擁有良好的修養。

二、《神童詩》的影響

1. 對當時社會的影響。在一定程度上促進了文化教育的普及和社會普通民眾的文化素質的提高，進而促進了宋代文化的進一步繁榮。宋代「重文輕武」政策的出現，促使大量家庭熱衷於對兒童進行早期教育，目的是為了希望他們日後能夠成為棟樑之才，為家族爭得榮譽。以《神童詩》為代表的一系列蒙學教材，使得不少兒童很早就開始讀書習字，產生了積極的效果。同時，通過它在文化傳播中的獨特影響力，在維護封建宗法社會的穩固、延續封建統治上，發揮了特有的效用。

2. 對兒童的影響。對於兒童來說，品德教育無疑是核心內容，尤其是封建倫理道德的灌輸，更是倍受重視。這在當時的歷史條件下應該說是十分自然的。不過也應看到，由於對倫理道德訓導的過分突出，以至將有關道德規範神聖化、神秘化，引導兒童走上無條件盲目服從的道路，這對於兒童創造性思維的形成與發展顯然是不利的。同時，一些過於嚴苛的行為準則和繁瑣的禮儀規範，也與兒童尚未成熟的身心不相適應，從而在一定程度上妨礙他們心理的正常發展。童蒙教育作為人生關鍵時期的啟蒙教育，被宋代文化人所高度重視，他們從書齋走向社會，由廟堂走到民間，通過編印教材，開館講學，將各種出自封建文化人之手的童蒙教材如《神童詩》等，從通都大邑推廣到窮鄉僻壤，為廣大村夫俗子、黃齒小兒所口誦心傳，使高深的儒家性理精義俗化、普及到民間，將封建的倫理說教，轉換為人們日常生活的行為準則，有利於兒童形成良好的行為規範。

　　3. 對蒙學教材發展的影響。以《神童詩》為代表的蒙學教材，是在適應
兒童身心發展特點的基礎上編寫的，能充分調動兒童的學習積極性，使得他們
樂於學習，主動學習。編寫《神童詩》時，利用漢字的特點，讀起來朗朗上口，
並在其中滲透倫理道德教育，體現了多重職能。這些都對蒙學教材的發展產生
一定的影響。

第九章 《弟子規》與禮儀規範

　　《弟子規》是以學規、學則形式，向蒙童進行封建倫理道德教育的蒙學教材。以三字短句的形式，教導蒙童如何待人接物，如何為人處世，如何修身養性，如何遵守倫理道德。

第一節 《弟子規》成書探究

　　《弟子規》原名《訓蒙文》，是清代李毓秀所作，經後人修訂、改編，更名為《弟子規》。關於改定者是何人，有學者認為是賈有仁改定，也有學者認為是賈存仁改定，頗有爭議。徐梓認為：「作者李毓秀，字子潛，清代山西絳州人。從党冰壑遊近二十年，精研《太極》《西銘》之說，是一個理學家。生活在康熙年間，83 歲時卒。本來他只是一個小小的秀才，但因為撰著了《弟子規》，死後他的牌位被供奉在絳州先賢祠。《弟子規》原名《訓蒙文》，經賈有仁修改之後，才改易今名。」[註1] 王俊閎認為，李毓秀原作《訓蒙文》，後經修訂，更名為《弟子規》，應是「賈存仁」修訂，而「賈有仁」一說可能是誤傳[註2]。

一、李毓秀與《訓蒙文》

　　根據《旭華堂文集》中的《例監李子潛先生墓誌銘》記載，李毓秀（1647～1729），字子潛，號采三，絳州名儒，長於「四書」之學，有著述多種。著

〔註 1〕徐梓，中華蒙學讀物通論〔M〕，北京：中華書局，2014：99。
〔註 2〕王俊閎，弟子規密碼〔M〕，北京：中國文聯出版社，2010：49。

有《四書正訛》《四書字類釋義》《學庸發明》《讀大學偶記》《宋儒大文約》《水仙百詠》《訓蒙文》，注釋有《訓女三字文注》，門人輯錄有《學庸說略》《四子疑問》〔註3〕。

《山西文獻總目提要》記載：《弟子規》，清李毓秀撰，賈存仁修訂。毓秀，《四書字類釋義》提要著錄。存仁，《等韻精要》提要已著錄。是書原名《訓蒙文》，成於乾隆年間，後經賈氏修訂，定為今名〔註4〕。

《訓蒙文》傳世甚少，《中國古籍總目》及《山西文獻總目提要》均未著錄。仝建平指出：「目前筆者見到的《訓蒙文》部分圖像，大致包含一半內容稍多。書版分三截，中和下截為《訓蒙文》內容，上截是對《訓蒙文》的注解，總體有數百字。《訓蒙文》分為『總序』、『入則孝出則弟』、『謹而信』、『泛愛眾而親仁』、『有餘力而學文』、『總結』六部分，部分內容文字之下有小字注文，多為注音，每部分內容之後均有小字注文數十字。目前所能看清的正文有114句、342字，與通行《弟子規》相同者僅為17句、51字」〔註5〕。書前有李毓秀序：「《易》曰：『蒙以養正，聖功也。』夫蒙而曰養正，一朝一夕之故哉。所以涵育其良知良能之天者，無庸忘也，亦無庸助也。養而必曰正，其不可以奇邪誤也明矣。養正而極之曰聖功，其不可以淺近期也又審矣。雖然語之奧者，非童蒙所與知也。事之鉅者，非童蒙所與能也。毓秀不揣暗劣，謹依聖言次第，而取世俗顯切條件浸為衍說，敢謂當乎？作聖之旨要於養正之易知者、易能者，或勸或戒，莫有微補。由此而入小學，庶幾得導夫先路焉。若夫義理之謬誤、情事之疏闊、字句之俚率，惟高明博雅君子損益裁正，不勝翹企云。康熙壬午莫春之吉絳州李毓秀敬啟」〔註6〕。

根據搜集到的不完整的《訓蒙文》可知，李毓秀在序中提到，《訓蒙文》是他的草創，目的在於培養蒙童，方便他們讀小學。該書明顯為訓蒙讀物。序作於康熙壬午年（1702年），那麼此書應在此前編撰成書。目前所見《訓蒙文》內容，開頭講大道，然後講具體細節，最後講讀書，羅列具體書名若干；而《弟子規》整體是講具体細節，更生活化，兩書區別還是明顯的。

〔註3〕〔清〕王奐曾，旭華堂文集〔M〕，山西省祁縣圖書館藏乾隆十六年刻本：卷11。
〔註4〕劉緯毅，山西文獻總目提要〔M〕，太原：山西人民出版社，1998：381。
〔註5〕仝建平，《弟子規》新探〔J〕，童蒙文化研究，2018：170。
〔註6〕〔清〕李毓秀：《訓蒙文》序，康熙四十一年刻本。

二、賈存仁與《弟子規》

　　光緒七年（1881）津河廣仁堂刊《弟子規》所載同治二年（1863）賀瑞麟序：

> 此書舊相傳為絳州李子潛先生作，同治初元避亂來絳。因求先生，諸書得見。所謂《訓蒙文》者，其義例、語意，即此書所本，而視此特詳，則又竊疑是書或先生晚年修改，即得徐州刊本，乃知浮山賈存仁木齋重為刪訂如此，賈之重訂，固不能沒先生之實，但其明白簡要，較便初學，蓋為有功於先生者，而改今名亦切事實，正童稚之腳跟，開聖賢之塗轍，殆與原書無異旨也。〔註7〕

賀瑞麟編輯《西京清麓叢書》，收李毓秀《訓女三子文注》，書尾亦記曰：「《訓蒙文》，浮山賈木齋存仁重加改定，即今《弟子規》，尤與此書相發云。」〔註8〕1862年，賀瑞麟和楊樹椿在絳州均見到過李毓秀《訓蒙文》，既然所言「刪訂」，那麼《訓蒙文》內容似乎應比賈存仁《弟子規》要多〔註9〕。因此，先有李毓秀的《訓蒙文》，後經賈存仁改定為《弟子規》的說法是可信的。

　　2008年，山西省臨汾市浮山縣某鐵廠擴建施工中挖開古墓，出土了《皇清例贈文林郎辛卯科副榜賈木齋先生暨配張孺人合葬墓誌銘》〔註10〕，此正是賈存仁的墓誌銘，這為關於賈存仁修改《弟子規》的考證提供了參考。

　　據出土的《賈存仁墓誌銘》，賈存仁字木齋，清前期平陽府浮山縣人，生於雍正二年（1724）二月二十二日，去世於乾隆甲辰（1784）閏三月七日，壽六十一。辛卯（1771）鄉試方中副車，時年47歲。隨後遊學京城，曾在周永年家當過家塾先生，當時朝廷開《四庫全書》館，周永年是參與主持輯佚《永樂大典》的館臣，賈存仁秉筆釐訂《馮氏易》，書成，主持學者無異議。丙申（1776）在家鄉設館，辛丑（1781）掌教臨邑安澤書院。壬寅（1782）家居，欲編訂經世之學成一書，以求裨於實用，惜以勞瘁生疾。兩年後病逝於家中。歸葬於祖居地浮山縣城南之佐村。根據賈存仁生平可知，其一生有從事修書編訂經歷，他修訂《訓蒙文》存在合理性和可行性。

　　賈存仁未有文集編成傳世，文稿散佚嚴重。其著述，相關文獻所記略有出入。賈存仁去世的次年（1785），洪洞人范鶴年曾撰《余田賈老先生懿行碑記》，

〔註7〕〔清〕李毓秀，弟子規〔M〕，光緒七年津河廣仁堂刊本。
〔註8〕〔清〕李毓秀，訓女三字文注〔M〕，《西京清麓叢書》本，光緒十四年刊。
〔註9〕仝建平，《弟子規》新探〔J〕，童蒙文化研究，2018：174。
〔註10〕雷濤，孫永和，三晉石刻大全〔M〕，太原：三晉出版社，2012：181～182。

其中記載：「又訂正《弟子規》《正字略》，以課童蒙」；音韻方面三書《韻詩考源》《等韻經要》《音匯》，「中年講授韻學，自《華嚴指南》《皇極經世》而下，數十種胥淹貫，由是成《韻詩考源》《等韻經要》《音匯》三書」〔註11〕。

第二節 《弟子規》的內容

　　《弟子規》的編寫借鑒了前代蒙學教材的內容，在思想上又借鑒了《論語》《禮記》等，《弟子規》的編寫可謂是極大程度上借鑒了前代的蒙學教材和經典著作，因此從《弟子規》的思想與內容上來看，可以說，作者李毓秀是「述而不作，信而好古」〔註12〕。

一、《弟子規》與《論語》

　　《弟子規》全文可分為兩部分。第一部分是總敘，它將《論語》中「弟子入則孝，出則悌，謹而信，泛愛眾，而親仁，行有餘力，則以學文」〔註13〕總結成「弟子規，聖人訓，首孝悌，次謹信。泛愛眾，而親仁，有餘力，則學文」〔註14〕八個短句。第二部是分則，分別以孝、悌、謹、信、泛愛眾、親仁、餘力學文為主旨，通過「首」「次」「餘力」，把這些教誨和訓導從上到下依次排開，擴展開來。《弟子規》不僅「總敘」出自《論語·學而篇》，在其他內容上，也有很多繼承《論語》。

　　1. 關於孝道。《論語·陽貨篇》中宰我問「三年之喪」是否合理，孔子回答他，「夫君子之居喪，食旨不甘，聞樂不樂，居處不安」；「子生三年，然後免於父母之懷。夫三年之喪，天下之通喪也」〔註15〕。《弟子規》中「喪三年，常悲咽，居處變，酒肉絕。喪盡禮，祭盡誠，事死者，如事生」，是對《論語》中的喪禮觀的繼承。

　　2. 關於悌道。《論語·為政篇》中，子曰：「書云：『孝乎惟孝，友于兄弟』。」《論語·子路篇》中提到「兄弟怡怡」〔註16〕，描繪出兄弟之間和睦

〔註11〕仝建平，賈存仁與《弟子規》成書〔J〕，中國典籍與文化， 2016（2）：94。
〔註12〕楊伯峻，論語譯注〔M〕，北京：中華書局，1980：66。
〔註13〕楊伯峻，論語譯注〔M〕，北京：中華書局，1980：4～5。
〔註14〕李逸安，譯注，弟子規〔M〕，北京：中華書局，2009：179。以下所引《弟子規》，均出自該版本，不再一一出注。
〔註15〕楊伯峻，論語譯注〔M〕，北京：中華書局，1980：188。
〔註16〕楊伯峻，論語譯注〔M〕，北京：中華書局，1980：20～21，143。

美好的德行。《弟子規》有：「兄道友，弟道恭，兄弟睦，孝在中」，與此相對應。

3. 關於言行謹慎。《論語·鄉黨篇》中記錄孔夫子舉止恭敬，「入公門，鞠躬如也，如不容。立不中門，行不履閾。」「執圭，鞠躬如也，如不勝。上如揖，下如授。勃如戰色，足蹜蹜如有循。享禮，有容色。私覿，愉愉如也。」〔註17〕《弟子規》有：「步從容，立端正，揖深圓，拜恭敬。勿踐閾，勿跛倚，勿箕踞，勿搖髀。」「執虛器，如執盈；入虛室，如有人。」描述了這些行為，以體現恭敬、謹慎的舉止。

4. 關於泛愛眾。人要勿揚人惡。對於他人的過惡，《論語》中教誡，「忠告而善道之，不可則止，毋自辱焉。」「事君數，斯辱矣；朋友數，斯遠矣。」〔註18〕《弟子規》中講：「揚人惡，即是惡，疾之甚，禍且作」，與此相對應。

5. 關於親近仁德之人。《論語·季氏篇》講：「益者三友，損者三友。友直，友諒，友多聞，益矣。友便辟，友善柔，友便佞，損矣。」〔註19〕《弟子規》講：「能親仁，無限好，德日進，過日少。不親仁，無限害，小人進，百事壞。」物以類聚，人以群分；近朱者赤，近墨者黑。想要成為什麼樣的人，就要選擇與什麼樣的人相處。如果想成為品德高尚的人，就要去結交德行好的朋友，向他們學習，才會對自己有所裨益。

6. 關於力行學文。《論語》記載：「子路有聞，未之能行，唯恐有聞。」「子曰：『吾嘗終日不食，終夜不寢，以思，無益，不如學也。』」〔註20〕《論語·學而篇》講述了弟子之道，做到孝悌、謹信、愛眾親仁後，仍有餘力，就要學習文學、技能，而這兩條仍然是表達力行學文的思想。《弟子規》講：「不力行，但學文，長浮華，成何人！但力行，不學文，任己見，昧理真。」力行，就是努力去做，指身體力行孝、悌、信、愛、仁。關於儒家的學習觀，孔子明確指出，人生應該以道德修養、品格完善為首要任務，學習書本知識是次要任務。如果只顧埋頭讀書，而不追求道德的完善、品德的修養，只能使自己華而不實，會成為成事不足、敗事有餘的人。相反，只顧去實踐，但是不讀書，只憑自己的私見做事，就會變得孤陋寡聞、偏執，連基本的道理都不懂。

〔註17〕楊伯峻，論語譯注〔M〕，北京：中華書局，1980：98～99。
〔註18〕楊伯峻，論語譯注〔M〕，北京：中華書局，1980：132，41。
〔註19〕楊伯峻，論語譯注〔M〕，北京：中華書局，1980：175。
〔註20〕楊伯峻，論語譯注〔M〕，北京：中華書局，1980：47，168。

　　《弟子規》從總敘到孝、悌、謹、信、泛愛眾、親仁、餘力學文等，其主旨、內容大多是對《論語》的繼承與發展。

二、《弟子規》與《禮記》

　　《弟子規》在許多方面也繼承了《禮記》的內容。

　　1. 關於孝道。《弟子規》說：「父母呼，應勿緩；父母命，行勿懶。父母教，須敬聽；父母責，須順承。」《禮記·曲禮》：「凡為人子之禮，冬溫而夏清，昏定而晨省，在醜夷不爭。」「夫為人子者，出必告，反必面，所遊必有常，所習必有業，恒言不稱老。」「父召無諾，先生召無諾，唯而起。《禮記·玉藻》：「父命呼，『唯』而『不諾』，手執業而投之，食在口則吐之，走而不趨。」〔註21〕可見在教育兒童聽從父母命令與教導方面，《弟子規》和《禮記》是相同的。《弟子規》在此提出了孝的基本精神，就是對父母的絕對服從，就是《論語·為政篇》中所講的「無違」。「百善孝為先」，「孝」就是對父母順從並盡心奉養。

　　2. 關於尊敬長輩。「路遇長，疾趨揖，長無言，退恭立。騎下馬，乘下車。過猶待，百步餘。」這也是出自《禮記》。《禮記·曲禮》：「從於先生，不越路而與人言。遭先生於道，趨而進，正立拱手。先生與之言則對，不與之言則趨而退。」「年長以倍，則父事之，十年以長，則兄事之。」〔註22〕

　　3. 關於慎獨。《弟子規》說：「步從容，立端正，揖深圓，拜恭敬。勿踐閾，勿跛倚，勿箕踞，勿搖髀。」《禮記·曲禮》有言：「遊毋倨，立毋跛，坐毋箕，寢毋伏」〔註23〕。《弟子規》繼承了《禮記》中關於個人在言談舉止方面的規範。

三、《弟子規》與其他典籍

　　南宋著名學者、理學家朱熹的《小學》《童蒙須知》，朱熹門人程端蒙、董銖的《程董二先生學則》，真德秀的《家塾常儀》《教子齋規》，陳淳的《小學詩禮》等，都對蒙童的行為規範有著重要影響，《弟子規》的編撰同樣也借鑒了這些典籍的內容。

〔註21〕楊天宇，禮記譯注〔M〕，上海：上海古籍出版社，1997：6，7，16，522。
〔註22〕楊天宇，禮記譯注〔M〕，上海：上海古籍出版社，1997：10。
〔註23〕楊天宇，禮記譯注〔M〕，上海：上海古籍出版社，1997：16。

1.《弟子規》有：「父母呼，應勿緩；父母命，行勿懶。父母教，須敬聽；父母責，須順承。」《小學詩禮》有：「父召唯無諾，父呼走不趨。食在口則吐，手執業則投。」〔註24〕《童蒙須知》有：「若父母長上，有所喚召，卻當疾走而前，不可舒緩。」〔註25〕《家塾常儀》有：「凡學者要識禮教。家庭事父母兄長，書院事先生，並要恭敬順從，遵依教訓；與之言則應，教事則亟行，毋得舒緩，自任己意。」〔註26〕

2.《弟子規》有：「冬則溫，夏則清，晨則省，昏則定。出必告，反必面，居有常，業無變。」《童蒙須知》有：「大凡出外，及歸，必於長上前作揖，雖暫出亦然也。」〔註27〕《程董二先生學則》有：「出必告，反必面，出不易方，入不逾期。」〔註28〕《小學詩禮》有：「養則致其樂，居則致其敬。昏定而晨省，冬溫而夏清。」〔註29〕

3.《弟子規》有：「兄道友，弟道恭，兄弟睦，孝在中。」《小學》有：「晏子曰：『兄愛而友，弟敬而順』」〔註30〕。《程董二先生學則》有：「行必徐，立必拱，必後長者」。〔註31〕《童蒙須知》有：「凡對父母長上朋友，必稱名；凡稱呼長上，不可以字，必云某丈，如弟行者，則云某姓、某丈。」〔註32〕

4.《弟子規》有：「步從容，立端正，揖深圓，拜恭敬。勿踐閾，勿跛倚，勿箕踞，勿搖髀。」《家塾常儀》有：「正身直體，齊腳斂手。毋傾倚偃側，毋交脛搖足，毋靠背箕踞。」「毋掉臂輕踵，毋踐閾曳履。」「端身拱手，毋背所

〔註24〕〔南宋〕陳淳，小學詩禮〔M〕//徐梓，王雪梅，蒙學歌詩，太原：山西教育出版社，1991：81。

〔註25〕〔南宋〕朱熹，童蒙須知〔M〕//徐梓，王雪梅，蒙學須知，太原：山西教育出版社，1991：22。

〔註26〕〔南宋〕真德秀，家塾常儀〔M〕//徐梓，王雪梅，蒙學須知，太原：山西教育出版社，1991：50。

〔註27〕〔南宋〕朱熹，童蒙須知〔M〕//徐梓，王雪梅，蒙學須知，太原：山西教育出版社，1991：23。

〔註28〕〔南宋〕程端蒙，董銖，程董二先生學則〔M〕//徐梓，王雪梅，蒙學須知，太原：山西教育出版社，1991：46。

〔註29〕〔南宋〕陳淳，小學詩禮〔M〕//徐梓，王雪梅，蒙學歌詩，太原：山西教育出版社，1991：81。

〔註30〕江先忠，譯注，小學〔M〕，北京：中華書局，2015：55。

〔註31〕〔南宋〕程端蒙，董銖，程董二先生學則〔M〕//徐梓，王雪梅，蒙學須知，太原：山西教育出版社，1991：45。

〔註32〕〔南宋〕朱熹，童蒙須知〔M〕//徐梓，王雪梅，蒙學須知，太原：山西教育出版社，1991：23。

尊，毋跛倚欹邪。」〔註33〕《程董二先生學則》有：「凡事必直身正體，毋箕踞傾倚，交脛搖足。」「行必徐，立必拱，必後長者，毋背所尊，毋踐閾，毋跛倚。」〔註34〕

第三節 《弟子規》的價值

《弟子規》介紹了孝悌、謹信、愛眾親仁、學文等方面內容，在對蒙童的教育上，在弘揚儒家傳統文化上，以及在現今蒙學教材的示範上都具有不可估量的價值。

一、《弟子規》與德育

《弟子規》對蒙童的道德教育提出具體的方向，躬行封建的倫常道德，作身心修養工夫的標尺。《弟子規》注重培養子弟的孝悌、誠實、勤儉、仁愛的美德。在孝悌之德方面，《弟子規》的內容主要分為以下幾點：做事要恭敬，父母的命令要聽從，養則致其樂，諫而不逆，病則致其憂，喪則致其哀，祭則致其嚴；在謹信之德方面，言辭謹慎，不巧言令色，講究中庸之道，見賢思齊；在仁義之德方面，要提高自身修養，並親仁。

二、《弟子規》與養正

《易・蒙》曰：「蒙以養正，聖功也。」孔穎達疏：「能以蒙昧隱默自養正道，乃成至聖之功。」〔註35〕養正，即涵養正道。在童稚時期，培養純正無邪的品質，養正固本，這是造就聖人的成功之路。《易・頤》曰：「頤『貞吉』，養正則吉也。『觀頤』，觀其所養也。」〔註36〕頤養之道，用正道養身、守持正固方可獲得吉祥，這是獲得所養、自養的正確方法。

《弟子規》體現的養正價值有這樣幾個方面：

首先，正心。儒家認為，德涵蓋了忠、恕、孝、悌、仁、義、信、溫良、

〔註33〕〔南宋〕真德秀，家塾常儀〔M〕//徐梓，王雪梅，蒙學須知，太原：山西教育出版社，1991：51。

〔註34〕〔南宋〕程端蒙，董銖，程董二先生學則〔M〕//徐梓，王雪梅，蒙學須知，太原：山西教育出版社，1991：45。

〔註35〕〔魏〕王弼、韓康伯注；〔唐〕孔穎達等，正義，周易正義〔M〕//〔清〕阮元，校刻，十三經注疏，北京：中華書局，1980：20。

〔註36〕徐子宏，周易全譯〔M〕，貴陽：貴州人民出版社，1991：147。

恭敬、謙讓等一切道德範疇，孝悌成為倫理道德中的一項重要內容。《弟子規》要求蒙童孝順父母；同時，父母擔負著更為重要的角色，所謂養幼之道，必以二親為基地。

其次，正身。即在自身修養方面學習各種禮儀規範；各種禮儀規範可以使蒙童從基礎做起，下學上達，從而端正自身。《弟子規》云：「步從容，立端正，揖深圓，拜恭敬。勿踐閾，勿跛倚，勿箕踞，勿搖髀。緩揭簾，勿有聲，寬轉彎，勿觸棱。」這些實際上是要求蒙童要有中正之態。

最後，正教。即要有正確的學習觀。第一，端正學習目的——修身利行。第二，端正學習動機，去掉浮誇和求官的思想，不斷提高自身修養。第三，端正學習方法。第四，培養正確的學習態度——虛心務實。第五，樹立終身學習思想——永不廢業。

三、《弟子規》對後世的影響

《弟子規》曾被稱頌為「便於誦讀講解而皆切於實行」的「開蒙養正之最上乘」之作，清朝的一些地方政府還飭令所屬州縣，將它列為私塾和義學的必讀書，使歷久風行的《三字經》也大大遜色，其影響之大，絕不是一時的興致興起[註37]。清代也有作品的編寫受到《弟子規》的影響，清代羅澤南撰寫的《小學韻語》，在內容上與《弟子規》頗有相似之處，如「立不可跛，坐不可箕，折旋中矩，周旋中矩」；「童子之年，不衣裘帛，潔其衣裳，正其服色。」[註38] 1840 年鴉片戰爭的爆發，拉開中國近代社會和民族危機的序幕。洋務派的教育改革尚未涉及初等教育，因而這一時期的蒙學依然是傳統的私塾教學模式，以《小學》《孝經》《論語》等為蒙學教材，《弟子規》《童蒙須知》等仍是蒙童習禮育德的入門書。

在清末的教育改革中，儒家的倫理規範和道德價值受到衝擊，《弟子規》《童蒙須知》習禮育德的蒙學教科書，迫於西學的衝擊和德育觀念的變遷，在教育改革中被新編修身教材取代。雖然《弟子規》在清末民初的學校課程中被新編的修身教科書取代，但在國家教育體制之外的一些民間私塾中，《弟子規》等傳統倫理教材仍然被讀誦學習。

〔註37〕周明傑，《弟子規》研究〔D〕，長春：東北師範大學，2015：41。

〔註38〕〔清〕羅澤南，小學韻語〔M〕//王雪梅，蒙學——啟蒙的課本，北京：中央民族大學出版社，1996：55。

　　在當代，在倡導國學的今天，《弟子規》深受推崇，被廣泛學習。《弟子規》雖然是幾百年前的讀物，有些地方難免和當今的價值觀相衝突，但是其中的內容可以幫助我們學會做人，學會與人溝通、交流，有助於培養蒙童的道德品德。

第十章 《增廣賢文》與處世哲學

　　《增廣賢文》又名《昔時賢文》《古今賢文》。所謂「昔時」，是指古代，即古代的先賢；「古今」，表明其內容是古今通用的。所謂「賢文」，是指有啟發、教育意義的文句。後來經過增廣，才改為《增廣賢文》。

第一節　《增廣賢文》的成書時間與版本

　　《增廣賢文》在坊間廣為流傳，歷來便有「讀了增廣會說話」之說，然而《增廣賢文》一書本身的情況卻罕為人知，其成書年代說法不一，最初的作者無從考證，版本也較多。

一、《增廣賢文》的成書時間

　　在明代戲曲作家湯顯祖所寫的《牡丹亭》第七齣「閨塾」中，有「《昔氏賢文》，把人禁殺」〔註 1〕一句，一些學者認為，此《昔氏賢文》即《昔時賢文》。若果真如此，則《增廣賢文》的成書時間不會晚於明代。一般認為《增廣賢文》並非一次成書，而是有一個不斷增補的過程，其具體成書年代也很難考證，但學界對此仍有一些討論。

　　1. 成書於宋代說。王海波在《蒙學簡論》中說：「宋代以後廣泛流行的《名賢集》《增廣賢文》一類與《太公家教》有密切關係」。「此類書籍不著作者姓名，流傳於民間，史志目錄均不見收錄，現在學界一般認為《名賢集》《增廣

〔註 1〕〔明〕湯顯祖，著；徐朔方，楊笑梅，校注，牡丹亭〔M〕，北京：人民文學
　　　　出版社，1963：25。

賢文》產生於宋代或宋代以後」〔註2〕。胡同慶在《〈太公家教〉與〈增廣賢文〉之比較》一文中認為,《增廣賢文》「據現有資料研究大約成書於宋代」;作者所根據的「現有資料」是「1974年7月13日《成都日報》」〔註3〕。筆者在尋找《成都日報》官網尋找相關記載時,該官網只留存了1990年之後的報紙,沒有找到1974年7月13日的《成都日報》。胡同慶此說僅依靠這份報紙內容的支撐,其可信性令人懷疑。

2. 成書於明代說。劉天振在《宋元南戲與民間生活倫理》中認為,「根據考證,此書編成於宋代」,「所據《增廣賢文》版本為宋洪、喬桑編《蒙學全書》本,吉林文史出版社1991年版。」〔註4〕查閱宋洪、喬桑主編的《蒙學全書新注詳解》,卻發現其中的內容是這樣的:「《增廣賢文》又名《昔時賢文》《古今賢文》。名稱最早見於明代萬曆年間的戲曲《牡丹亭》,大約形成在萬曆前後,後經明末和清代民間不斷增補,成為《增廣昔時賢文》,通稱《增廣賢文》。」〔註5〕認為《增廣賢文》成書於明代,名稱最早見於明代萬曆年間的戲曲《牡丹亭·閨塾》一折衷,稱為《昔氏賢文》。徐聲洪在《增廣賢文例釋·前言》中說:「據專家學者考證,《昔時賢文》這本書問世於明末(1624～1644年),但不知編者的姓名和生平」〔註6〕。認為《增廣賢文》成書於明代的基本依據,都來源於明代萬曆年間的《牡丹亭》。

3. 成書於清代說。朱介凡在《〈增廣賢文〉幾段公案》認為,「清代無名氏編刊的《增廣賢文》,或名《名賢集》《千金譜》」,疑心其可能是「清代朝廷繼軍事政治力量統治,一種社會通俗教化的作為,而儘量甩脫、隱藏掉官方操縱指使的痕跡」〔註7〕,認為《增廣賢文》是受清代統治者指使而成。

無論是認為《增廣賢文》成書於宋代、明代還是清代,都缺乏足夠的證據,《增廣賢文》也不見於各種史志目錄,其具體的成書年代很難考證。

〔註2〕 王海波,蒙學簡論〔D〕,曲阜:曲阜師範大學,2014:30。

〔註3〕 胡同慶,《太公家教》與《增廣賢文》之比較〔J〕,敦煌研究,1978(2):56。

〔註4〕 劉天振,宋元南戲與民間生活倫理〔J〕,山東師範大學學報(人文社會科學版),2010(3):40。

〔註5〕 宋洪,喬桑,主編,蒙學全書新注詳解〔M〕,長春:吉林文史出版社,1991:105。

〔註6〕 徐聲洪,增廣賢文例釋〔M〕,武漢:武漢出版社,2008:2。

〔註7〕 朱介凡,《增廣賢文》幾段公案〔M〕//朱介凡,中國民俗學歷史發微(下冊),臺北:渤海堂文化公司,1995:615～616。

二、《增廣賢文》的版本

《增廣賢文》名稱很多，除《增廣賢文》外，還有《昔時賢文》《增廣便讀昔時賢文》《古今賢文》《訓蒙增廣改本》等，不僅名稱較多，其版本也比較混亂。《增廣賢文》成書流傳以後，又有些人對其進行過改編重訂，比較著名的除了周希陶的《重訂增廣外》，還有碩果山人的《訓蒙增廣改本》等。

1. 通行本《增廣賢文》。通行本《增廣賢文》全文共 364 句，約 6000 字，以「昔時賢文，誨汝諄諄。集韻增廣，多見多聞。觀今宜鑒古，無古不成今」開頭，以「貧寒休要怨，富貴不須驕。善惡隨人作，禍福自己招。奉勸君子，各宜守己，只此呈示，萬無一失」結尾。

2. 民國版《增廣賢文》。馮國超譯注的《增廣賢文》附有比較完整的「民國版《增廣賢文》」書影〔註 8〕。民國版《增廣賢文》全文 330 句，比通行本《增廣賢文》少了 34 條內容，其中新增內容為 8 條，刪去內容為 42 條，包括結尾部分的 28 條及文中的 14 條。

3. 《昔時賢文》。許多介紹《增廣賢文》的書中基本都會有這樣一句話，「《增廣賢文》又名《昔時賢文》《古今賢文》」〔註 9〕。徐聲洪說：「據我的啟蒙老師陳謙平先生講，《昔時賢文》因受到百姓的喜愛，多次翻刻重印，並作增刪，後將增訂的《昔時賢文》取名為《增廣昔時賢文》，簡稱《增廣賢文》。」〔註 10〕因此，《昔時賢文》應該就是《增廣賢文》「增廣」之前的版本。據臺灣學者研究，《昔時賢文》的成書年代、作者依然不詳，林恩立猜測其可能成書於明朝中後期，也認為該《昔時賢文》即是《牡丹亭》中「昔氏賢文，把人禁殺」的「昔氏賢文」，而「《增廣》對《昔時賢文》的改編動作大致就是集韻和增廣兩種手段」〔註 11〕，即認為此《昔時賢文》也就是《增廣賢文》開篇「昔時賢文，誨汝諄諄，集韻增廣，多見多聞」所說之「昔時賢文」。

4. 《重訂增廣》。《重訂增廣》是清代同治年間周希陶的改編本，周希陶的自序：「若《增廣》一書，行世已久，不知集自何人。節錄雜記，雅俗兼收，

〔註 8〕馮國超，譯注，增廣賢文：彩圖典藏版〔M〕，北京：商務印書館，2017：198～203。

〔註 9〕宋洪，喬桑，主編，蒙學全書新注詳解〔M〕，長春：吉林文史出版社，1991：105。

〔註 10〕徐聲洪，增廣賢文例釋〔M〕，武漢：武漢出版社，2008：1。

〔註 11〕林恩立，從《增廣昔時賢文》與《千金譜》探討臺灣民間文學中「雅言口傳」之現象〔D〕，新竹：臺灣清華大學臺灣文學研究所，2011：25。

雖無統紀，而言淺意深，確中人情，雖邇言，而持己接物之道存焉。但其間多有語病……余竊棄之，補以經傳格言之簡易者，次以平上去入四韻，略加音注釋典，以便俗學。」〔註12〕《重訂增廣》對《增廣賢文》的改編主要是將其按四韻（平聲、上聲、去聲、入聲）進行排列，同時選擇性地進行注音注釋，並新增了很多「經傳」類的格言〔註13〕。

第二節 《增廣賢文》的內容、特點與影響

《增廣賢文》的作者開宗明義：「昔時賢文，誨汝諄諄。集韻增廣，多見多聞。」〔註14〕就是說，彙集有韻律的文句，編成《增廣賢文》，以增加人們的見聞。該書是彙集古代優美精闢的文字按韻律編排而成，相當於一本格言警句集，其中的文句，大多並非作者原創，而是有所承襲，是一部集成性質的著作。

一、《增廣賢文》的內容

《增廣賢文》篇幅不長，約 6000 字，有 364 條相互獨立的文本，蘊含著十分豐富的思想內容。《增廣賢文》的全部內容分為三個方面，即個人層面、他人層面以及客觀世界。

1. 個人層面。在《增廣賢文》的思想世界裏，其一切論斷的出發點都是個人，調節自我心態，教人為人處世或者是幫助人認識外在客觀世界，其根源都是「利己」，而不是為了突出家國、天下情懷等。《增廣賢文》總共有 147 條和個人相關的表述，比如調試身心、激勵個人、為人處事等。

在《增廣賢文》中，有關調試身心的內容有 58 條之多。對於修身，《增廣賢文》提供了很多準則。用「鬧裏有錢，靜處安身」，來教人如何安身立命，即入世以實現自己的社會價值，退而靜以養身，提供了人生「進」與「退」兩大矛盾的答案。從自身角度闡發人應該具備的品質，這些品質不但包括律己、慎獨，也包括誠信、正直等。「守口如瓶，防意如城」，「人間私語，天聞若雷；

〔註12〕俞岳衡，傳統蒙學叢書・重訂增廣〔M〕，長沙：嶽麓書社，1987：15。
〔註13〕陸柯人，《增廣賢文》的思想內容及其現代價值研究〔D〕，武漢：華中師範大學，2018，21。
〔註14〕張齊明，譯注，增廣賢文〔M〕，北京：中華書局，2013：1。除注明者外，本文所引《增廣賢文》，均據此本，不再一一注明。

暗室虧心，神目如電」，闡述人在獨處之時無論是言行，還是意念，都要保持高度的謹慎和自律。「人而無信，不知其可也」，闡述為人守信的重要性。「寧可正而不足，不可邪而有餘」，「寧可直中取，不向曲中求」，教人做人要正直，而不要走向邪路。「平生只會說人短，何不回頭把己量」，「自恨枝無葉，莫怨太陽偏」，告訴我們要跳出慣性思維，不要總是責怪他人或者抱怨客觀環境；當事情不如己意時，要反觀自身進行自我反省，從自身找原因。「知足常足，終身不辱；知止常止，終身不恥」，「人生知足何時足，人老偷閒且是閒」，勸人要知足常樂，知足是福。「用心計較般般錯，退後思量事事寬」，告訴人要豁達。《增廣賢文》用這些樸實的語言，揭示了做人的道理，對個人的修養提出道德要求，對調節人的心態有著積極意義。

《增廣賢文》催人上進的內容，有 24 條。如《增廣賢文》用「讀書須用意，一字值千金」，「人不通古今，馬牛如襟裾」等句，說明讀書的重要性；用「紅粉佳人休便老，風流浪子莫教貧」，「鶯花猶怕春光老，豈可教人枉度春」等句，勸人珍惜時光而不要耽於享樂；「黑髮不知勤學早，轉眼便是白頭翁」，一分為二地闡述珍惜時間和趁早讀書二者之間的相互關係及重要意義。

《增廣賢文》當中有關於個人方法論的內容，這些方法論所涵蓋的內容十分多元，既有生活經驗的總結，也有度的把握原則，既有未雨綢繆的思想方法，也有具體的行事法則。這些對個人層面而言的指導方法共有 31 條。「晴天不肯去，直待雨淋頭」，「受恩深處宜先退，得意濃時便可休，莫待是非來入耳，從前恩愛反為仇」，闡釋把握度的重要性；懂得把握度的方法，無論對做人、行事或是對待人際關係，都具有至關重要的意義。「得寵思辱，居安思危」，「常將有日思無日，莫把無時當有時」，表達未雨綢繆的辯證思想方法。「三思而行，再思可矣」，表達思然後行的方法。「因風吹火，用力不多」，說明懂得巧借外力會取得事半功倍的效果。

2. 他人層面。在《增廣賢文》中涉及到他人的內容，包括了如何識人、如何待人的內容，也包括與人相處的具體方法。

《增廣賢文》中有關對人的認識的內容，總共有 19 條，這些思想絕大多數是以「人性惡」為前提，沒有描述人性的美好和社會的善意，而是將人性的醜陋面和社會的現實性揭露出來，儘管看似無情，卻為涉世不深的人在瞭解人性以及判斷人方面給予實際幫助，具有強烈的現實意義。「道吾好者是吾賊，道吾惡者是吾師」，「來說是非者，便是是非人」，告訴我們識人不要人云亦云，

而要懂得跳出現狀，用辯證的眼光和逆向思維去全面地認識一個人。「畫虎畫皮難畫骨，知人知面不知心」，「易漲易退山溪水，易反易覆小人心」，告訴我們人心的複雜難測。

《增廣賢文》對待人之道也有涉及。待人標準基本上都是以「性善論」為前提，試圖理解他人，從嚴格要求自身上去對待人己關係，這些內容共有 16 條。「知己知彼，將心比心」，「責人之心責己，恕己之心恕人」，在待人時要善於換位思考，不要把別人想得太壞，也別把自己看得太好。「寧可人負我，切莫我負人」，表述嚴以律己、寬以待人的為人之道。「相逢好似初相識，到老終無怨恨心」，說明待人要慎終如始，而不要始亂終棄。

《增廣賢文》中還有一個比較重要的內容即是家庭關係，其中既有對父子、夫婦、兄弟之間相互關係的論述，也有祖父母輩與兒孫以及婆媳關係的表述，共有 22 條相關內容。這些內容所體現的基本都是傳統儒家思想，對於夫妻關係，有「夫妻相合好，琴瑟與笙簧」的說法，提倡和諧的夫妻關係。對於兄弟關係，用「世上最難得者兄弟」，「兄弟相害，不如友生」，說明要珍惜兄弟之間難得的緣分，提倡兄弟之間的友愛和睦。對於子女與父母之間的關係，從兩個角度進行說明：一是從子女對待父母的角度，用「天下無不是的父母」，「羊有跪乳之恩，鴉有反哺之義」，「百行孝當先」，表達孝親思想，認為子女對待父母應該孝順、感恩、恭敬；二是從父母對待子女的角度，用「養子不教如養驢，養女不教如養豬」，「勸君莫將油炒菜，留與兒孫夜讀書」，表達重教思想，認為父母對待子女最重要的方面乃是教育。

3. 客觀世界。《增廣賢文》的客觀世界描述，包括自然現象、自然規律和社會現象、社會規律。

《增廣賢文》中關於自然現象、自然規律的描述，總共有 31 條。「古人不見今時月，今月曾經照古人」，表明時空長時段與人生短時段之間客觀存在的相互關係。「秋至滿山多秀色，春來無處不花香」，說明四季更替的自然規律。「天上眾星皆拱北，世間無水不朝東」，說明萬有引力的自然規律。這些自然現象、自然規律，雖然都是日常生活中可見的現象與規律，是現象級的規律，但在自然科學並不發達的古代，古人能發現生活中的自然現象，並對其進行總結，本身就反映了古人思想中的客觀性特徵。

《增廣賢文》中關於社會現象、社會規律的描述，總共有 79 條。「送君千里，終有一別」，表述有限與無限之間相互關係的規律。「由儉入奢易，從奢返

儉難」，表達易奢難儉的社會規律。「父母恩深終有別，夫妻義重也分離」，表述人生別離的必然性。

二、《增廣賢文》的特點

作為蒙學教材，《增廣賢文》針對蒙童年齡小、理解能力有限的特點，用字簡單且重複率高，句式簡短且韻律性強，便於誦讀、理解和記憶，將識字教育、基礎知識教育和倫理道德教育，有效結合起來，有助於學生的全面發展。

1. 用字簡單。《增廣賢文》用字數量少，且重複率高。據陳黎明等的分析，《增廣賢文》全書用字 3841 個，其中只出現一次的字有 395 個，出現兩次或者以上的字則占到 533 個，全書字種 928 個，不足千字。《增廣賢文》全書用字並不多，學生學習和記憶起來難度都不太大。用字等級低，《增廣賢文》一共用字 928 個，其中屬於一級字表的有 841 個，占全書用字的 90.63%；屬於常用字表的有 894 個，占全書用字的 96.34%；屬於通用字表的有 926 個，占全書用字的 99.78%；屬於《新華字典》的有 927 個，占全書用字的 99.89%〔註15〕。

2. 韻律性強。《增廣賢文》以韻文形式將經典文獻中的名言警句排列在一起，多種句式交錯出現，突破了許多傳統蒙學教材以一種句式貫穿全文的基本格式，靈活多變，讀起來抑揚頓挫。《增廣賢文》的內容句式整齊，短小精悍，且韻律性強，通俗易懂，適合背誦。通過背誦，學生往往能積累一定的字量，也能夠自覺或不自覺地去體會書中的語義句法，這對培養學生的節奏、韻律方面的語感和訓練他們的思維，都有著十分積極的作用。

3. 內容豐富。《增廣賢文》涵蓋的內容非常豐富，有對自己的要求、為人處事的要求、自然規律的描述、社會現象的揭示等，其中一些名言，至今還廣為流傳，如：「一寸光陰一寸金，寸金難買寸光陰」，「良藥苦口利於病，忠言逆耳利於行」等。

三、《增廣賢文》的影響

《增廣賢文》長期以來不為官方重視，《四庫全書》也未見收錄，但它卻深受百姓喜愛，能夠在歷史長河中得以保留，並時至今日仍然具有極強的生命

〔註15〕陳黎明，古代蒙學主要教材用字初探〔J〕，漢字文化（漢語文教學），2012（5）：81+83。

力。《增廣賢文》所講的道理，與普羅大眾最基本最深層的心理需求、人生經驗相貼近，不因人們所處的貧富尊卑、社會地位不同而受限，只要是現實存在的社會關係網中的人，都能從中汲取為人處世的箴言與智慧。至今成書至少幾百年，當時的時代背景和社會關係與今日不同，但若細讀此書，便能發現書中所說的經驗和道理，也能指導現代人的為人、交友、處世，使得不同的人在不同的時期以不同的心境，從中獲取不同的感悟。將古代先賢的處世格言、名言警句以及農諺俚語等彙編在一起的《增廣賢文》，是一部以宣傳儒家文化為主的戒訓類蒙學作品，書中的很多內容代表了儒家的基本倫理道德觀念，同時也包含著釋、道兩家的經典理念。

　　《增廣賢文》對現代社會的影響，主要是通過一些朗朗上口的名言警句來體現的，教導人們珍惜時間，做好安排。照《增廣賢文》中的引導，人應當抓緊時間，做好安排和規劃，更應當在青少年時期趁著時光尚早、青春尚好的時候，放眼未來，做好自己人生的規劃，抓緊生活的每分每秒，而不是荒廢時間。明善惡，辨是非。《增廣賢文》中對於善行的鼓勵和倡導，也能引導我們敢於對抗惡勢力，向需要幫助的人伸出援助之手，用溫暖和善意去理解他人，幫助他人，並通過自己的小小善舉，帶動身邊的人多做好事，不跟風，不惡評，不欺負別人，不向惡勢力低頭。誠信做人，言出必行。《增廣賢文》認為誠信是言出必行，承諾過的話，答應過別人的事一定要盡心盡力做到，不能棄信毀約，更不能背道而馳。

第十一章 《笠翁對韻》與屬對教學

　　《笠翁對韻》是為了滿足兒童學習對仗、平仄、用韻、遣詞造句等的需要而編寫的一部啟蒙課本。「對韻」就是指對偶和押韻。它的作者是康熙年間的李漁。李漁（1611 年～1680 年），初名仙侶，字謫凡，號天徒。中年改名李漁，字笠鴻，號笠翁。所以，這本書就叫《笠翁對韻》。也有學者認為《笠翁對韻》不是李漁寫的，而是託名之作。理由是《笠翁對韻》的對仗中有用同義詞或近義詞相對的，犯了忌諱，如「二冬」第三則「意懶對心慵」「浪蝶對狂蜂」等；《笠翁對韻》還存在一些出韻現象。這兩方面的「問題」，均有待進一步研究。例如，關於對仗中有用同義詞或近義詞相對的「問題」。在一組對句中，出句和對句完全同義或基本同義，稱為合掌，是詩家大忌。但是，《笠翁對韻》是教人對對子的蒙學讀物，對對子就沒有那麼嚴格了，因為對對子有時就是為了能對得工整好看，所以允許合掌的存在。再例如，關於出韻的現象。《笠翁對韻》是依照平水韻編排的，平水韻用於詩韻是不允許出韻的。但是，《笠翁對韻》中的出韻現象，多為鄰韻相混，這「出」的韻，因為是鄰韻，用於詩的首句是可以的，所以，「出韻」也就不是什麼問題了。從另一個角度看，僅僅根據書中存在的某些錯誤，就否定它的作者，這個思維邏輯經不起推敲；儘管李漁是著名的學者和戲劇家，他的著作也不可能完美無缺。而且，我們也沒有任何文獻能夠證明李漁不是《笠翁對韻》的作者。一個人一輩子能寫幾篇好文章，能寫一兩本流傳後世的著作，也就很不錯了，何況李漁的《笠翁十種曲》《閒情偶寄》已經堪稱不朽，我們就不必苛求他的其他著作存在這樣那樣的毛病了。

第一節 《笠翁對韻》的編排體例

編排體例是指一部著作的編寫格式或一篇文章的組織形式。《笠翁對韻》在編排體例上，沒有創新之處。為了敘述上的前後照應，這裡對《笠翁對韻》的編排體例只做簡單梳理。

一、全書的體例

從全書的體例看，《笠翁對韻》與成書在它之前的《聲律啟蒙》基本相同，都是按照平水韻平聲三十韻分部編寫的。其目次如下：上卷：一東，二冬，三江，四支，五微，六魚，七虞，八齊，九佳，十灰，十一真，十二文，十三元，十四寒，十五刪；下卷：一先，二蕭，三肴，四豪，五歌，六麻，七陽，八庚，九青，十蒸，十一尤，十二侵，十三覃，十四鹽，十五咸。

這種分部編寫的方法，直接承襲《平水新刊禮部韻略》。《平水新刊禮部韻略》是金代王文郁所編。王文郁將宋人《廣韻》二○六部合併為一○六韻：上下平聲各十五韻，上聲二十九韻，去聲三十韻，入聲十七韻。這就是「平水韻」。其後，特別是到了明代，詩人已經非常普遍而自覺地運用「平水韻」進行詩歌創作。清代康熙年間編撰的《佩文韻府》《佩文詩韻》，以及此後編寫的詩韻書，分韻也都是一○六韻，可見平水韻影響之大。

《笠翁對韻》在這樣的學術背景下編成，自然不能脫離時代的影響。因為格律詩一般押平聲韻，很少押仄聲韻，所以《笠翁對韻》只取「平水韻」的上下平聲各十五韻三十部。

《笠翁對韻》目錄中的「一東」「二冬」等三十個韻部，是承襲韻書而來。在韻書中，各韻部的標目，叫做韻目。韻書歸併同韻的字為一部，每一部以其中一個字或二個字為代表，這個代表的字就叫韻目。與一般韻書不同的是，《笠翁對韻》歸併同韻的字，不是採用一一列舉的方法，而是採用類似詩的和諧可誦的句子，將韻字展示出來。如「二冬·其三」：「繁對簡，疊對重。意懶對心慵。仙翁對釋伴，道範對儒宗。花灼灼，草茸茸。浪蝶對狂蜂。數竿君子竹，五樹大夫松。高皇滅項憑三傑，虞帝承堯殛四凶。內苑佳人，滿地風光愁不盡；邊關過客，連天煙草憾無窮。」用了這麼大的篇幅，只是為了交待「重、慵、宗、茸、蜂、松、凶、窮」等八個韻字。把韻字鑲嵌在詩句裏，通過誦讀這些詩句，自然而然地掌握了韻字，比韻書中一個一個地孤立地排列韻字，更為形象生動，易記易學，符合童蒙的心理和教學規律。當

然，這樣的方法不能展示一個韻目的全部韻字，只是具有舉例性質，展示的多是常用的韻字。

二、每個韻部的體例

從每個韻部的體例看，有二則到四則對文不等。每則對文的結構均相同，都是十六句，多數為八個韻腳。如「八庚·其一」：「形對貌，色對聲。夏邑對周京。江雲對澗樹，玉磬對銀箏。人老老，我卿卿。曉燕對春鶯。玄霜舂玉杵，白露貯金莖。賈客君山秋弄笛，仙人緱嶺夜吹笙。帝業獨興，盡道漢高能用將；父書空讀，誰言趙括善知兵。」這則對文共有十六句，組成像詩一樣的對句，共有對句十對，八個韻腳，依次為：聲、京、箏、卿、鶯、莖、笙、兵，都屬於「平水韻」中的「八庚」韻。

較之《聲律啟蒙》，《笠翁對韻》每個韻部的體例較為靈活。《聲律啟蒙》每個韻部都有三則對文，數目相等，而《笠翁對韻》則變通為每個韻部二到四則對文。每個韻部安排幾則對文，有什麼原則嗎？大體的原則是這樣：寬韻的韻部下安排四則對文。所謂寬韻，就是包含字數較多的韻部，如「四支」「七陽」等。

舉「四支」的例子來看一下：

泉對石，幹對枝。吹竹對彈絲。山亭對水榭，鸚鵡對鷿鵜。五色筆，十香詞。潑墨對傳卮。神奇韓幹畫，雄渾李陵詩。幾處花街新奪錦，有人香徑淡凝脂。萬里烽煙，戰士邊頭爭保塞；一犁膏雨，農夫村外盡乘時。

其二

菹對醢，賦對詩。點漆對描脂。瑤簪對珠屨，劍客對琴師。沽酒價，買山資。國色對仙姿。晚霞明似錦，春雨細如絲。柳絆長堤千萬樹，花橫野寺兩三枝。紫蓋黃旗，天象預占江左地；青袍白馬，童謠終應壽陽兒。

其三

箴對贊，缶對卮。螢焰對蠶絲。輕裾對長袖，瑞草對靈芝。流涕策，斷腸詩。喉舌對腰肢。雲中熊虎將，天上鳳麟兒。禹廟千年垂橘柚，堯階三尺覆茅茨。湘竹含煙，腰下輕紗籠玳瑁；海棠經雨，臉邊清淚濕胭脂。

其四

爭對讓，望對思。野葛對山梔。仙風對道骨，天造對人為。專諸劍，博浪椎。經緯對干支。位尊民物主，德重帝王師。望切不妨人去遠，心忙無奈馬行遲。金屋開來，賦乞茂陵題柱筆；玉樓成後，記須昌谷負囊詞。

因為「四支」是寬韻，所以安排了四則對文。

窄韻的韻部一般安排二則對文。所謂窄韻，就是包含字數較少的韻部，如三江、十五刪、九青、十蒸、十三覃、十五咸等。

舉「十五刪」的例子來看一下：

林對塢，嶺對巒。晝永對春閒。謀深對望重，任大對投艱。裙嫋嫋，佩珊珊。守塞對當關。密雲千里合，新月一鉤彎。叔寶君臣皆縱逸，重華父母是嚚頑。名動帝畿，西蜀三蘇來日下；壯遊京洛，東吳二陸起雲間。

其二

驕對傲，吝對慳。討逆對平蠻。忠肝對義膽，霧鬢對雲鬟。埋筆冢，爛柯山。月貌對天顏。龍潛終得躍，鳥倦亦知還。隴樹飛來鸚鵡綠，湘筠密處鷓鴣斑。秋露橫江，蘇子月明遊赤壁；凍雲迷嶺，韓公雪擁過藍關。

因為「十五刪」是窄韻，所以只選擇了兩則對文。

三、每則對文的體例

從每則對文的體例看，有一字對、二字對，三字對、五字對、七字對、十一字對等六種對仗形式。以「八庚・其一」對文為例，一字對，如「形」對「貌」；二字對，如「夏邑」對「周京」；三字對，如「人老老」對「我卿卿」；五字對，如「玄霜舂玉杵」對「白露貯金莖」；七字對，如「賈客君山秋弄笛」對「仙人緱嶺夜吹笙」；十一字對，如「帝業獨興，盡道漢高能用將」對「父書空讀，誰言趙括善用兵」。十對對語，由簡到繁，由易到難，順序編排，符合兒童學習心理，便於教學。

對偶（即對仗）和聲韻是漢語的兩個重要特色。編寫《笠翁對韻》的目的，就是讓童蒙分清字的平仄，學會對仗的技巧，記住韻部。掌握了對偶和聲韻這兩個方面的基本知識，也就為今後作詩打下堅實根基。《笠翁對韻》雖然沒有講這兩個方面的基礎理論，但它的每條對句都起到了很標準的示範作用。

清朝道光年間的米東居士評價《笠翁對韻》說：「其採擇也奇而法，其搜羅也簡而該；其選言宏富，則曹子建八斗才也；其錯彩鮮明，則江文通五色筆也。班香宋豔，悉入薰陶；水佩風裳，都歸裁剪。或正對，或反對，工力悉敵；或就對，或借對，虛實兼到。揆之詩苑類格、上官儀六對之法，無不吻合。洵初學之津梁，而騷壇之嚆矢也。」〔註1〕此話不失為確論。

第二節　《笠翁對韻》的對仗

對仗是格律詩詞獨有的一種特殊創作技法和規則，它不僅要求上下兩個句子在字數、詞性、結構方面嚴整相對，而且對語音的平仄變化也有嚴格要求。興起於隋唐的格律詩，嚴格要求律詩中的頷聯與頸聯必須對仗。這一方法同時也為詞曲創作所採用，後來又被用於對聯撰寫。對仗是《笠翁對韻》的重點內容。

一、對仗的一般特點

對仗的一般特點，是指對仗所普遍具有的共性，即字數相等、詞類相對、結構相當、平仄相協、意義相關。

（一）字數相等

對仗是利用一個漢字一般代表一個語素，把形、音、義集合在一起，便於獨立使用的特點，巧妙地構成兩兩相對、整齊凝煉的對偶句。漢字是對仗產生、存在和發展的物質基礎，其他文字不具備這種條件。

對仗是由兩個相對稱的詞、句子或句群組成。前一句（群）叫出句或上句，後一句（群）叫對句或下句。出句和對句的字數必須相等，這是最基本的要求。對仗是憑藉字數相等的上下句，構成一個獨立的整體而存在的。在《笠翁對韻》中，不論是一字對、二字對、三字對，還是五字對、七字對、十一字對，都能做到字數各自相等，對稱精當。如「夜雨園中，一顆不彫王子柰；秋風江上，三重曾卷杜公茅。」（三肴·其二）出句、對句字數相等，都是十一個字，內容相對，寫景敘事，精煉概括。

〔註1〕（清）米東居士，笠翁對韻序〔M〕//（清）李漁，李漁全集（第十八卷），杭州：浙江古籍出版社，1992：443。

（二）詞類相對

古人把漢語的詞叫字，又把字分作「實字」「虛字」「助字」三大類。「實字」下附有「半實」；「虛字」分「活（生）」「死（呆）」兩小類，並附有「半虛」。

從現代漢語的角度來看，「實字」是指具體名詞，「半實」是指抽象名詞。「虛（活）字」是指動詞，「虛（死）字」是指形容詞，「半虛」除指方位詞之外，還包括意義比較抽象的形容詞和時間詞。「助字」包括連詞、介詞、助詞等。

對仗的詞類要相對，上句用的詞與下句用的詞，要對稱一致，即名詞對名詞，動詞對動詞，形容詞對形容詞，數詞對數詞，量詞對量詞，副詞對副詞，歎詞對歎詞等。如「十月塞邊，颯颯寒霜驚戍旅；三冬江上，漫漫朔雪冷漁翁。」（一東·其一）「十」對「三」，是數詞對數詞；「月」對「冬」，是量詞對量詞；「塞」對「江」，「霜」對「雪」，「戍旅」對「漁翁」，是普通名詞對普通名詞；「邊」對「上」是方位名詞對方位名詞；「颯颯」對「漫漫」，「寒」對「朔」，是形容詞對形容詞；「驚」對「冷」，是動詞對動詞。詞類對仗工整。

漢語的詞類是一個比較大的範圍，同類之中還包括一些小類。比如名詞還分普通名詞、方位名詞、專有名詞等；形容詞中有表示性質的，有表示狀態的等。每類詞中的小類，可以相對。例如：「水北對天南」（十三覃·其一），「水」對「天」是普通名詞對普通名詞，「北」對「南」是方位名詞對方位名詞。

（三）結構相當

用詞（字）組成短語，用詞或短語構成句子，再用句子組成句群，這幾種不同等級的語言單位，在組合過程中，彼此之間就有了不同的結構關係。短語這一級語言單位是最有代表性的，因為它的組合一般具備了各種不同的結構類型。例如「柏秀」對「松枯」，是主謂結構相對；「返璧」對「還珠」，是動賓結構相對；「綠鬢」對「牙梳」，是偏正結構相對；等等。

在《笠翁對韻》三字對、五字對、七字對中，還存在著句法結構，而句法結構與其節奏單位基本一致。例如：

三字對的節奏有：「一——二」式，如「歌——宛轉」「貌——蟬娟」；「二——一」式，如「五色——筆」「十香——詞」。

五字對的節奏有：「二——二——一」式，如「西池——青鳥——使」；「二——一——二」式，如「赫赫——周——南仲」。

　　七字對的節奏有：「二——二—— 一 ——二」式，如「邊城——畫角——動——黃昏」；「二——二——二—— 一」式，如「折腰——肯受——小兒——憐」。

　　實際上，五字對、七字對都可以分為兩個較大的節奏單位。五字對分為「二——三」，七字對分為「四——三」。這既實用，又具有概括性。

　　十一字對，出句、對句分別用逗號隔開，分為前後兩個半句，如「僧占名山，雲繞雙林藏古殿；客棲勝地，風飄落葉響空廊。」（七陽·其二）出句和對句被逗號分隔成前四後七的兩個半句；前半句可以看成四字對，後半句可以看成七字對。七字對上面說過，不再重複。四字對，一般可以看作「二——二」式節奏。

（四）平仄相協

　　漢語是有聲調的語言，這是漢語的特點之一。聲調是漢字讀音高低升降的變化。古四聲是「平、上、去、入」。平聲字如「中」「東」，聲音舒長而響亮；上聲字如「海」「島」，聲音上揚而重濁；去聲字如「放」「亮」，聲音輕輕送出，分明而尾長；入聲字如「出」「國」，聲音極短，甫發即收。

　　古四聲可分為平仄兩大類。所謂平就是平聲，所謂仄就是「上、去、入」三聲。「仄」的意思是「不平」。對仗用字，必須講究平仄。對仗遵照「平對仄，仄對平」的原則。對仗的平仄要相協，出句、對句平仄是對立的。這樣配合，高低抑揚，錯綜相對，具有音韻美。

　　這裏以常見的五字對、七字對為例，加以說明。

　　1. 五字對的平仄格式

　　（1）平起式：平平平仄仄，仄仄仄平平。

　　例如，「過天星似箭，吐魄月如弓。」（一東·其二）

　　（2）仄起式：仄仄平平仄，平平仄仄平。

　　例如，「行樂遊春圃，工諛病夏畦。」（八齊·其三）

　　2. 七字對的平仄格式

　　（1）平起式：平平仄仄平平仄，仄仄平平仄仄平。

　　例如，「三元及第才千頃，一品當朝祿萬鍾。」（二冬·其一）

　　（2）仄起式：仄仄平平平仄仄，平平仄仄仄平平。

　　例如，「北牖當風停夏扇，南簷曝日省冬烘。」（一東·其三）

上面說的平仄格式，總起來看，出句是平聲起頭和仄聲落尾的，對句就要仄聲起頭和平聲落尾，這叫平起式。出句是仄聲起頭和仄聲落尾的，對句就要平聲起頭和平聲落尾，這叫仄起式。是平起，還是仄起，都要根據對句的第二個字判斷。因為對仗是兩個字為一「節」，而「節」的重點又自然落到第二個字上。比如七字對的第一個字、第三個字、第五個字，其平仄，在「節」上無關緊要，可以從寬，或平或仄似乎都可以，因此有「一三五不論」之說；而第二個字、第四個字、第六個字，在「節」上至關重要，一定要從嚴，是平是仄必須明確，所以就有「二四六分明」之訓。

（五）意義相關

對仗在意義上的相互關聯有多種情況：有的是相近或相似的關係，有的是相反或相對的關係，有的是上下相連的關係。

沒有關聯的事物不能構成對仗。道理很顯然，出句和對句共同組成一個語言單位，共同表達一個意思，如果兩者毫無關係，毫不相干，那就不叫對仗了。出句與對句不僅形式上要相對，而且內容上也要有關聯。例如，「三箭三人唐將勇，一琴一鶴趙公清。」（八庚‧其二）唐將，指唐朝的將軍薛仁貴；趙公，指宋代的趙汴。薛仁貴與趙汴相對，一文一武，一勇猛，一清廉，意義相關，可以說是珠聯璧合。

二、對仗形式

《笠翁對韻》中的對仗有一字對、二字對、三字對、五字對、七字對、十一字對等六種形式。以「一東‧其一」寫例，分別加以說明。

「一東‧其一」如下：「天對地，雨對風。大陸對長空。山花對海樹，赤日對蒼穹。雷隱隱，霧蒙蒙。日下對天中。風高秋月白，雨霽晚霞紅。牛女二星河左右，參商兩曜斗西東。十月塞邊，颯颯寒霜驚戍旅；三冬江上，漫漫朔雪冷漁翁。」

（一）一字對

「天對地，雨對風。」是一個字對一個字，稱為「一字對」。「天」和「地」都是大自然的一部分，二者正好相對。「雨」是一種自然現象，「風」也是一種自然現象，因此可以相對。當然，「雨」也可以與其他自然現象相對，如霜、霧、雪；因為這裏要押「一東」韻，所以用「風」對。

（二）二字對

「大陸對長空。山花對海樹，赤日對蒼穹。」都是兩個字對兩個字，稱為「二字對」。出句和對句都是同一類事物，語句工整，意思相近，這種情況屬於「正對」。

（三）三字對

「雷隱隱，霧蒙蒙。」是三個字對三個字，稱為「三字對」。「雷隱隱」不僅提到了雷聲，還寫了雷聲的特點：從遠處隱約傳來，因此下句也要對以自然現象，也要提到道種現象的特點，故以「霧蒙蒙」相對，「霧」是一種自然現象，同時，「蒙蒙」又寫出了霧的特點：大霧籠罩，模糊不清的樣子。

（四）五字對

「風高秋月白，雨霽晚霞紅。」是五個字對五個字，稱為「五字對」。其中，「風」對「雨」，「高」對「霽」，「秋月」對「晚霞」，「白」對「紅」，一一對應，非常工穩。出句和對句，分別描繪了兩個完整的畫面。

（五）七字對

「牛女二星河左右，參商兩曜斗西東。」是七個字對七個字，稱為「七字對」。「牛女」對「參商」，「二星」對「兩曜」，「河」對「斗」，「左右」對「西東」，均非常工整。這兩句寫的都是天象，其中卻包含著深意：牛郎與織女深深相愛，卻被阻隔在銀河的兩岸，難以相見；參星和商星兩顆星星各處於北斗星的東、西兩邊；參星出現，商星隱沒；商星出現，則參星隱沒；兩顆星永遠不會相遇。這兩句表達的意思是一致的。

（六）十一字對

「十月塞邊，颯颯寒霜驚戍旅；三冬江上，漫漫朔雪冷漁翁。」是十一個字對十一個字，稱為「十一字對」。上下句對得十分工整。「十月」對「三冬」，二者都表示時間，而且兩個詞各包含一個數字「十」和「三」，從結構上看是相對的。「塞邊」對「江上」，二者都是地點，「邊」和「上」又都確定了地點的方位，都是更加具體的表達。「寒霜」和「朔雪」都是寒冷冬天的自然現象，與前面的「十月」和「三冬」緊密相聯。「颯颯」和「漫漫」則分別是形容霜和雪的特徵的。「驚」和「冷」都是動詞，分別表示「受到驚擾」和「感到寒冷」的意思，是人物的內心感受。「戍旅」和「漁翁」分別是上下句的主人公，自然相對。

三、對仗的表現方法

（一）疊字

所謂疊字，就是運用疊字辭格把同一的字或同一的單音詞接連不斷在聯語裏迭用。有的字接連迭用起來像一串珍珠，所以，疊字對又稱連珠對。運用疊字法創作對聯，可以加深對聯的示意深度和廣度，有利於聯語聲律和諧，形象豐富，語意突出

例如，「燕出簾邊春寂寂，鶯聞枕上漏珊珊。」（十四寒・其一）上下兩句構成對仗。「鶯聞枕上」，本應作「枕上聞鶯」，為了與上句「燕出簾邊」相對，只好調整語序。「春寂寂」「漏珊珊」運用疊字法。寂寂，孤單冷落的樣子；珊珊，緩慢移動的樣子。運用疊字法，使全句節奏舒緩，富有詩意，生動傳神地描摹出春日佳人的孤獨與寂寞。

又如，「鹿麌麌，兔毚毚」（十五咸・其一）也是運用的疊字法。麌麌：獸群聚集的樣子；毚毚：狡猾，一般用於形容兔子。運用疊字法，描摹動物的某種情態，特點突出，對仗工整。

（二）雙聲

雙聲是指兩個音節的聲母相同的詞語，在對仗中，經常有意使用雙聲詞來達到一種整齊和諧的音樂效果。清代李重華在《貞一齋詩說》中說：「雙聲如貫珠相聯，取其宛轉。」〔註2〕王國維在《人間詞話》裏說：「詞之蕩漾處多用疊韻，促結處用雙聲則其鏗鏘可誦，必有過於前人者」。〔註3〕他們都說出了疊韻的奧妙處。

例如，「楊柳對蒹葭」（六麻・其二），蒹葭，聲母都是「j」，構成雙聲詞。又如，「玉液對瓊漿」（七陽・其一），玉液，聲母都是「y」，構成雙聲詞。運用雙聲詞，使語句富有節奏感，具有音樂性。

（三）疊韻

疊韻是指兩個音節的「韻」相同的詞語。在對仗中，經常有意使用疊韻詞來達到一種整齊和諧的音樂效果。清代李重華在《貞一齋詩說》中說：「疊韻如兩玉相扣，取其鏗鏘」。〔註4〕這就是疊韻的奧妙所在。

〔註2〕（清）李重華，貞一齋詩說〔M〕//（清）王夫之，等，撰；丁福保，輯，清詩話，上海：上海古籍出版社，1978：935。
〔註3〕（清）王國維，人間詞話〔M〕，鄭州：中州古籍出版社，2008：55。
〔註4〕同註2。

例如，「丹山對碧水」（一先・其一），丹山，秋後山上的樹葉變紅，所以稱秋天的山為丹山。兩個字的韻母都是「an」，構成聲韻。

又如，「詩以史名，愁裏悲歌懷杜甫；筆經人索，夢中顯晦老江淹。」（十四鹽・其三），杜甫，是唐代著名詩人，兩個字的韻母都是「u」，構成疊韻。

運用疊韻詞，使語句富有節奏感，具有音樂性。

（四）聯綿

在漢語中，有一種詞叫聯綿詞。所謂聯綿詞，指由兩個音節連綴成義而不能分割的詞。就是說這兩個字組成一個詞才有意義，若拆開就沒有意義了。在對聯中，聯綿詞必須對聯綿詞，不能與其他詞性的詞相對。嚴式對更主張在聯綿詞中必須名詞對名詞，動詞對動詞，形容詞對形容詞。連綿詞由兩個字構成，但只有一個語素。這兩個字有的是聲母相同，如「慷慨」；有的是韻母相同，如「窈窕」；有的是同音重複，如「孜孜」；還有的兩個音節沒有什麼關係，如「嘀咕」。前三種連綿詞的存在，加強了漢語的音樂性。連綿詞一般不能拆開使用，也不能拆開來解釋。

前三種連綿詞，上文已談過，現在說說第四種聯綿詞。

例如，「繾綣對綢繆。」（十一尤・其一）「繾綣」與「綢繆」都是聯綿詞，這是聯綿詞對聯綿詞。

又如，「空中事業麒麟閣，地下文章鸚鵡洲。」（十一尤・其三）「麒麟」與「鸚鵡」都是聯綿詞，這是聯綿詞對聯綿詞。

（五）同旁

漢字大多數是由偏旁部首組成的合體字。利用偏旁部首相同的漢字組成的對聯叫同旁聯。創作這種對聯，必須對漢字的偏旁部首熟練掌握，同時，還得具有較高的文學藝術修養，精心構思，才能創作出最佳的同旁聯。

例如，「隴樹飛來鸚鵡綠，湘筠密處鷓鴣斑。」（十五刪・其二）「鸚鵡」「鷓鴣」都是鳥類，均為同旁的聯綿詞，用來對仗，非常工整。

又如，「鴛浴沼，鷺飛汀。鴻雁對鶺鴒。」（九青・其一）鴛鴦和白鷺都是惹人喜愛的水鳥，「浴沼」「飛汀」切合各自的生活習性。這兩個對子均運用了同旁法。第一個對子中，「鴛」對「鷺」，同用了鳥字底；「沼」「汀」同用了三點水。第二個對子中，「鶺鴒」同用了偏旁「鳥」。

（六）借對

是指對聯用字時，遇到某種特殊情況，或者要表達某種特殊的內容，以致不能形成工對時，就借用某個字的另外一種含義或某個字讀音可能涉及到與它讀音相同的另外一個字，來構成對偶。漢語具有一字多音、一字多義，或者多字一音的特點，為借對形式的使用，提供了可能和方便。借對有「借義」「借音」兩種形式。

借義是利用詞的多義性，通過一個詞的某一種意義與相應的詞構成對仗，但所用的並不是這一種意義，而是另一種意義。

例如，「斗柄對弓腰。醉客歌金縷，佳人品玉簫。」（二蕭·其一）「斗柄」與「弓腰」「金縷」與「玉簫」，字面上都很工整，而且都用了借對的手法。「弓腰」的「弓」，借用為弓箭的「弓」，與前面的「斗」相對。「金縷」的「金」，也沒有金子的意思，只是借用此意與後邊的「玉簫」形成對仗。

借音是利用字詞之間的同音關係，以甲詞（字）來表乙詞（字）。

例如，「絳縣老，伯州犁。」（八齊·其二）絳縣老，即絳縣老人。伯州犁，人名，春秋時晉國大夫伯宗之子。「絳縣」是地名，「伯州」卻不是地名，按照對仗的嚴格要求來看不太合適。不過，這個巧用借對的方法，使對仗變得工穩了。「伯州」借用「州」的地名之義，與「縣」成對；又借用「伯」與「白」相近的音，與「絳」形成顏色之對，從而使「絳縣」與「伯州」對得順理成章。

（七）對稱

也稱玻璃對。所謂玻璃對，是指對聯上的字寫在玻璃上，無論正面看、反面看，字體均相同，如「大」「文」「因」「天」之類。其特點是，就字形而言，上下或左右字形結構基本對稱一致，本身具有一種形態美。

例如，「疊對重」（二冬·其三）中的「疊」與「重」，「只對雙」（三江·其一）中的「只」與「雙」，「慈對善」（五歌·其二）中的「慈」與「善」，「言對笑」（十二文·其三）中的「言」與「笑」，均是玻璃對。

（八）集引

集引，顧名思義，即收集、集合和引用、援引的意思。古今文人都愛直接摘取前人詩詞或文章中現成的句子，重新組合成新的對聯，這就叫集引聯或曰集句聯。活用前人佳句，能夠構成新的意境，增強表達效果。

例如，「紅瘦對綠肥。舉杯邀月飲」。（五微·其一）上句引自宋代李清照

的《如夢令》：「知否，知否？應是綠肥紅瘦。」下句引自唐代李白的《月下獨酌》：「花間一壺酒，獨酌無相親。舉杯邀明月，對影成三人。」

再如，「古往今來，誰見泰山曾作礪；天長地久，人傳滄海幾揚塵。」（十一真・其一）「古往今來」「天長地久」，引自人們常用的成語，表意相關，句型結構相似，簡直是天造地設的好對。

又如，「秋露橫江，蘇子月明遊赤壁；凍雲迷嶺，韓公雪擁過藍關。」（十五刪・其二）宋代蘇獻《前赤壁賦》：「白露橫江，水光接天。」唐代韓愈《左遷至藍關示姪孫湘》：「雲橫秦嶺家何在？雪擁藍關馬不前。」這個對子分別選取蘇軾和韓愈作品中的句子，稍加改編而引用。前句明言「秋」，後句暗點「冬」。對仗工整，渾然天成。

（九）方位

所謂方位法，即在對句中有意使用方位詞，以造成描寫空間上的特殊效果。常用的方位詞主要有「東、西、南、北、中、上、下、左、右、前、後」等。

例如，「日下對天中。」（一東・其一）「下」「中」都是方位詞，形成對仗，兩兩相對。

又如，「牛女二星河左右，參商兩曜斗西東。」（一東・其一），「左右」「西東」都是方位詞，兩兩相對。

（十）物色

物色其實就是給物體飾上顏色。它能創造出鮮明的視覺形象，反映事物的特徵，不僅給人以難忘的印象，還能提高對句的深刻內涵。

例如，「紅對白，綠對黃。」（七陽・其二）「紅」與「白」「綠」與「黃」，均是表示顏色的詞。

又如，「拋白紵，宴紅綾。」（十蒸・其二）白紵，白麻布製成的衣服。紅綾，即紅綾餅，一種用紅色絲綢包裹的珍貴餅食。「白」與「紅」都是表示顏色的詞。

（十一）複詞

複詞，修辭學上又稱反覆。它是根據表意的需要，在聯語裏反覆使用同一語句，使意思得到重複的表達。運用複詞手法寫作對聯，能突出思想感情，增添旋律美，加強節奏感。恰當的複詞，慎重的反覆，不是用詞的累贅，也不是

表達的囉嗦，它是不反覆不足以表達深刻的思想，不反覆不足以抒發強烈的感情，不反覆不足以增強語言的節奏。

例如，「闕里門牆，陋巷規模原不陋；隋堤基址，迷樓蹤跡亦全迷。」（八齊‧其二）上句重複使用「陋」字，表達了對顏回高潔的讚美，以及後人對他的尊崇，顏回生前居住在陋巷，身後卻並不「陋」；下句通過兩個「迷」字，寫出了隋煬帝的荒淫奢侈，他生前風光享樂，死後卻無人記起。

又如，「色豔北堂，草號忘憂憂甚事；香濃南國，花名含笑笑何人。」（十一真‧其三）忘憂，忘憂草，也叫萱草，一種百合科植物，古人認為栽種此花可以忘憂。含笑，含笑花，產於我們南方，是著名的芳香花木，花開時香氣四溢。重複使用「憂」「笑」，巧借植物名，表達作者的寫作意圖。

第三節　《笠翁對韻》與平仄

《笠翁對韻》是用詩歌形式寫成的，又是教授蒙童學習對對子、作詩的讀本，它是講求平仄和對仗的。其平仄和對仗，與近體詩的平仄與對仗是一致的，也只有這樣，才能起到教學示範的作用。

一、四聲與平仄

漢語中有四聲之分。掌握和區分漢語的四種聲調，是作詩的基本常識。聲調是漢語的一大特點。古代漢語的四個聲調與現代漢語的聲調種類不完全一樣。古四聲分為平、上、去、入，其特徵大致是：平聲平而長，中平調；上聲用勁念，是升調；去聲強而弱，是降調；入聲短促不能長，是短調。

四聲與韻的關係很密切，不同或不近讀音的字，不能算是同韻，因此在詩中不能用來押韻。

辨別古四聲要特別注意一字兩讀的情況。在古漢語中同一個字，往往有不同意義，且讀音也不一樣。例如：「騎」字，作動詞「騎馬」，讀平聲，作名詞「騎兵」，讀去聲；又如「數」字，作動詞表示計算，讀上聲，作名詞表示數目，讀去聲，作形容詞表示頻繁，讀入聲。什麼字歸什麼聲調，在韻書中都規定得很清楚。需要指出的是，我們讀古人詩詞的時候，常會感到有些韻腳不夠和諧，那是由於時代發展而語言演變的結果，不必懷疑是古人疏忽大意用錯了字。

由於語言的變化，現代漢語普通話的四聲分為：陰平、陽平、上聲、去聲。它與古漢語相比，有三個變化：1.古平聲已分解為陰平、陽平兩聲；2.古上聲已分解為上聲和去聲；3.古入聲已經消失，分別歸到現代普通話的四聲中去了。現代普通話的陰平讀高平調；陽平讀高升調；上聲讀先降後升曲折調；去聲讀降調。

瞭解四聲之後，對平仄就容易理解了。所謂「平仄」，是詩詞格律中的一個術語。古代詩人把語音四聲分為平仄兩大類，平就是平聲，仄包括上、去、入三聲。仄通「側」，是不平的意思。

為什麼這樣分類？因為平聲是中平調，沒有升降，而上、去、入三聲音調是有升降的，在詩詞中交替運用，就能使聲調多樣化，不至於單調平淡。運用的規則是：1.每一句中的平仄是交替的；2.在相對的句中前後兩句（即出句和對句）的平仄是對立的（或基本對立）。這些規則在格律詩中表現得更為明顯。

二、詩的平仄與《笠翁對韻》

《笠翁對韻》是為了做格律詩而創作的啟蒙讀物，所以其本身也是講究平仄的。所謂平仄，實際就是指漢語的聲調。用四聲區別詞義，是我國先民的一種創造，主要表現為平仄的間用。這是因為平仄是漢語特有的現象，能夠依靠聲調來區別詞義，而這是任何別的語種所不具備的特點。

詩歌是語言的藝術。藝術美最忌單調的重複。詩歌的平仄格律就是運用漢字的平仄交替解決有聲語言的單調重複。漢語中的很多成語也都是平仄間用的。如「千言萬語」是平平仄仄，「萬水千山」是仄仄平平。說話尚且如此，何況寫詩。詩歌講究韻律，這不僅是美學的要求，也是人們生理習慣的要求。《笠翁對韻》的編寫就是滿足作詩的這一需要的。

漢語四聲是客觀存在的，但到南朝時才被沈約發現，並努力在寫詩時加以提倡。

若是雙音節詞，那麼兩個音節為一個平仄單位。從平仄排列規則看，第一個雙音節為平平，第二個雙音節必為仄仄；若第一個雙音節為仄仄，則第二個雙音節必為平平。這就是雙音節平仄間用的原則。

還有一個單音節字的平仄聲調，則必須與第二個雙音節的聲調相反，而與第一個雙音節相同。至於這個單音節字，是放在兩個雙音節之間，還是放在最後，則要看用韻的情況而定。若這個單音節字是仄聲，則肯定不是韻字，除單

句外便不可能放在句末。若這個單音節字是平聲字，則該字可能用作韻字，除雙句或第一句用韻者外，也不可能放在句末。至於這個律句到底是單句還是雙句，則須由粘對規則來決定。

粘對規則，是用律句組成律詩的規則，也就是平仄交替原則在安排律句時的具體化。即以每句第一個音節為準，第二句與第一句平仄完全相反，而第三句則與第二句相同，第三、四句則又相反，第四、五句則又相同，第五、六句則又相反，第六、七句則又相同，第七、八句則又相反。相反叫做對，相同叫做黏。歸納起來說，就是第一、第二句對，第三、第四句對，第五、第六句對，第七、第八句對；第二、第三句黏，第四、第五句黏，第六、第七句黏。這就是律詩排列的規則，既不能失對，也不能失黏。

《笠翁對韻》的編寫，主要是為了蒙童學習寫作近體詩，所以，其體現了以下原則：

1. 近體詩都是用平聲韻的，如果用仄聲韻，那就是古體詩而不是近體詩了。如「春眠不覺曉」句，以「曉」字為韻，曉，上聲，該詩只能說是五言古絕。

2. 關於一三五不論，二四六分明。近體詩以雙音節詞為主，而雙音節詞的重音一般都落在第二個音節之上，所以判斷一個雙音節詞是平平還是仄仄，主要依據其第二音節，而忽略其第一音節，這樣便形成了所謂一、三、五不論的說法。其實，在一個七言律句中，第一字與第三字分屬第一與第二兩個雙音節詞，可以不論；而第五字常常並不屬於第三個雙音節詞，如果也不論，便會破壞平仄間用的大原則，所以一般情況下還是要論的。如杜甫絕句：

（1）兩個黃鸝鳴翠柳　　仄仄　平平　平　仄仄
（2）一行白鷺上青天　　平平　仄仄　仄　平平
（3）窗含西嶺千秋雪　　平平　仄仄　平平　仄
（4）門泊東吳萬里船　　仄仄　平平　仄仄　平

按照詩的平仄，「一行」應作「平平」，實際是「仄平」，「一」是本句的第一字，可以不論。「西嶺」應作「仄仄」，實際是「平仄」，「西」是本句第三字，也可以不論。「門泊」應作「仄仄」，實際是「平仄」，「門」是本句第一字，也可以不論。但第一句「鳴翠柳」的「鳴」字，決不可以改作仄聲，因為這個平，自成音節，獨當一面，與後面的仄仄即「翠柳」相配。如也改屬仄聲作「唱翠柳」，就會變成以仄仄仄收尾，成古風句式而非近體詩的律句了。

　　3. 關於孤平。所謂孤平是指一個律句，除去韻字之外，只有一個平聲字。犯孤平是近體詩的大忌，一定要避免。比如七言律句仄仄平平仄仄平，除去最後一個平韻字，總共只有兩個平聲字，若第三字再用仄聲字，則除去韻字便只剩下一下平聲字了，這種句子便叫孤平句。因此像這樣的句子，第三字還是以論為好。

　　此外，抉取律詩的一半，即五言四句或七言四句便是絕句，絕句和律詩一樣要遵守粘對交替的規則，只是律詩中間四句一定要對仗，絕句則不一定對仗而已。

三、運用平仄例析

　　《笠翁對韻》的對句注重了對仗的各個因素。先看兩個例子。

　　一東・其一

　　　　天對地，雨對風。大陸對長空。山花對海樹，赤日對蒼穹。雷隱隱，霧蒙蒙。日下對天中。風高秋月白，雨露晚霞紅。牛女二星河左右，參商兩曜斗西東。十月塞邊，颯颯寒霜驚戍旅；三冬江上，漫漫朔雪冷漁翁。（字下加「＿＿」表示平聲，字下加「・」表示仄聲。下同。）

　　一東・其二

　　　　河對漢，綠對紅。雨伯對雷公。煙樓對雪洞，月殿對天宮。雲靆靆，日曈曈。蠟屐對漁篷。過天星似箭，吐魂月如弓。驛旅客逢梅子雨，池亭人挹藕花風。茅店村前，皓月墜林雞唱韻；板橋路上，青霜鎖道馬行蹤。

屬對講究平仄相對，即平聲對平聲，仄聲對仄聲；平聲與平聲或仄聲與仄聲，是不能形成對仗的。古代的平聲相當於現代漢語的第一聲和第二聲，仄聲相當於現代漢語的第三聲和第四聲。如「一東・其一」的「天對地」，「天」是平聲，「地」是仄聲，可以形成對仗。「雨對風」中，「雨」是仄聲，「風」是平聲，可以形成對仗；如改為「雨對雪」則不行，因為「雨」和「雪」都是仄聲字，不能形成對仗。

　　「一東・其一」的「牛女二星河左右，參商兩曜斗西東」，「牛」是平聲，應與仄聲字相對，而「參」也是平聲，但這並不妨礙其對仗的工穩。因為在對仗中，雙音節詞的第二個字是平仄讀音的重點，第一個字可不講求。

「一東‧其二」的「雨伯對雷公」的平仄是「仄仄」對「平平」。按照現代漢語,「伯」是平聲,不能與「公」這個平聲字相對。但是,在古漢語中,「伯」是入聲字,屬於仄聲,這樣就可以對仗了。仄聲字,在現代普通話已經讀不出來了。這是今天我們分析《笠翁對韻》應該注意的。

「一東‧其二」的「過天星似箭」中的「過天星」,這裡指流星。過,可平仄兩讀,這裡讀平聲,是為了與下句中「吐」(仄聲)相對。

「一東‧其二」的最後兩句「皓月墜林雞唱韻」與「青霜鎖道馬行蹤」相對,前面第三字「墜」(仄聲)與後面第三字「鎖」(仄聲)相對,都是仄聲,似乎不符合平仄相對的原則;但這是七言句的第三字,屬於「一三五不論」,所以它們的平仄就不講求了。

第四節　《笠翁對韻》與用韻

前面說過,《笠翁對韻》是用詩的形式寫成的,因此,它是押韻的。

一、韻和韻部

押韻是詩歌的重要特徵。所謂押韻,是讓一首詩的偶數句子或全部句子或一部分句子的末一字的韻母相同,或者韻母雖不完全相同,但是韻腹、韻尾要相同,以實現和諧悅耳的聽覺之美。

一個漢字的讀音是一個音節,一個音節包括聲母、韻母、聲調三種成分;其中韻母又不一定由單獨一個音素構成,韻母可以由韻頭、韻腹、韻尾三個音素組合而成。

押同一韻的一組字可以是韻母完全相同。對於絕大多數詩歌來說,押韻字並非整個韻母都相同,而是韻腹、韻尾相同,韻頭不同。押韻只需要入韻字的韻腹、韻尾相同,而不計較韻頭如何。平聲字押韻,是五言、七言詩最常用的押韻方式。近體詩只用平聲字,並且不可以換韻。

古人在押韻方面積累了豐富的經驗,編出了很多韻書。在韻書裏邊,凡是韻腹、韻尾相同,並且聲調也相同的字,都被歸在一起,算作一類,這樣的類別叫作「韻」。每一個韻還有一個名稱,比如在平水韻裏邊,「開哀來」這些字所在的韻叫灰韻,「沙家花」這些字所在的韻叫麻韻,「間還山」這些字所在的韻叫刪韻。「灰」「麻」「刪」等作為韻的名稱的字,叫作韻目。韻腹、韻尾相同但是聲調不同的平、上、去三個韻,屬於同一個更大的類,叫作「韻部」。

平水韻裏的平聲灰、上聲賄、去聲隊組成一個韻部；平聲麻、上聲馬、去聲禡組成一個韻部。一個入聲韻則單獨成為一部。詞、曲因為是平上去互押的，所以詞韻書、曲韻書都只立韻部，不分韻。

古代詩歌用韻還有官韻與自然韻的區別。官韻是由政府頒布的、作為書面上的統一標準而推行的用韻體系，唐宋明清時期的科舉考試要遵守官韻，近體詩用韻要遵守官韻。唐代用《切韻》、宋代用《廣韻》、明清時代用平水韻系的韻書作為官韻韻書。「平水韻」不是某一專書的名稱，而是指金代王文郁所編定的一○六韻的分韻系統，這個系統事實上也是繼承唐宋官韻的，它在明清時代大行其道，通常稱之為「詩韻」。自然韻指根據實際口頭語言而形成的用韻系統。古體詩、詞基本上是押自然韻的。自然韻在不同時代、不同方言裏是有區別的。例如先秦的韻部系統不同於兩漢，隋唐的韻部系統不同於兩宋。對於不同時代的詩歌來說，押韻字的分韻分部是互有出入的。曲韻所用的《中原音韻》韻部系統很有些特別，它在元代本來是自然韻，但它在元曲中影響極大，被當作權威和典範來遵守，以至於到了明代中後期，口語系統已經有了較大變化的時候，作曲家仍然奉它為圭臬，在曲壇上的地位幾近於詩中的官韻。

不同的詩體在所押韻部上有不同的取向，一般不被看作是格律範疇內的問題，但這對於研究古代詩歌也是很重要的問題。

二、押韻的位置與韻部的選擇

《笠翁對韻》是用詩的形式寫成的蒙學課本，但它與一般的詩，諸如律詩和絕句不同。《笠翁對韻》的押韻位置也與一般的詩不同。它一般有八個韻腳。

例如「十三元‧其一」：「卑對長，季對昆。永巷對長門。山亭對水閣，旅舍對軍屯。楊子渡，謝公墩。德重對年尊。承乾對出震，疊坎對重坤。志士報君思犬馬，仁王養老察雞豚。遠水平沙，有客放舟桃葉渡；斜風細雨，何人攜榼杏花村。」其中的韻腳依次為：昆、門、屯、墩、尊、坤、豚、村，共八個，均屬於「元韻」。《笠翁對韻》中，每則多數是八個韻腳，用韻的位置也與此則相同。

只有一則例外，這就是「七陽‧其三」：「衰對壯，弱對強。豔飾對新妝。御龍對司馬，破竹對穿楊。讀班馬，識求羊。水色對山光。仙棋藏綠橘，客枕夢黃粱。池草入詩因有夢，海棠帶恨為無香。風起畫堂，簾箔影翻青荇沼；月斜金井，轆轤聲度碧梧牆。」共有九個韻腳，分別是：強、妝、楊、羊、光、

梁、香、堂、牆，與其他則的八個韻腳不同，多了一個韻腳，即在倒數第四句「風起畫堂」，多了一個韻腳「堂」，而在其他則中，這個位置不用韻。

《笠翁對顏》是按照平水韻編寫的。平水韻把漢字分為上平聲、下平聲、上聲、去聲、入聲，共五大部分。其中的上平聲、下平聲，都是平聲，因為平聲字多，所以分為上、下兩卷。

同韻字集在一起的若干部，叫韻部。

每個聲部都包含若干個韻部：上平聲十五個韻部，下平聲十五個韻部，上聲二十九個韻部，去聲三十個韻部，入聲十七個韻部。

韻部的排列，有固定的序號。如上平聲的十五個韻部，是按照「一東」「二冬」「三江」「四支」「五微」「六魚」等排列的。數字只表示排列順序，沒有其他意義。例如「五微」，只表示「微」這個韻部是排在第五的，並不是說除了「五微」之外還有其他六微、七微之類。微、薇、暉、輝、徽、揮、韋、圍、幃、違……這些字都屬於「五微韻」，或簡稱「微韻」。

每一韻部取一個字作代表，叫韻目。例如天、遷、先、邊、綿、堅等字編在一部裏，取「先」為代表，「先」就是韻目。

每個韻部都有若干韻字。如「五微韻」的常用字有：微、霏、菲、誹、蜚、非、扉、痱、緋、腓、妃、飛、肥、歸、皈、揮、輝、暉、翬、徽、幾、譏、機、磯、璣、饑、畿、祈、頎、圻、薇、圍、韋、幃、闈、違、巍、威、葳、喂、希、狶、稀、晞、欷、衣、依。

為了大體瞭解「平水韻」，現把它的一○六個韻部列出來。

上平聲：

一東、二冬、三江、四支、五微、六魚、七虞、八齊、九佳、十灰、十一真、十二文、十三元、十四寒、十五刪。

下平聲：

一先、二蕭、三肴、四豪、五歌、六麻、七陽、八庚、九青、十蒸、十一尤、十二侵、十三覃、十四鹽、十五咸。

上聲：

一董、二腫、三講、四紙、五尾、六語、七麌、八薺、九蟹、十賄、十一軫、十二吻、十三阮、十四旱、十五潸、十六銑、十七筱、十八巧、十九皓、二十哿、二十一馬、二十二養、二十三梗、二十四迴、二十五有、二十六寢、二十七感、二十八琰、二十九豏。

去聲：

一送、二宋、三絳、四寘、五未、六御、七遇、八霽、九泰、十卦、十一隊、十二震、十三問、十四願、十五翰、十六諫、十七霰、十八嘯、十九效、二十號、二十一箇、二十二禡、二十三漾、二十四敬、二十五徑、二十六宥、二十七沁、二十八勘、二十九豔、三十陷。

入聲：

一屋、二沃、三覺、四質、五物、六月、七曷、八黠、九屑、十藥、十一陌、十二錫、十三職、十四緝、十五合、十六葉、十七洽。

因為作詩一般用平聲韻，所以《笠翁對韻》只選平聲韻目編寫，只用平聲韻目作韻腳。按照「平水韻」，把平聲韻分為上、下兩卷，稱為上平聲、下平聲，共三十部，所以，這裏只談平聲韻。

每個韻部包含的韻字，有多有少。因格律詩用韻甚嚴，每首詩的韻腳只能從一個韻部中選字，所以包含字數多的韻部，選字餘地大，比較好用，叫做「寬韻」。寬韻有：支、先、陽、庚、尤、東、真、虞。有的韻部包含的字少，叫做「窄韻」。窄韻有：微、文、刪、青、蒸、覃、鹽。還有的韻，可選用的字很少，叫做「險韻」。險韻有：江、佳、肴、咸。其餘的韻，稱為「中韻」。

三、運用的韻字

《笠翁對韻》淺顯易懂，運用的韻字也體現了這個特點：韻腳多為常用字。韻腳是韻文（詩、詞、歌、賦等）句末押韻的字。一篇（首）韻文的一些（或全部）句子的最後一個字，採用韻腹和韻尾相同的字，這就叫做押韻。因為押韻的字一般都放在一句的最後，故稱「韻腳」。

現在把《笠翁對韻》的韻腳用字，做一個歸納。有的韻腳用了同樣的字，只統計一次，不做重複統計。

上卷

「一東韻」的用字：風、空、穹、蒙、中、紅、東、翁、公、宮、曚、篷、弓、蹤、嵩、龍、熊、烘。

「二冬韻」的用字：冬、春、松、翁、龍、瓏、鍾、風（當作「烽」）、濃、鐘、封、蓉、鋒、饔、峰、重、慵、宗、茸、蜂、凶、窮。

「三江韻」的用字：雙、江、缸、窗、腔、逢、降、邦、龐、杠、幢、艭、厖。

「四支韻」的用字：枝、絲、鶯、詞、卮、詩、脂、時、師、資、姿、枝、兒、芝、肢、茨、思、梔、為、椎、支、遲。

「五微韻」的用字：非、微、扉、飛、肥、歸、危、圍、幃、巍、薇、旗、璣、威、稀、衣、闈、磯、輝、妃、龜。

「六魚韻」的用字：榆、裾、蕖、如、盧、虛、書、舒、餘、除、鋤、愚、閭、車、驢、疏、苴、紓、輿、沮（注：此為錯韻）、妤、漁。

「七虞韻」的用字：無、壺、都、鴣、湖、疏、吳、沽、蔬、枯、珠、梳、孤、奴、鳧、壺、壚、鋤、蒲、符、呼、圖。

「八齊韻」的用字：雞、西、倪、圭、梨、黧、棲、妻、啼、璃、犁、犀、蹊、奚、迷、齊、溪、閨、梯、霓、畦、麑。

「九佳韻」的用字：街、荄、釵、淮、差、排、懷、柴、鞋、涯、階、埋、皚、齋、諧、槐、乖、牌、篩、楷、崖、豺。

「十灰韻」的用字：哀、才、開、萊、臺、釵、來、哉、腮、雷、梅、該、猜、杯、苔、栽。

「十一真韻」的用字：麟、貧、茵、民、珍、人、賓、塵、臣、寅、仁、巾、倫、秦、闉、陳、筠、蓁、唇、神、轔。

「十二文韻」的用字：欣、墳、耘、芹、雲、裙、紋、薰、勤、分、芸、文、聞、軍、勳、黂、羵、殷、君。

「十三元韻」的用字：昆、門、屯、墩、尊、坤、豚、村、孫、暾、魂、恩、根、昏。

「十四寒韻」的用字：安、官、盤、寒、彈、單、珊、杆、寬、鸞、竿、冠、欄、丹、看、灘、蟠、漫、酸、端、瀾。

「十五刪韻」的用字：灣、閒、艱、珊、關、彎、頑、間、慳、蠻、鬟、山、顏、還、斑。

下卷

「一先韻」的用字：年、千、煙、娟、箋、蟬、憐、天、堅、錢、儇、蓮、田、眠、鈿、傳、然、弦、綿、邊、先、前、川、鞭、筵、權、泉、鵑。

「二蕭韻」的用字：瓢、妖、綃、朝、腰、簫、燒、潮、霄、韶、苗、蕭、鑣、蕉、樵、瑤、橈、蕉、遙、橋、消。

「三肴韻」的用字：爻、調、肴、巢、獒、梢、筲、交、嘲、膠、拋、胞、袍、敲、茅、庖、鐃、蛟、郊、膠。

「四豪韻」的用字：蒿、皋、濤、毛、褒、韜、萄、滔、桃、旄、膏、刀、勞、高、號、豪、曹、袍、艚、醪、羔、騷。

「五歌韻」的用字：多、柯、蓑、酡、歌、羅、何、梭、苛、婆、莎、戈、波、鵝、河、荷、蘿、坡、窩、磨、科、和、娥。

「六麻韻」的用字：嘉、誇、牙、槎、華、砂、笳、家、霞、衙、茶、花、葭、涯、斜、嗟、蛇、沙、紗、鴉、麻、叉、嘩、瓜。

「七陽韻」的用字：塘、陽、娘、腸、漿、香、床、常、黃、長、檣、鄉、凰、觴、廊、強、妝、楊、羊、光、梁、堂、牆、王、霜、房、梁、涼。

「八庚韻」的用字：聲、京、箏、卿、鶯、莖、笙、兵、情、行、瀛、評、成、城、清、英、明、晴、兄、生、鳴、平、耕、名。

「九青韻」的用字：丁、廷、屏、汀、鴒、星、鈴、青、寧、庭、萍、亭、型、經、馨、婷。

「十蒸韻」的用字：菱、罾、綾、升、徵、僧、繩、燈、稱、曾、登、朋、蠅、與、丞。

「十一尤韻」的用字：憂、繆、鷗、愁、頭、秋、鉤、疇、裘、幽、籌、流、丘、謳、悠、鳩、樓、牛、侯、遊、洲、舟。

「十二侵韻」的用字：吟、今、岑、陰、林、金、砧、針、臨、霖、深、擒、音、駸、心、陰。

「十三覃韻」的用字：龕、南、談、楠、三、簪、藍、酣、諳、柑、男、三、嵐、眈、聃、貪。

「十四鹽韻」的用字：炎、嚴、髯、廉、謙、潛、簾、拈、添、恬、尖、纖、占、鹽、淹、嫌、瞻、簷、籤、奩。

「十五咸韻」的用字：芟、監、銜、毚、緘、喃、岩、帆、杉、咸、函、凡、讒、瑊、衫、鑱、饞。

四、出韻、錯韻現象

從唐代到清代，人們都是根據平水韻來選字用韻的，作為啟蒙教材的《笠翁對韻》就是根據平水韻編寫的，然而，其中出韻、錯韻現象卻不止一處，其主要表現為鄰韻相混。具體情況如下：

（一）東韻與冬韻相混
1. 東韻中混入冬韻的字

「茅店村前，皓月墜林難唱韻；板橋路上，青霜鎖道馬行蹤。」
（一東・其二）

「蹤」，在《廣韻・三鍾》，為「即容切」，依平水韻，當屬二冬韻，卻用在一東韻中。

2. 冬韻中混入東韻的字

（1）「垂釣客，荷鋤翁。仙鶴對神龍。」（二冬・其一）

（2）「鳳冠珠閃爍，螭帶玉玲瓏。」（二冬・其一）

（3）「花萼樓間，仙李盤根調國脈；沉香亭畔，嬌楊擅寵起邊風。」（二冬・其一）

（4）「內苑佳人，滿地風光愁不盡；邊關過客，連天煙草憾無窮。」（二冬・其三）

翁、瓏、風、窮，均在《廣韻・一東》，分別為「烏紅切」「盧紅切」「方戎切」「渠弓切」，依平水韻，當屬一東韻，卻用在二冬韻中。

（二）支韻與微韻相混

主要是微韻中混入支韻的字：

（1）「黃蓋能成赤壁捷，陳平善解白登危。」（五微・其一）

（2）「占鴻漸，彩鳳飛。虎榜對龍旗。」（五微・其二）

（3）「霸王軍營，亞父丹心撞玉斗；長安酒市，謫仙狂興換銀龜。」（五微・其三）

危，在《廣韻・五支》，為「魚為切」；旗，在《廣韻・七之》，為「渠之切」；龜，在《廣韻・六脂》，為「居追切」；依平水韻，均當屬四支韻，卻用在五微韻中。

（三）魚韻與虞韻相混

1. 魚韻中混入虞韻的字

（1）「羹對飯，柳對榆。短袖對長裾。」（六魚・其一）

（2）「參雖魯，回不愚。」（六魚・其二）

（3）「羅浮對壺嶠，水曲對山紆。」（六魚・其三）

榆、愚、紆，均在《廣韻・十虞》，分別為「羊朱切」「遇俱切」「憶懼切」，依平水韻，均當屬七虞韻，卻用在六魚韻中。

2. 虞韻中混入魚韻的字

（1）「花肥春雨潤，竹瘦晚風疏。」（七虞・其一）

（2）「羅對綺，茗對蔬。柏秀對松枯。」（七虞・其二）

（3）「蒼頭犀角帶，綠鬢象牙梳。」（七虞・其二）

（4）「祖錢三杯，老去常斟花下酒；荒田五畝，歸來獨荷月中

鋤。」（七虞・其三）

疏、蔬、梳、鋤，均在《廣韻・九魚》，疏、蔬、梳為「所菹切」，鋤為「士魚切」，依平水韻，均當屬六魚韻，卻用在七虞韻中。

（四）齊韻與支韻相混

主要是齊韻中混入支韻的字：

「硨磲對瑪瑙，琥珀對玻璃。」（八齊・其二）

璃，在《廣韻・五支》，為呂支切，依平水韻，當屬四支韻，卻用在八齊韻中。

（五）佳韻與灰韻相混

1. 佳韻中混入灰韻的字

（1）「門對戶，陌對街。枝葉對根荄。」（九佳・其一）

（2）「陳俎豆，戲堆埋。皎皎對皚皚。」（九佳・其二）

荄、皚，均在《廣韻・十六咍》，分別為「古哀切」「五來切」，依平水韻，均當屬十灰韻，卻用在九佳韻中。

2. 灰韻中混入佳韻的字

「青龍壺老杖，白燕玉人釵。」（十灰・其一）

釵，在《廣韻・十三佳》，為「楚佳切」，依平水韻，當屬九佳韻，卻用在十灰韻中。

（六）寒韻與刪韻相混

1. 寒韻中混入刪韻的字

「至聖不凡，嬉戲六齡陳俎豆；老萊大孝，承歡七秩舞斑斕。」

（十四寒・其三）

斕，在《廣韻・二十八山》，為「力閒切」，依平水韻，當屬十五刪韻，卻用在十四寒韻中。

2. 刪韻中混入寒韻的字

「裙嬝嬝，佩珊珊。守塞對當關。」（十五刪・其一）

珊，在《廣韻・二十五寒》，為「蘇干切」，依平水韻，當屬十四寒韻，卻用在十五刪韻中。

（七）肴韻與豪韻相混

主要是肴韻中混入豪韻的字：

（1）「雉方乳，鵲始巢。猛虎對神獒。」（三肴・其一）

（2）「祭遵甘布被，張祿念綈袍。」（三肴・其二）

（3）「鮫綃帳，獸錦袍。露葉對風梢。」（三肴・其三）

獒、袍，在《廣韻・六豪》，分別作「五勞切」「薄褒切」，依平水韻，均當屬四豪韻，卻用在三肴韻中。

（八）「沮」為錯韻

先看「六魚・其三」的對文：「欹對正，密對疏。囊橐對苞苴。羅浮對壺嶠，水曲對山紆。驂鶴駕，待鸞輿。桀溺對長沮。搏虎卞莊子，當熊馮婕妤。南陽高士吟梁父，西蜀才人賦子虛。三徑風光，白石黃花供杖履；五湖煙景，青山綠水在樵漁。」按照《笠翁對韻》的體例，「沮」字這個位置應當用韻，用平聲六魚韻。但是，沮，在《廣韻・八語》，屬上聲，又在《廣韻・九御》，屬去聲；依平水韻，沮，當屬上聲六語韻，或去聲六御韻，此不當用「沮」字，「沮」為錯韻。

《笠翁對韻》中的出韻，多出現在鄰韻之中；只有「璃」當屬四支韻，卻混入八齊韻，不屬於鄰韻。《笠翁對韻》中的錯韻，只有一例。

第五節 《笠翁對韻》的用典

《笠翁對韻》中包含大量典故，用典是詩文創作常用的手法。蒙童在學習對仗的同時，接觸到這些典故，可以從中學習到豐富的歷史文化知識。如「四豪・其一」的「馬援南征載薏苡，張騫西使進葡萄」，其中就包含兩個歷史典故。

第一，據《後漢書・馬援傳》記載：「初，（馬）援在交阯，常餌薏苡實，用能輕身省慾，以勝瘴氣。南方薏苡實大，（馬）援欲以為種，軍還，載之一車。時人以為南土珍怪，權貴皆望之。（馬）援時方有寵，故莫以聞。及卒後，有上書譖之者，以為前所載還，皆明珠文犀。馬武與於陵侯侯昱等皆以章言其狀，帝益怒。（馬）援妻孥惶懼，不敢以喪還舊塋，裁買城西數畝地槀葬而已。賓客故人莫敢弔會。（馬）嚴與（馬）援妻子草索相連，詣闕請罪。帝乃出（梁）松書以示之，方知所坐，上書訴冤，前後六上，辭甚哀切，然後得葬。」〔註5〕東漢將軍馬援，南征交阯時，以薏苡能治瘴癘，載數車隨行。因南方薏苡果實大，馬援欲以為種。征交阯歸時，載之一車。及馬援卒後，有人上書進讒言，說馬援帶回的皆為明珠、文犀（有紋理的犀角），使其家人蒙冤。後指因涉嫌而被誣謗者，謂之「薏苡之嫌」。

第二，據《史記・大宛列傳》記載：西漢建元三年（公元前138年），張騫奉漢武帝之命，出使西域，看到「宛左右以蒲陶為酒，富人藏酒至萬餘石，久者數十歲不敗。」「漢使取其實來，於是天子始種苜蓿、蒲陶肥饒地。」〔註6〕張騫，西漢人。兩次奉漢武帝之命，出使大月氏和烏孫（西域）。他越過蔥嶺，親歷大月氏、大宛、康居、烏孫等地，前後達十餘年。他將中原的鐵器、絲織品傳入西域，將西域的音樂，葡萄等傳入內地。

兩個歷史典故的運用，使簡單的兩個對偶句，蘊藏了深厚的內涵，對於提高蒙童的文化史知識，頗有裨益。

一、用典的內涵

用典，鍾嶸在《詩品》中稱為「用事」：「夫屬詞比事，乃為通談。若乃經國文符，應資博古，撰德駁奏。宜窮往烈。至於吟詠情性，亦何貴於用

〔註5〕（南朝宋）范曄撰；（唐）李賢等注，後漢書・馬援傳〔M〕，北京：中華書局，1965：846。
〔註6〕（漢）司馬遷，史記・大宛列傳〔M〕，北京：中華書局，1982：3173。

事？」〔註7〕這裏說的「用事」，指詩文中的典故，包括引述故事和摘引現成詞語。劉勰《文心雕龍》改稱「事類」：「事類者，蓋文章之外，據事以類義，援古以證今者也。」〔註8〕「據事」「援古」就是詩文創作中的用典。也就是說，用典是藉以往的事情來融入自己的思想，既有「類義」的比喻作用，又能夠「以古證今」。

以今天的觀點看，既然用典包括引述故事和摘引現成詞語兩方面，就不應該只稱為「用事」或「事類」；但是，「事」的含義在古代比較寬泛，而在今天，則較為狹窄；今天若再將用典稱為「用事」或「事類」，可能會引起片面的理解，以為我們只談引述古人故事這一方面，用典就是引述故事。

今人對「用典」做了多種定義，羅積勇在《用典研究》中，給用典下的定義是：「為了一定的修辭目的，在自己的言語作品中明引或暗引古代故事或有來歷的現成話，這種修辭手法就是用典。」〔註9〕可見，用典是一種修辭手法，為了表達某種含義，作者在文中引用歷史故事或前人說過的話。

二、用典的來源

《笠翁對韻》中的典故來源十分廣泛，歸納起來，用典來源主要有以下四個方面：

（一）來源於歷史事件的典故

我們所說的歷史事件，一般來說是歷史上確有其事的，與群眾的口頭傳說不同。在中華民族漫長的歷史發展過程中，出現了眾多著名的歷史事件，《笠翁對韻》的編者運用簡潔的概括性文字表達其內容，形成行文中的用典。

例如，「十二侵·其二」中的「恥三戰，樂七擒」，分別運用了兩個來源於歷史事件的典故。

第一，三戰，指春秋時魯國曹沫與齊戰，三戰三敗，後來在齊、魯會盟時劫持齊桓公，迫使齊答應歸還魯國的土地，一舉洗去三敗的恥辱。這個歷史事件出自《史記·刺客列傳》：「曹沫者，魯人也，以勇力事魯莊公。莊公好力。曹沫為魯將，與齊戰，三敗北。魯莊公懼，乃獻遂邑之地以和，猶復以為將。

〔註7〕（南朝梁）鍾嶸著；徐達譯注，詩品全譯〔M〕，貴陽：貴州人民出版社，1990：20～21。

〔註8〕周振甫，文心雕龍今譯〔M〕，北京：中華書局，1986：339。

〔註9〕羅積勇，用典研究〔M〕，武漢：武漢大學出版社，2005：2。

齊桓公許與魯會於柯而盟。桓公與莊公既盟於壇上，曹沫執匕首劫齊桓公，桓公左右莫敢動，而問曰：『子將何欲？』曹沫曰：『齊強魯弱，而大國侵魯亦甚矣。今魯城壞即壓齊境，君其圖之！』桓公乃許盡歸魯之侵地。……曹沫三戰所亡地盡復予魯。」〔註10〕

第二，七擒，指歷史上蜀漢軍師諸葛亮七擒孟獲一事。《三國志・蜀書・諸葛亮傳》裴松之注引《漢晉春秋》云：「亮至南中，所在戰捷。聞孟獲者，為夷、漢所服，募生致之。既得，使觀於營陳之間，問曰：『此軍何如？』獲對曰：『向者不知虛實，故敗。今蒙賜觀看營陳；若祗如此，即定易勝耳。』亮笑，縱使更戰。七縱七禽，而亮猶遣獲。獲止不去，曰：『公，天威也，南人不復反矣。』遂至滇池。」〔註11〕「禽」通「擒」。三國時，諸葛亮為了鞏固蜀漢後方，於蜀建興三年（公元225年）平定南中（包括今四川南部、雲南、貴州等地），曾七次生擒酋長孟獲，又七次釋放了他，使他心悅誠服。

（二）來源於歷史人物的典故

中國文化源遠流長，博大精深，又由於我國歷史悠久，文化典籍汗牛充棟，因而其中涉及的歷史人物可以說是俯拾即是。歷史事件與歷史人物，並不能截然分開，只是兩者的側重點不同而已。

例如，「三肴・其二」中的「祭遵甘布被，張祿念舊袍」，分別運用了兩個來源於歷史人物的典故。

第一，「祭遵甘布被」，即祭遵甘願蓋布製的被子。祭遵，東漢人，曾從光武帝劉秀征河北，為軍市令、刺姦將軍。建武二年（公元26年）拜征虜將軍，封潁陽侯。取士皆用儒術，雖在軍中，不忘雅樂。身後被列為「雲臺二十八將」之一。據《後漢書・祭遵傳》記載，「為人廉約小心，克己奉公，賞賜輒與士卒，家無私財，身衣韋絝，布被，夫人裳不加緣，帝以是重焉。」〔註12〕

第二，「張祿念舊袍」，張祿，即范雎。據《史記・范雎蔡澤列傳》記載，戰國時，范雎和須賈同事魏王，須賈出於嫉妒，唆使魏相魏其治范雎幾至於死。范雎逃到秦國，更名張祿，作了左襄王的國相。後須賈出使秦國，范雎故意穿

〔註10〕 （漢）司馬遷，史記・刺客列傳〔M〕，北京：中華書局，1982：2515～2516。
〔註11〕 （晉）陳壽，撰；（南朝宋）裴松之，注，三國志〔M〕，北京：中華書局，1982：921。
〔註12〕 （南朝宋）范曄撰；（唐）李賢等注，後漢書・祭遵傳〔M〕，北京：中華書局，1965：741。

了一身破衣服去見須賈。須賈動了故人之情，就脫了一件綈袍賞給范雎。不久，須賈終於知道范雎原來就是秦相張祿，嚇得趕忙登門請罪。范雎說：根據你舊日對我的態度，本當把你處死；「然公之所以得無死者，以綈袍戀戀，有故人之意，故釋公。」〔註13〕綈，厚綢子。

（三）來源於文學作品的典故

文學作品所涉及的人物和故事，很多成為人們耳熟能詳的代名詞和典故。不僅如此，文學作品中的詞語，也成為《笠翁對韻》的典故來源。

例如，「四豪・其一」中的「辯口懸河，萬語千言常亹亹；詞源倒峽，連篇累牘自滔滔」，分別運用了兩個來源於文學作品的典故。

第一，「辯口懸河，萬語千言常亹亹」，形容善於辯論，說起話來滔滔不絕，萬語千言像瀑布一樣不停地奔流傾瀉，有吸引力，使人不知疲倦。其中「辯口懸河」語出唐代韓愈的《石鼓歌》：「安能以此上論列，願借辨口如懸河。」〔註14〕

其二，「詞源倒峽，連篇累牘自滔滔」，是說文辭如江水倒峽而出，層出不窮，形容文章雄健而有氣勢。其中「詞源倒峽」語出唐代杜甫的《醉歌行》：「詞源倒流三峽水，筆陣獨掃千人軍。」〔註15〕

（四）來源於神話傳說的典故

神話是關於神仙或神化了的古代英雄的故事，是古代人民對其所接觸的自然現象、社會生活的天真的解釋和深情的嚮往。

我國秦漢以前，尤其是上古時代的「五帝」時期，是神話傳說的興旺時期，產生了豐富的神話故事。從傳下來的神話故事中，也形成了許多典故。

例如，「一先・其四」中的「帝女銜石，海中遺魄為精衛；蜀王叫月，枝上遊魂化杜鵑」，分別運用了兩個來源於神話傳說的典故。

第一，「帝女銜石，海中遺魄為精衛」，這個神話故事出自《山海經・北山經》：「又北二百里，曰發鳩之山，其上多柘木。有鳥焉，其狀如烏，文首，白喙，赤足，名曰精衛，其名自詨。是炎帝之少女，名曰女娃，女娃遊於東海，

〔註13〕（漢）司馬遷，史記・范雎蔡澤列傳〔M〕，北京：中華書局，1982：2414。
〔註14〕（唐）韓愈，石鼓歌〔M〕//（清）彭定求，等，全唐詩，北京：中華書局，1960：3811。
〔註15〕（唐）杜甫，醉歌行〔M〕//（清）彭定求，等，全唐詩，北京：中華書局，1960：2257。

溺而不返，故為精衛，常銜西山之木石，以堙於東海。」〔註16〕

第二，「蜀王叫月，枝上遊魂化杜鵑」，意思是說，蜀王杜宇的靈魂化為杜鵑鳥，月夜在樹枝上啼叫。周代末年，杜宇在蜀始稱帝，號曰望帝。一說杜宇後歸隱，讓位於其相開明，時適二月，子鵑鳴叫，蜀人懷之，因而呼鵑為杜鵑。一說，杜宇通於其相之妻，慚而失國身死，其魂魄化為杜鵑，故也有稱杜鵑鳥為「杜宇」。杜鵑又稱子規，「子規啼血」即指此事。這個傳說來源於揚雄的《蜀王本紀》和常璩的《華陽國志》。如《蜀王本紀》云：「有一男子，名曰杜宇，從天墮止。……乃自立為蜀王，號曰望帝。……望帝積百餘歲，荊有一人名鱉靈。其屍亡去，荊人求之不得，鱉靈屍隨江水上至郫，遂活，與望帝相見。望帝以鱉靈為相。時玉山出水，若堯之洪水，望帝不能治，使鱉靈決玉山，民得安處。鱉靈治水去後，望帝與其妻通。慚愧，自以德薄不如鱉靈，乃委國授之而去，如堯之禪舜。鱉靈即位，號曰開明帝。帝生盧保，亦號開明。望帝去時子規鳴，故蜀人悲子規鳴而思望帝。望帝杜宇也，從天墮。」〔註17〕

三、用典的分類

用典大致分為兩種情況：一是從引用典故的性質方面來看，可分為事典和語典；二是從典故運用的形式來看，可分為明用、暗用、正用、化用、借用等。

（一）根據引用典故的內容可分：事典和語典

南朝梁代的劉勰第一次將用典分為兩種：即「舉人事以徵義」和「引成辭以明理」。前者是「用事」，即「事典」；後者是「用辭」，即「語典」。

1. 事典

事典是指通過引用歷史故事、神話傳說來表情達意的修辭手法。將歷史故事、神話傳說提煉成簡短的句子，將其引入自己的作品中，以此來影射時事，表達思想，抒發感情，這是一種借古說今的手法。借古是藝術手段，說今是目的，所以，事典不論怎樣隱晦曲折，總寄託著作者的觀點和傾向。

例如，「五微・其三」：「霸王軍營，亞父憤心撞玉斗；長安酒市，謫仙狂興典銀龜」，分別用了兩個事典。

〔註16〕袁珂，校注，山海經校注〔M〕，上海：上海古籍出版社，1980：92。
〔註17〕（漢）揚雄，蜀王本紀〔M〕//（清）嚴可均，全漢文〔M〕，北京：商務印書館，1999：539～540。

第一，「霸王軍營，亞父憤心撞玉斗」，項羽滅秦後自封為西楚霸王。亞父，是項羽對范增的敬稱。玉斗，玉製的酒器。項羽的軍隊駐紮在灞上（古代咸陽、長安之間的軍事要地），與劉邦會於鴻門。范增使項莊舞劍，想借機殺死劉邦。項羽不聽，使得劉邦得以逃脫。范增撞碎劉邦送來的玉斗，說：「豎子（指項羽）不足與謀也。」〔註18〕

第二，「長安酒市，謫仙狂興典銀龜」，謫仙，謫居世間的僊人。古人往往稱譽才學優異的人，謂如謫降人世的神僊。銀龜，與金龜一樣是唐代官員的佩飾，用來表示官職的級別。李白初入長安，與賀知章（時任禮部侍郎、太子賓客）相見，賀知章呼李白為「謫仙人」。李白《對酒憶賀監·序》：「太子賓客賀公，於長安紫極宮一見余，呼余為謫僊人，因解金龜換酒為樂。」〔註19〕從中可見李白的豁達、豪放。

2. 語典

語典指通過選用經史子集中的語句來表達情懷的修辭手法。語典具有特殊的修辭功能，使作品的語言委婉、避忌、幽雅、清新。

例如，「五微·其一」：「太白書堂，瀑泉垂地三千尺；孔明祀廟，老柏參天四十圍」，分別用了兩個語典。

第一，「太白書堂，瀑泉垂地三千丈」，太白書堂，一般指唐朝詩人李白在四川綿州昌隆（今四川江油）的青蓮居。「瀑泉垂地三千丈」語出李白的《望廬山瀑布水》：「飛流直下三千尺，疑是銀河落九天。」〔註20〕

其二，「孔明祠廟，老柏參天四十圍」，孔明，即三國時的蜀相諸葛亮。東漢末，曾隱居鄧縣隆中，時刻留心世事，被稱為「臥龍」。劉備三顧草廬，請其出山，成為劉備的主要謀士，協助劉備建立了蜀漢政權。建興十二年（公元234年）卒於五丈原軍中，享年五十四歲。諡忠武侯。後人在成都南郊建武侯祠，祠內古柏蒼鬱，殿宇高大華美。此句語出杜甫的《古柏行》：「孔明廟前有老柏，柯如青銅根如石。霜皮溜雨四十圍，黛色參天二千尺。」〔註21〕

〔註18〕（漢）司馬遷，史記·項羽本紀〔M〕，北京：中華書局，1982：315。

〔註19〕（唐）李白，對酒憶賀監〔M〕//（清）彭定求，等，全唐詩，北京：中華書局，1960：1859。

〔註20〕（唐）李白，望廬山瀑布水〔M〕//（清）彭定求，等，全唐詩，北京：中華書局，1960：1837。

〔註21〕（唐）杜甫，古柏行〔M〕//（清）彭定求等，全唐詩，北京：中華書局，1960：2334。

（二）根據引用典故的形式，可分為：明用、暗用、正用、化用、借用等

1. 明用

所謂「明用」，就是借其意而明用之，也就是對典故進行比較簡單的概括或者引述，讀者一看就能明白其中的意思。

例如，「李廣不封空射虎，魏明得立為存麑。」（八齊·其三）李廣是西漢名將，一生戰功卓著，卻一直未能封侯。據《史記·李將軍列傳》記載，李廣任右北平太守時，有一次出獵，見到草中的一塊大石頭，以為是虎，便發箭射去，箭沒入石中。麑，是指幼鹿。據《三國志·明帝紀》注引《魏末傳》記載，魏明帝曾經跟隨父親魏文帝出獵，見到母子兩頭鹿，文帝射殺了母鹿，讓明帝射殺小鹿。明帝不肯，說：「陛下已殺其母，臣不忍復殺其子。」並流下淚來。文帝被他的仁慈心打動，放過了小鹿，決定立他為太子。〔註22〕

再如，「王喬雲外舄，郭泰雨中巾。」（十一員·其二）這兩個典故均出自《後漢書》。據《後漢書·方術傳·王喬》記載，東漢王喬做葉縣縣令，有神術，每月朝見皇帝兩次。皇帝見他來去頻繁又沒有車馬隨從，很奇怪，叫太史暗地觀察。太史報告說，王喬每次快到朝廷時，總有一對鳧雁飛來。皇帝派人用網捕到這對鳧雁，打開網一看，裏面是一隻朝廷賞給王喬的官鞋。據《後漢書·郭泰傳》記載，東漢的郭泰，字林宗，是當時士大夫的領袖之一，名望很高。一次，他在閒步時遇雨，頭巾被淋濕，一角下垂。人們以為他是有意這樣做的，覺得很雅觀，爭相傚仿，也故意把頭巾折起一角，稱為「林宗巾」。

又如，「南阮才郎差北富，東鄰醜女效西顰。」（十一真·其三）前一個典故出自《世說新語》，後一個典故出自《莊子》。據《世說新語·任誕》記載，晉代洛陽阮氏中，阮籍和阮咸叔姪多才多藝，住在路南，其他阮姓宗族住在路北；北阮家富，南阮家貧。據《莊子·天運》記載，春秋越國美女西施有心痛的毛病，犯病時手捂胸口，皺著眉頭，比平時更美麗。東鄰醜女看見了，很羨慕，也傚仿西施捧心皺眉，故意賣弄，卻更顯得醜陋。

2. 暗用

所謂「暗用」，就是把想要表達的思想感情暗藏在所引用的典故之中，從表面上看不出使用這些典故的意圖，這樣的典故，也給理解文本帶來一定困

〔註22〕　（晉）陳壽撰；（南朝宋）裴松之注，三國志·明帝紀〔M〕，北京：中華書局，1982：91。

難，可是，通過這樣巧妙地用典，可以把文本的含蓄美和朦朧美體現得淋漓盡致，這樣神奇的表達效果，也正是作者用典的初衷所在。

例如，「流涕策，斷腸詩」（四支・其三）兩句分別用了兩個典故。前一個用賈誼的典故。賈誼在寫給漢文帝的《上疏陳政事》（又名《治安策》）中說，當時的政治局勢有：「可為痛哭者一，可為流涕者二，可為長太息者六。」〔註23〕後一個用朱淑真的典故。宋代女詩人朱淑真，遭遇不幸，懷才不遇，自傷身世，因此將自己的詩詞集定名為《斷腸集》。

再如，「讀三到，吟八叉」（六麻・其四）兩句分別用了兩個典故。前一個用朱熹的典故。宋代朱熹在《訓學齋規・讀書寫文字》中說：「余嘗謂讀書有三到，謂心到、眼到、口到。」〔註24〕後一個用溫庭筠的典故。據宋代孫光憲《北夢瑣言》記載，唐末詩人溫庭筠才思敏捷，考試作詩賦，雙手相拱八次就寫好了，時人稱之為「溫八叉」。後代便以此作為才思敏捷的代稱。叉，叉手，兩手相拱。

又如，「虎類狗，蟻如牛」（十一尤・其三）兩句分別用了兩個典故。前一個用馬援的典故。據《後漢書・馬援傳》記載，東漢馬援給侄子寫信，告誡他們不要學習豪俠好義的杜季良，說：「你們學杜季良要是學得不像，反而會淪為輕薄之徒，就像畫老虎不成，反而畫得像狗一樣。」後世常以「畫虎不成反類犬」比喻模仿失真，不倫不類。後一個用殷師的典故。據《世說新語・紕漏》記載，東晉殷仲堪的父親殷師患病，虛弱心悸，聽到床下螞蟻的響動，以為是牛斗之聲。

3. 正用

所謂「正用」，就是典故本身的含義同作者想要表達的思想感情幾乎完全一致，大多數用典屬於這種類型。

例如，「壯士腰間三尺劍，男兒腹內五車書」（六魚・其一）兩句分別用劉邦、惠施的典故。據《史記・高祖本紀》記載，漢高祖劉邦說自己以平民身份，手提三尺劍起兵，奪取天下。後世便以三尺劍作為有志男兒的象徵。據《莊子・天下》記載，戰國時學者惠施很有學問，其書五車。後世便以「五車書」稱讀書多，學問淵博。

〔註23〕 （漢）賈誼，上疏陳政事〔M〕//（清）嚴可均，全漢文，北京：商務印書館，1999：154。

〔註24〕 （宋）朱熹，訓學齋規・讀書寫文字〔M〕//朱子全書，上海：上海古籍出版社，2000：697。

再如，「百年詩禮延餘慶，萬里風雲入壯懷」（九佳・其一）兩個典故分別出自《周易》和韓愈的詩。《周易・坤》：「積善之家，必有餘慶。」〔註25〕唐代韓愈《送石洪處士赴河陽幕得起字》：「風雲入壯懷，泉石別幽耳。」〔註26〕

又如，「涓泉歸海大，寸壤積山高」（四豪・其三）兩個典故分別出自《荀子》《尚書》。《荀子・勸學》：「不積小流，無以成江海。」〔註27〕《尚書・旅獒》：「為山九仞，功虧一簣。」〔註28〕

4. 化用

所謂「化用」，就是在前人語句的基礎上，根據表情達意的實際需要，將典故重新加以改寫，有時甚至將典故拆散後溶化在字裏行間，與自己的作品渾然一體。化用一般情況都不太難懂，但是，要在字面上找出化用的原文依據卻不太容易，因為典故引用的原句、意義，同作者使用的句子、意義已經完全融合在一起了。

例如，「巫峽浪傳，雲雨荒唐神女廟；岱宗遙望，兒孫羅列丈人峰」（二冬・其二）分別化用《高唐賦》和《望嶽》中的語句。戰國宋玉《高唐賦》說，楚國先王曾遊高唐，夢見一神女，神女臨行時說她是巫山之女，「旦為朝雲，暮為行雨，朝朝暮暮，陽臺之下。」楚王為之立廟，號朝雲廟。〔註29〕唐代杜甫《望嶽》：「西嶽嶙峋竦處尊，諸峰羅立如兒孫。」〔註30〕

再如，「花徑風來逢客訪，柴扉月到有僧敲」（三肴・其二）分別化用杜甫和賈島的詩句。唐代杜甫《客至》：「花徑不曾緣客掃，蓬門今始為君開。」〔註31〕唐代賈島《題李凝幽居》：「僧敲月下門。」〔註32〕

〔註25〕 徐子宏，譯注，周易全譯〔M〕，貴陽：貴州人民出版社，1991：22。

〔註26〕 （唐）韓愈，送石洪處士赴河陽幕得起字〔M〕//（清）彭定求，等，全唐詩，北京：中華書局，1960：3806。

〔註27〕 張覺，荀子譯注〔M〕，上海：上海古籍出版社，1995：6。

〔註28〕 江灝，等，譯注，今古文尚書全譯〔M〕，貴陽：貴州人民出版社，1992：250。

〔註29〕 （戰國）宋玉，高唐賦〔M〕//（梁）蕭統，編；（唐）李善，注，文選，上海：上海古籍出版社，1986：876。

〔註30〕 （唐）杜甫，望嶽〔M〕//（清）彭定求，等，全唐詩，北京：中華書局，1960：2415。

〔註31〕 （唐）杜甫，客至〔M〕//（清）彭定求，等，全唐詩，北京：中華書局，1960：2438。

〔註32〕 （唐）賈島，題李凝幽居〔M〕//（清）彭定求，等，全唐詩，北京：中華書局，1960：6639。

5. 借用

所謂「借用」，就是借用典故來表示與典故本身無關的事物。

例如，「榆槐堪作蔭，桃李自成蹊」（八齊‧其二）兩句的字面意思是，榆樹、槐樹都能用樹影給人帶來陰涼；桃樹、李樹因為有花和果實，人們在它們下面走來走去，就走成一條小路。《史記‧李將軍列傳》：「諺曰：『桃李不言，下自成蹊。』」〔註33〕借用這兩句表達的深層意思是，有才華和美德的人，不用張揚，就會得到別人的尊敬。

再如，「御龍對司馬，破竹對穿楊」（七陽‧其三）「破竹」與「穿楊」分別借用《晉書》和《戰國策》中的典故。《晉書‧杜預傳》：「今兵威已振，譬如破竹，數節之後，皆迎刃而解」。〔註34〕破竹，劈竹子，借用來比喻循勢而下，順利無阻。據《戰國策‧西周策》記載，楚國有個叫養由基的神射手，在百步之外射柳葉，百發百中。穿楊，謂射箭能於遠處命中楊柳的葉子；極言射技之精，也借用來泛指技藝高超。

又如，「繡虎雕龍，才子窗前揮彩筆；描鸞刺鳳，佳人簾下度金針。」（十二侵‧其一）「繡虎」「雕龍」是借用。繡虎：相傳三國時，曹植很有才華，曹植曾七步成詩，人稱「繡虎」。後世借用「繡虎」比喻擅長詩文、辭藻華麗的人。雕龍：戰國齊人鄒衍和鄒奭善於言談，誇張而美妙，時人稱之為「談天衍，雕龍奭」。後世借用「雕龍」比喻善於文辭。

四、用典的修辭效果

《笠翁對韻》在多處成功運用典故，增強了語言的表現力，提升了藝術感染力。典故的運用，使《笠翁對韻》顯得含蓄委婉，形成含蓄蘊藉的藝術風格。

（一）運用典故，可以增強權威性效果

《笠翁對韻》在通過所寫的人物、事物、景物來表達感情，抒發所想，證明觀點的時候，直接引用聖賢所言並以之為證，既可以增強說服力，又可以增加權威性，使被敘述和描寫的事物更具有典型性，從而擴充了文本的歷史內涵。

（二）運用典故，可以增加典雅的效果

典故扮演了化俗為雅的角色，即使典故隨著歷史的演進成為大家所熟見

〔註33〕（漢）司馬遷，史記‧李將軍列傳〔M〕，北京：中華書局，1982：2878。
〔註34〕（唐）房玄齡，等，晉書‧杜預傳〔M〕，北京：中華書局，1974：1030。

的藝術形式，它也屬於嚴格意義上的雅化，是社會文化積澱的基石。古代經典著作中常被後人用作典故的，往往是能帶來典雅效果的語句，客觀上是由於書卷體本身就顯得莊重，規範；主觀上是因為後人對所誦經典在文章風格和表達習慣上都奉為典範，所以，將其放入《笠翁對韻》中，帶來典雅的氣息。

（三）運用典故，可以增添含蓄委婉的效果

用典就是通過時間跨度的蒙太奇效果，給讀者的想像提供空間，從而使意蘊在形象之外。以用典的修辭文本模式來表情達意，可以使表達顯得委婉含蓄。同時，也是李漁在寫作上主動自覺追求含蓄蘊藉的藝術風格使然。

主要參考文獻

一、著作類

B

1. （漢）班固撰，（唐）顏師古注：《漢書》，中華書局，1962 年 6 月第 1 版。

C

1. 曹道衡、沈玉成：《南北朝文學史》，人民文學出版社，1991 年 12 月第 1 版。

2. （晉）陳壽撰，（南朝宋）裴松之注：《三國志》，中華書局，1982 年 7 月第 2 版。

3. （宋）陳振孫：《直齋書錄解題》，載《四庫全書薈要》（第 50 冊），吉林人民出版社，1997 年 5 月第 1 版。

D

1. 杜黎均：《文心雕龍文學理論研究和譯釋》，北京出版社，1981 年 10 月第 1 版。

F

1. （南朝宋）范曄撰，（唐）李賢等注：《後漢書》，中華書局，1965 年 5 月第 1 版。

2. 范志宇、趙蘭亭注解：《千字文》，中州古籍出版社，2004 年 10 月第 1 版。

3. （唐）房玄齡等：《晉書》，中華書局，1974 年 11 月第 1 版。

4. 傅剛：《〈昭明文選〉研究》，中國社會科學出版社，2000 年 1 月第 1 版。

5. 馮克誠主編：《原始儒家教育學說與論著選讀》，人民武警出版社，2010年12月第1版。

6. 馮祖貽：《家訓之祖：顏氏家訓》，中州古籍出版社，2014年5月第1版。

G

1. （清）顧炎武著，（清）黃汝成集釋：《日知錄集釋》，上海古籍出版社，1985年6月第1版。

2. 顧黃初、顧振彪：《語文課程與語文教材》，社會科學文獻出版社，2001年9月第1版。

3. 顧黃初、李杏保主編：《二十世紀前期中國語文教育論集》，四川教育出版社，1991年9月第1版。

4. 顧易生、蔣凡：《先秦兩漢文學批評史》，上海古籍出版社，1990年4月第1版。

5. 郭紹虞主編：《中國歷代文論選》（第一冊），上海古籍出版社，1979年8月第1版。

6. 郭錫良：《漢字古音手冊》（增訂本），商務印書館，2010年8月第1版。

7. 高時良：《學記研究》，人民教育出版社，2006年1月第1版。

8. 管振邦：《顏注急就篇譯釋》，南京大學出版社，2009年8月第1版。

H

1. 洪宗禮、柳士鎮、倪文錦主編：《母語教材研究》卷三《中國百年語文教材評介》，江蘇教育出版社，2007年9月第1版。

2. 胡大雷：《〈文選〉編纂研究》，廣西師範大學出版社，2009年4月第1版。

J

1. 翦伯贊主編：《中國史綱要》（上、下），人民出版社，1983年3月第1版。

2. 江灝等譯注：《今古文尚書全譯》，貴州人民出版社，1992年8月第2版。

L

1. （唐）李綽：《尚書故實》，中華書局，1985年版。

2. （清）李漁：《李漁全集》（第十八卷），浙江古籍出版社，1992年10月第1版。

3. 李建中：《文心雕龍講演錄》，廣西師範大學出版社，2008年12月第1版。

4. 李杏保、顧黃初：《中國現代語文教育史》，四川教育出版社，2000 年 10 月第 2 版。

5. 李樹：《中學語文教學百年史話》，山東人民出版社，2007 年 4 月第 1 版。

6. 李逸安譯注：《三字經·百家姓·千字文·弟子規》，中華書局，2009 年 3 月第 1 版。

7. 李強：《蒙學經典研讀》，西南交通大學出版社，2015 年 1 月第 1 版。

8. 李學勤主編：《十三經注疏·禮記正義》，北京大學出版社，1999 年 12 月第 1 版。

9. 陸侃如、牟世金：《劉勰論創作》（修訂本），安徽人民出版社，1982 年 4 月第 2 版。

10. （南朝梁）劉勰撰，范文瀾注：《文心雕龍注》，人民文學出版社，1958 年 9 月第 1 版。

11. 劉淼：《當代語文教育學》，高等教育出版社，2005 年 2 月第 1 版。

12. 羅常培、周祖謨：《漢魏晉南北朝韻部演變研究》（第一分冊），中華書局，2007 年 6 月第 1 版。

13. 羅積勇：《用典研究》，武漢大學出版社，2005 年 11 月第 1 版。

14. 駱鴻凱：《文選學》，中華書局，1989 年 11 月第 1 版。

15. 林治金主編：《中國小學語文教學史》，山東教育出版社，1995 年 6 月第 1 版。

16. （明）郎瑛著，安越點校：《七修類稿》，文化藝術出版社，1998 年 8 月第 1 版。

17. （清）梁章鉅：《歸田瑣記》，中華書局，1981 年 8 月第 1 版。

M

1. 穆克宏：《昭明文選研究》，人民文學出版社，1998 年 12 月第 1 版。

2. 牟世金：《文心雕龍研究》，人民文學出版社，1995 年 8 月第 1 版。

3. 繆俊傑：《文心雕龍美學》，文化藝術出版社，1987 年 6 月第 1 版。

4. 毛禮銳、沈灌群主編：《中國教育通史》（第一卷），山東教育出版社，2005 年 6 月第 2 版。

5. 毛禮銳、沈灌群主編：《中國教育通史》（第二卷），山東教育出版社，1986 年 12 月第 1 版。

6. 馬鏞：《中國家庭教育史》，湖南教育出版社，1997 年 5 月第 1 版。

P

1.（清）彭定求等：《全唐詩》，中華書局，1960 年 4 月第 1 版。

2. 浦衛忠：《中國古代蒙學教育——歷代少兒啟蒙教育方法》，中國城市出版社，1996 年 4 月第 1 版。

Q

1. 啟功：《啟功叢稿》（論文卷），中華書局，1999 年 7 月第 1 版。

2. 裘錫圭：《文字學概要》（修訂本），商務印書館，2013 年 7 月修訂版。

S

1.（漢）史游撰，（唐）顏師古注：《急就篇》，載《景印文淵閣四庫全書》，（臺灣）商務印書館，1983 年版。

2.（漢）司馬遷：《史記》，中華書局，1982 年 11 月第 2 版。

3.（清）孫希旦：《禮記集解》，中華書局，1989 年 2 月第 1 版。

4. 孫培青、李國均主編：《中國教育思想史》，華東師範大學出版社，1995 年 11 月第 1 版。

T

1. 唐蘭：《中國文字學》，上海古籍出版社，2005 年 4 月第 1 版。

2. 唐作藩：《上古音手冊》（增訂本），中華書局，2013 年 7 月第 1 版。

3. 天秀：《千字文綜述》，紫禁城出版社，1990 年 8 月第 1 版。

W

1. 汪泛舟：《敦煌古代兒童課本》，甘肅人民出版社，2000 年 6 月第 1 版。

2.（宋）王應麟：《漢書藝文志考證》，載《二十五史藝文經籍志考補萃編》（第一卷），清華大學出版社，2014 年 3 月第 1 版。

3.（清）王聘珍：《大戴禮記解詁》，中華書局，1983 年 3 月第 1 版。

4.（清）王夫之等撰，丁福保輯：《清詩話》，上海古籍出版社，1978 年 9 月新 1 版。

5.（清）王國維：《觀堂集林》（外二種），河北教育出版社，2001 年 11 月第 1 版。

6.（清）王國維：《王國維遺書》，上海古籍書店，1983 年 9 月第 1 版。

7.（清）王國維：《人間詞話》，中州古籍出版社，2008 年 3 月第 1 版。

8. 王元化：《文心雕龍講疏》，上海三聯書店，2012 年 1 月第 1 版。

9. 王相文、韓雪屏、王松泉主編：《語文教材研究》，高等教育出版社，1999 年 6 月第 1 版。

10. 王運熙、楊明：《魏晉南北朝文學批評史》，上海古籍出版社，1989 年 6 月第 1 版。

11. 王立群：《現代〈文選〉學史》，中國社會科學出版社，2003 年 10 月第 1 版。

12. 王立群：《〈文選〉成書研究》，商務印書館，2005 年 2 月第 1 版。

13. 王長金：《傳統家訓思想通論》，吉林人民出版社，2006 年 1 月第 1 版。

14. 王炳照、閻國華主編：《中國教育思想史》，湖南教育出版社，1994 年 6 月第 1 版。

15. （唐）魏徵、令狐德棻：《隋書》，中華書局，1973 年 8 月第 1 版。

16. 吳洪成主編：《中國小學教育史》，山西教育出版社，2006 年 7 月第 1 版。

X

1. （梁）蕭統編，（唐）李善注：《文選》，上海古籍出版社，1986 年 8 月第 1 版。

2. 徐梓：《中華蒙學讀物通論》，中華書局，2014 年 10 月第 1 版。

3. 徐少錦、陳延斌：《中國家訓史》，陝西人民出版社，2003 年 4 月第 1 版。

4. 徐子宏譯注：《周易全譯》，貴州人民出版社，1991 年 5 月第 1 版。

5. （漢）許慎：《說文解字》，中華書局，1963 年 12 月第 1 版。

Y

1. （唐）姚思廉：《梁書》，中華書局，1973 年 5 月第 1 版。

2. （清）姚振宗：《隋書經籍志考證》，載《二十五史藝文經籍志考補萃編》（第十五卷），清華大學出版社，2014 年 4 月第 1 版。

3. （北齊）顏之推撰，王利器集解：《顏氏家訓集解》，上海古籍出版社，1980 年 7 月第 1 版。

4. （北齊）顏之推著，程小銘譯注：《顏氏家訓全譯》，貴州人民出版社，1993 年 5 月第 1 版。

5. （清）嚴可均輯：《全漢文》，商務印書館，1999 年 10 月第 1 版。

6. （清）嚴可均輯：《全後漢文》，商務印書館，1999 年 10 月第 1 版。

7. （清）嚴可均輯：《全梁文》，商務印書館，1999 年 10 月第 1 版。

8. 閆蘋、段建宏主編：《中國現代中學語文教材研究》，文心出版社，2007年1月第1版。

9. 楊伯峻：《論語譯注》，中華書局，1980年12月第2版。

10. 楊月英注：《急就篇》，中華書局，2014年8月第1版。

11. 楊天宇：《禮記譯注》，上海古籍出版社，1997年4月第1版。

12. 袁珂校注：《山海經校注》，上海古籍出版社，1980年7月第1版。

Z

1. 周振甫：《文心雕龍今譯》，中華書局，1986年12月第1版。

2. 周桂鈿、李詳俊：《中國學術通史》（秦漢卷），人民出版社，2004年12月第1版。

3. 張文勳、杜東枝：《文心雕龍簡論》，人民文學出版社，1980年9月第1版。

4. 張少康：《劉勰及其〈文心雕龍〉研究》，北京大學出版社，2010年9月第1版。

5. 張利群：《〈文心雕龍〉體制論》，廣西師範大學出版社，2010年11月第1版。

6. 張志公：《傳統語文教育教材論：暨蒙學書目和書影》，中華書局，2013年10月第1版。

7. 張隆華：《中國語文教育史綱》，湖南師範大學出版社，1991年8月第1版。

8. 張隆華、曾仲珊：《中國古代語文教育史》，四川教育出版社，2000年10月第2版。

9. 張麗生：《急就篇研究》，（臺灣）商務印書館，1983年6月初版。

10. 張新朋：《敦煌寫本〈開蒙要訓〉研究》，中國社會科學出版社，2013年11月第1版。

11. 張覺：《荀子譯注》，上海古籍出版社，1995年12月第1版。

12. 鄭阿財、朱鳳玉：《敦煌蒙書研究》，甘肅教育出版社，2002年12月第1版。

13. 鄭國民、張毅、季雪娟、黃顯涵：《當代語文教育論爭》，廣東教育出版社，2006年6月第1版。

14. （南朝梁）鍾嶸著，徐達譯注：《詩品全譯》，貴州人民出版社，1990年6月第1版。

15.（宋）朱熹：《朱子全書》，上海古籍出版社，2000 年 12 月第 1 版。

16. 朱自清：《朱自清古典文學論文集》，上海古籍出版社，1981 年 7 月第 1 版。

17. 朱明勳：《中國家訓史論稿》，巴蜀書社，2008 年 4 月第 1 版。

18.（清）翟灝著，陳志明編校：《通俗編》，東方出版社，2013 年 1 月第 1 版。

19.（清）趙翼：《陔餘叢考》，河北人民出版社，1990 年 1 月第 1 版。

二、論文類

F

1. 馮金城：《〈千字文〉縱論》，載《江淮文史》2010 年第 1 期。

2. 范美霞：《「六觀」與劉勰的文學批評思想——讀解《文心雕龍·知音》》，載《廊坊師範學院學報》（社會科學版）2009 年第 1 期。

3. 范樹成：《淺析〈學記〉中關於啟發式教學的思想》，載《河北師範大學學報》1990 年第 2 期。

H

1. 何清谷：《〈史籀篇〉初探》，載《陝西師範大學學報》（哲學社會科學版）1994 年第 1 期。

2. 何樸：《〈學記〉中關於教學方法的論述》，載《河北師範大學學報》1985 年第 3 期。

3. 胡平生、韓自強：《〈倉頡篇〉的初步研究》，載《文物》1983 年第 2 期。

4. 黃維梁：《〈文心雕龍〉「六觀」說和文學作品的評析》，載《北京大學學報》（哲學社會科學版）1996 年第 3 期。

K

1. 孔令剛：《〈昭明文選〉編輯思想探介》，載《河南科技學院學報》2013 年第 5 期。

L

1. 陸一梅：《〈八體六技〉考——以〈漢書·藝文志〉為中心》，載《碑林集刊》第 11 集。

2. 雷興鶴：《〈千字文〉儒學思想探微》，載《湖南科技學院學報》2011 年第 10 期。

3. 李保強、薄存旭：《「教學相長」本義復歸及其教師專業發展價值》，載《教育研究》2012 年第 6 期。

N

1. 倪紅：《〈開蒙要訓〉用字初探》，載《語文學刊》2013 年第 1 期。

P

1. 潘玉坤：《〈史籀篇〉年代考》，載《杭州師範學院學報》2002 年第 2 期。

S

1. 施維：《淺談〈千字文〉的押韻》，載《現代語文》（語言研究版）2013 年第 9 期。

W

1. 王美盛：《古「籀」今考》，載《中國書法》2004 年第 2 期。
2. 王褘、張玉春：《〈漢書·藝文志〉著錄小學類文獻瑣議》，載《蘭州大學學報》（社會科學版）2008 年第 1 期。
3. 魏敏、張偉平：《「長善救失」的現代教學論思考》，載《教育科學論壇》，2015 年第 9 期。

X

1. 謝光輝、徐學標：《「史籀」辨——兼與王美盛先生商榷》，載《中國書法》2005 年第 7 期。
2. 辛志鳳：《蒙學教材〈千字文〉的用韻與用典》，載《齊齊哈爾大學學報》（哲學社會科學版）2006 年第 4 期。

Y

1. 尹海紅：《〈漢書·藝文志〉「八體六技」芻議》，載《懷化學院學報》2008 年第 7 期。
2. 殷孟倫：《如何理解〈文選〉編選的標準》，載《文史哲》1963 年第 1 期。
3. 楊瑩瑩、傅承洲：《論劉勰「六義」說》，載《青海師範大學學報》（哲學社會科學版）2013 年第 2 期。